# TRANS LÚCIDA

AMANUENSE

# TRANS LÚCIDA

ORGANIZAÇÃO
**SEBASTIÃO REIS JUNIOR**

1ª EDIÇÃO
SÃO PAULO • 2023

AMANUENSE

**Fotos:** Sebastião Reis Junior
**Edição e revisão:** Rodrigo Haidar
**Projeto gráfico e diagramação:** Luciana Huber
**Capa:** Luciana Huber e Sebastião Reis Junior

Dados Internacionais de Catalogação na Publicação (CIP)
(Câmara Brasileira do Livro, SP, Brasil)

Translúcida / organização Sebastião Reis Junior. --
1. ed. -- São Paulo : Amanuense, 2023.

Bibliografia.
ISBN 978-65-80788-16-3

1. Cárcere privado 2. Diversidade sexual 3. Fotografias 4. Prisão - Brasil 5. Sistema penitenciário - Brasil 6. Transexuais - Direitos I. Reis Junior, Sebastião.

23-157045 CDD-779.9981

Índices para catálogo sistemático:
1. Transexuais : Fotografias : Brasil 779.9981

Aline Graziele Benitez - Bibliotecária - CRB-1/3129

AMANUENSE

Amanuense Livros Ltda.
Rua Nilo 241, Sala 02 – CEP 01533-010 São Paulo SP
contato@amanuense.com.br
www.amanuense.com.br

translúcido

*adjetivo*

1 diz-se de qualquer corpo que deixa passar a luz, mas que não permite que se percebam objetos colocados por detrás dele

2 fig. iluminado por luz pálida e difusa

3 fig. que é culto, iluminado, ilustrado

4 que não dá margem à dúvida; claro, manifesto

DICIONÁRIO HOUAISS

# SUMÁRIO

# SOBRE *TRANSLÚCIDA*

A cada foto que eu tiro, a cada gesto que flagro, a cada olhar que eu registro, minha certeza de que uma imagem fala, muitas vezes, por muitas palavras, cresce mais e mais.

Susie Linfield, teórica cultural, disse uma vez que: "Hoje é simplesmente impossível dizer 'eu não sabia': fotografias nos tiraram o álibi da ignorância. Nós conhecemos o sofrimento de várias partes do mundo, de modo que nossos antepassados nunca conseguiram, e as imagens que vemos – em alguns lugares, sob algumas condições – demandam não só nosso interesse, mas uma resposta."

Há quatro, cinco anos, tive a oportunidade de visitar o CDP Pinheiros II – Centro Detenção Provisória e passar uma manhã toda com presas transexuais. Ouvi suas angústias, suas esperanças, seus medos, seus desejos, suas tristezas, suas decepções. Mas, só eu e aqueles que lá estavam ouviram essas palavras. Ninguém mais.

Passado um tempo percebi de que minha visita era um passo, mas um passo muito pequeno para que essas palavras ultrapassassem os muros daquela prisão. Era preciso que mais pessoas ouvissem o que eu ouvi. Era preciso amplificar as vozes daquelas mulheres.

Como já disse em outras oportunidades, não sou um homem das palavras. Tenho dificuldade de expressar em um texto escrito o que penso, sinto ou vejo. Tarde descobri que poderia fazer isso por meio de imagens. Minha máquina passou a ser minha companheira de viagens, passeios, caminhadas e trabalho. Eu e ela. Quase sempre juntos.

Voltei a Pinheiros II no ano passado com uma ideia. Fotografar as pessoas que lá estavam e mostrar para o mundo aqui fora que elas eram gente como a gente e mereciam ser tratadas com respeito e dignidade. Fui duas vezes. A primeira para saber se elas gostariam de ser fotografadas. Levei meu filho Hugo, estudante de Direito. Passamos uma manhã toda. Visitamos suas celas, conhecemos o seu dia a dia, conversamos, trocamos ideias e fizemos o convite. Elas gostaram da proposta.

Passadas algumas semanas, voltei com minha máquina e, dessa vez, acompanhado da minha filha Maria Eduarda. Mais de mil fotos foram tiradas. Algumas posadas, outras não. E entre as fotos muitas conversas.

Mas ainda era pouco. Sei que as fotos por si só mostraram muitas coisas. Carinho, tristeza, esperança, medo, ansiedade, alegria e vaidade. Faltava algo. Vi o livro de Nana Moraes – *Ausência* – e pensei: por que não fazer algo parecido?

Procurei conhecidos e desconhecidos. Pessoas com formações diversas. Apresentei a ideia. Cada um escolheria uma foto e ampliaria a voz de alguém que precisava que seus sentimentos se espalhassem. Quem ler vai ver trabalhos de advogados, juízes, médicos, políticos, artistas plásticos e militares e verá textos técnicos, cartas, ilustrações, contos, poesias e ensaios. Não houve regras a seguir. Textos livres. Cada um escreveu, ou desenhou, o que quis, o que sentiu vontade.

É apenas um primeiro passo para responder àquelas fotos.

Demos, todos que participaram do livro, um passo a mais para ajudar as pessoas retratadas expressarem o que sentem, o que se passa com elas. Mais um passo, pequeno, mas um passo a mais, e à frente. Falta muito ainda. Espero que consiga fazer algo mais. Ideias não faltam.

Não é um livro de fotos. Também não é um livro que se limita a discutir a questão prisional. É muito mais do que isso. As fotos serviram para provocar, para falarmos sobre algo que não pode ficar escondido atrás dos muros de uma prisão, nem embaçado por preconceitos e mentiras. Temos que falar abertamente sobre as pessoas transexuais. Não só das presas, mas de todas que estão ao nosso redor, com quem convivemos no dia a dia.

Algumas pessoas merecem um agradecimento especial.

Sempre, em primeiro lugar, Anna, Maria Eduarda e Hugo. Sem eles eu não teria a coragem de mergulhar na fotografia e muito menos de enfrentar um tema tão delicado como o retratado aqui. Suas palavras, seus incentivos, seus aplausos e suas críticas me fazem seguir em frente e arriscar cada vez mais.

Não posso deixar de agradecer a Marina Coelho Araújo, ex-presidente do IBCCRIM, que, procurada, foi a primeira a abraçar a ideia desse livro.

Um agradecimento e um parabéns a Ernani Mangelo Izzo, Adriana Godinho de Souza, Rogério Moreira Santos e a todos que, junto com eles, integravam a gestão do CDP Pinheiros II à época das fotos. Agradecimento porque nos receberam com muito carinho e cuidado, permitindo nosso acesso franco ao estabelecimento prisional e, mais importante, às presas. E parabéns porque era visível o belo trabalho que realizaram, conquistando, em que pese toda a dificuldade que o momento impunha, o respeito e carinho das presas.

Um agradecimento a todes que aceitaram a participar desse projeto escrevendo ou desenhando.

Uma palavra especial a Rodrigo Haidar, que comprou a ideia desde o primeiro momento e que, mais do que meu editor, é hoje um grande amigo.

E, principalmente, um agradecimento especial a todas as meninas que foram fotografadas. Foram momentos únicos que passamos juntos. Inesquecíveis e que me ensinaram mais do que anos de universidade e horas de leitura. Peço desculpas porque sei que é pouco. Precisamos fazer mais. Temos que fazer mais. O próximo passo será um livro em que quem escreverá não serão advogados, médicos, políticos, militares, artistas, mas vocês mesmas.

*Sebastião Reis Junior*
*Maio, 2023*

# PREFÁCIO

Foi com surpresa e alegria que recebi o convite do ministro Sebastião Reis para prefaciar este livro. Surpreso porque, infelizmente, não é comum que juristas se permitam olhar com tamanha empatia e abertura para pessoas duplamente estigmatizadas, tanto pelo cárcere, como por sua identidade de gênero. Mas, ao mesmo tempo, fiquei muito feliz em saber que o Judiciário brasileiro conta com um homem disposto a mostrar ao mundo pessoas que a grande parte da sociedade preferiria que sequer existissem.

*Translúcida* é o resultado deste olhar sobre a sobreposição de tragédias brasileiras. Uma dessas tragédias é o sistema prisional brasileiro. O Judiciário brasileiro, por meio do Supremo Tribunal Federal, já definiu a situação das prisões do país como um "estado de coisas inconstitucional", dada a quantidade de violações aos direitos humanos que se pode encontrar. Na verdade, a constatação do Supremo denota algo ainda mais grave do que a óbvia afirmação de que ocorrem sistemáticas violações de direitos humanos nas prisões do país; o "estado de coisas inconstitucional" é o próprio sistema prisional, que na sua constituição e funcionamento é um monumento à violência, à indignidade e às discriminações. As prisões brasileiras – algo já amplamente estudado – são lugares de desesperança, onde as contradições de uma sociedade de classes, que se ampara em conflitos e antagonismos sociais, revelam toda a sua incompatibilidade com qualquer ideal de emancipação humana.

A segunda tragédia é a *homotransfobia*. O Brasil é o país em que mais pessoas transexuais e travestis são assassinadas. Segundo dados constantes no dossiê "Assassinatos e Violências contra Travestis e Transexuais Brasileiras", da Associação Nacional de Travestis e Transexuais (ANTRA), em 2022, 131 pessoas trans e travestis foram assassinadas no país. Outras 20 tiraram a própria vida em virtude de discriminação e do preconceito. Dentre os assassinatos mencionados, 130 referem-se a mulheres trans e travestis e um a homem trans. Quase 90% das vítimas tinham idades entre 15 e 40 anos.

Este livro nos apresenta a síntese destas duas facetas trágicas do nosso país, em que se juntam o cárcere e a discriminação de pessoas trans e travestis. Não uso a palavra tragédia por acaso. Ao me referir ao sistema prisional brasileiro e à transfobia como "tragédias" sobrepostas, remeto ao sentido encontrado no antigo teatro grego, em que a tragédia é a representação dos grandes dilemas da humanidade, e é justamente nestes dilemas que a humanidade se revela, simultaneamente como força monumental e imensa fragilidade. Deste modo, as fotos de Sebastião Reis revelam-nos a dimensão trágica e profundamente humana que emerge de uma situação marcada pela desumanidade. Mas talvez este seja o ponto mais importante a se destacar sobre a composição do livro: a humanidade que surge nas frestas, nos erros e nas incompletudes. É justamente essa finitude, esse caminhar nos desfiladeiros da vida, com medo da morte e da vida, que nos faz pertencer, mais do que qualquer outra coisa, a este projeto marcado pela indefinição, inacabamento e multiplicidade a que damos o nome de "humanidade".

Pelas fotos vemos as formas, os corpos, inseridos no sistema. Mas são as intervenções em formas de textos, poesias e até desenhos feitas pelos demais autores que nos apontam para leituras possíveis, para sentidos que, apesar de partirem do contexto fotografado, nos projetam para além dele. Portanto, estas intervenções tornam "tranlúcidas" as subjetividades captadas pelas lentes de Sebastião Reis, permitindo-nos imaginar novas possibilidades de significar a existência, para além do cárcere e para além da discriminação.

É uma imensa honra poder prefaciar este livro. Na condição de Ministro de Estado de Direitos Humanos e da Cidadania tenho a missão de, por meio da Secretaria Nacional dos Direitos das Pessoas LGBTQIA+ (comandada pela secretária Symmy Larrat), ajudar na construção de políticas públicas para a defesa e promoção dos direitos de pessoas trans e de pessoas privadas de liberdade.

Que este livro seja apenas o começo.

*Silvio Luiz de Almeida*
*Ministro de Estado dos Direitos Humanos e da Cidadania*

**ADRIANA CRUZ**
Doutora em Direito Penal pela UERJ, juíza federal no Rio de Janeiro, professora de Direito Penal na PUC-Rio. Integrante dos Comitês Executivos do Observatório de Direitos Humanos do Poder Judiciário – CNJ e do Fórum Nacional para Equidade Racial – FONAER.

**ALBERTO PAVIE RIBEIRO**
Advogado.

**ALEXANDRE SAADEH**
Médico psiquiatra, psicodramatista. Doutor pelo Departamento de Psiquiatria da Faculdade de Medicina da Universidade de São Paulo (USP), médico supervisor do Serviço de Psicoterapia do Instituto de Psiquiatria do Hospital das Clínicas da Faculdade de Medicina da USP e coordenador do AMTIGOS (Ambulatório Transdisciplinar de Identidade de Gênero e Orientação Sexual do Instituto de Psiquiatria do Hospital das Clínicas da Faculdade de Medicina da USP). Professor colaborador do Departamento de Psiquiatria da Faculdade de Medicina da USP, professor doutor do Curso de Psicologia da FaCHS-PUC-SP (Faculdade de Ciências Humanas e da Saúde da Pontifícia Universidade Católica de São Paulo), Membro da WPATH desde 2018.

**ANA CAROLINA A. CAPUTO BASTOS**
Advogada, mestranda pela Università degli Studi di Roma (Tor Vergata), LL.M em Direito Empresarial pela Fundação Getúlio Vargas (FGV), secretária-geral da Associação Brasiliense de Direito Processual Civil (ABPC), conselheira da OAB-DF e presidente da Comissão de Assuntos Constitucionais, cofundadora e ex-presidente da Elas Pedem Vista. Mãe do Chico e da Clara.

**ANA CAROLINA REIS MAGALHÃES**
Advogada, sócia da Sedlmayer & Magalhães Advocacia. Procuradora do Distrito Federal. Bacharel em Direito pela Universidade de Brasília (UnB) e pós-graduada em Direito Tributário pela Fundação Getúlio Vargas (FGV) e em Direito Penal. Conselheira no Conselho de Administração do Instituto de Previdência dos Servidores do Distrito Federal (IPREV/DF). Ouvidora-geral da Associação dos Procuradores do Distrito Federal e do Sindicato dos Procuradores do Distrito Federal (SINDPROC). Membro do Instituto dos Advogados do Distrito Federal (IADF). Cofundadora da Elas Pedem Vista.

**ANDRÉA PACHÁ**
Escritora, desembargadora do TJ-RJ, mestre em Direitos Humanos e Saúde Pública pela Fiocruz. Conselheira do CNJ no biênio 2007/2009.

**ANGEL QUEEN**
Jovem negra periférica de 20 anos, que vive no interior do Rio de Janeiro. Compõe a ANTRA e participa de projetos sociais ligados à população trans e travesti. É presidenta do coletivo "Jovens diferenças", na região dos lagos do Rio. Angel foi acolhida pela família, apesar de ainda assim ter sido evadida do CIStema escolar formal por diversas vezes. Hoje, cursa o ensino médio.

**ANNA MARIA DA TRINDADE DOS REIS**
Advogada e sócia fundadora do Trindade & Reis Advogados Associados.

**ANTONIO CARLOS DE ALMEIDA CASTRO, KAKAY**
Advogado criminal e cruzeirense.

**BÁRBARA MENDES LÔBO AMARAL**
Mestranda em Direito pela Universidade de Brasília – UnB (stricto sensu), pesquisadora do LiderA-observatório eleitoral IDP, cofundadora da associação Elas Pedem Vista. Advogada.

**BRUNA BENEVIDES**
Militar antifascista da Marinha brasileira, travesti, feminista. Secretária de articulação política da ANTRA. Coordenadora da pesquisa sobre violência contra a população trans e pesquisadora sobre pessoas trans nas eleições e violência política. Coordenadora adjunta da Clínica Jurídica LGBTQIA+/UFF (UFF). Coordenadora do pré-vestibular social Preparanem Niterói desde 2016. Congratulada com a Medalha Marielle Franco de Direitos Humanos, eleita uma das 100 mulheres pioneiras na liderança política pela Woman of the World (WoW) e vencedora do Prêmio Faz Diferença do jornal O Globo.

**BRUNO SALLES PEREIRA RIBEIRO**
Advogado criminalista. Graduado em Direito pela USP e mestre em Direito pela mesma instituição. Foi coordenador do Projeto Educação para Cidadania no Cárcere do IDDD - Instituto de Defesa do Direito de Defesa.

# OS AUTORES

**CAROLINE BISPO**
Mestranda do Programa de Pós-Graduação da Universidade Federal Fluminense, na linha de Segurança Pública e Justiça. É pós-graduada em Direito Penal e Criminologia pela PUC-RS. É advogada há 9 anos e atuou por 3 anos no Eixo de Segurança Pública da ONG Redes da Maré. Fundadora e diretora da Associação Elas Existem Mulheres Encarceradas. Foi vice-presidente da Comissão de Direito Socioeducativo da OAB-RJ por 3 anos. Atualmente é membra da Comissão de Segurança Pública da OAB Federal e articuladora política internacional da Elas Existem atuando em Nova York, Washington e Montreal. Mãe da Maria Eduarda.

**CATHARINA SULEIMAN**
Nasceu em 1977 em São Paulo, onde vive e trabalha. A artista se descreve como eterna pesquisadora. Com uma narrativa poética, muitas vezes política, influenciada pela natureza e pelo antropoceno, a artista conta histórias sobre memórias, lutas e arquétipos do feminino e da relação terra-humanidade através da fotografia, fazeres tradicionais femininos, vídeo performance, stencil, pintura, bordado, gravura, escrita, escultura, têxtil, bio materiais e tintas naturais. O corpo é investigado como prova material de percurso histórico da mulher primitiva, que é também a própria natureza, e da mulher moderna inserida em um sistema em que sua natureza é silenciada.

**CRISTIANE COSTA**
Advogada criminalista. Graduada em Direito pela Universidade de São Paulo. Pós-graduada em Direito Penal Econômico pela Universidade de Coimbra em parceria com o Instituto Brasileiro de Ciências Criminais (IBCCRIM). Membro do Instituto de Defesa do Direito de Defesa (IDDD), do Instituto Brasileiro de Ciências Criminais e do Innocence Project Brasil.

**CRISTIANO BARROS**
Advogado criminalista. Graduado em Direito pela Universidade Presbiteriana Mackenzie. Mestre em Direito Processual Penal pela USP. Especialista em docência no ensino superior. Autor e professor. Membro do Instituto de Defesa do Direito de Defesa (IDDD) e do IBCCRIM.

**CRISTINA MARIA NEVES DA SILVA**
Advogada e sócia de Lacombe e Neves da Silva Advogados Associados. Mestre pela University of California (Berkeley). Especialista em Direito Constitucional pelo IDP e em Teoria Crítica em Direitos Humanos pela Universidad Pablo Olavide (Sevilha). Presidente da Elas Pedem Vista. Diretora de políticas afirmativas do IBRADE. Membro do LiderA, observatório eleitoral, Observatório Constitucional e Observatório de Violência Política contra a Mulher. Secretária-geral adjunta da Comissão de Direito Eleitoral da OAB-DF. Diretora jurídica do Instituto Gloria.

**DANDARA RUDSAN**
Graduada em Direito, pós-graduanda em Direito do Trabalho e Direitos Humanos (UFPA). Especialista em Gestão de Conflitos e Concretização dos Direitos Socioambientais (UFPA/MPPA). Ex-relatora nacional em direitos humanos da Plataforma DhESCA na agenda 'Segurança Pública, Racismo e Violência Letal'. Membra da Agenda Nacional pelo Desencarceramento; RENFA – Rede Nacional de Feministas Antiproibicionistas e Iniciativa Negra por uma Nova Política Sobre Drogas.

**DANIELE MARANHÃO COSTA**
Desembargadora do TRF-1, integrante de órgão colegiado competente para o julgamento de matérias de Direito Público, é juíza de Enlace para a Convenção da Haia de 1980 sobre os "Aspectos Civis do Sequestro Internacional de Crianças" e membro do Grupo de Estudos criado a esse título no âmbito do Conselho da Justiça Federal. É mestre em Direito pela UnB, área de concentração – Direito, Estado e Constituição. Autora de artigos em livros e em periódicos, com destaque para o livro "Juízes Cosmopolitas: por uma concepção mundial de direitos humanos".

**DANIELLE MARTINS SILVA**
Feminista, mãe, humanista em construção e promotora de Justiça do Ministério Público do Distrito Federal e Territórios. Graduada pelo UniCEUB e pós-graduada pela Universidade Federal de Santa Catarina.

**DEBORAH DUPRAT**
Advogada e subprocuradora-geral da República aposentada.

**EDUARDA TRINDADE**
Especialista em história da arte pelo Centro Universitário Belas Artes-SP, é atualmente bacharel em Direito pelo IDP-Brasília.

**ERIKA HILTON**
Deputada federal. Vereadora mais votada do Brasil em 2020, presidenta duas vezes da Comissão de Direitos Humanos de São Paulo.

**EVA MARCHIORI**
Jornalista, moradora de Brasília, avó de uma linda menina trans.

**GABRIELA JARDON**
Juíza e escritora.

**GISELE DOS REIS SILVA**
Advogada, jornalista e consultora jurídica da TV e Rádio Justiça. Mestre em Direito Internacional Econômico pela Universidade Católica de Brasília. Especialista em Direito Público pelo Centro Universitário do Distrito Federal, membro da Elas Pedem Vista e da Associação Brasileira dos Advogados Criminalistas do DF, colíder do Comitê de Igualdade Racial do Grupo Mulheres do Brasil Brasília. Coordenadora do Compliance Women Committee em Brasília.

**HUGO DA TRINDADE DOS REIS**
Estudante de Direito – IDP e estagiário do Trindade & Reis Advogados Associados.

**JOAO ALEXANDRINO AKA JAS**
Artista visual português (@joao_jas).

**JULIA DE BAÉRE C. D'ALBUQUERQUE**
Advogada. Mestre pelo Instituto Brasileiro de Ensino, Desenvolvimento e Pesquisa (IDP). Especialista em Direito Empresarial pela Fundação Getúlio Vargas (FGV). Vice-presidente e cofundadora da Elas Pedem Vista. Mãe do Daniel e do Rafael.

**LAERTE**
Cartunista.

**LUA QUINELLATO**
Da Zona Metropolitana do Rio de Janeiro, graduanda em pedagogia pela Universidade Federal Fluminense, onde milita na União da Juventude Comunista, compõe a Rede Transvestis Uffianas e o Comitê de Relações Étnico-raciais Gêneros e Sexualidades da FEUFF. Apesar de todos os embates, diferentemente de muites, Lua encontrou em sua família acolhimento, o que facilitou sua entrada na Universidade e também o fato de ter completado o ensino médio.

**LUÍS CARLOS VALOIS**
Juiz de Direito, titular da 1ª Vara de Execuções do Amazonas, mestre e doutor em criminologia e Direito Penal pela Universidade de São Paulo (USP), Largo de São Francisco, pós-doutorando em criminologia pela Universität Hamburg.

**LUÍS ROBERTO BARROSO**
Ministro do Supremo Tribunal Federal e professor titular da UERJ e do UniCEUB.

**MANUELA SIMÕES FALCÃO A. DE OLIVEIRA**
Advogada. Sócia da Aragão Feitosa Alvim de Oliveira Advocacia. Especialista em Direito e Processo do Trabalho pelo IDP (2009). Mestranda em Sistemas Alternativos de Resolução de Conflitos pela Universidad Federal de Lomas de Zamora – UNLZ (Buenos Aires, Argentina, 2019). Pós-graduanda em Direito do Trabalho Marítimo e Portuário pela Universidade Santa Cecília (2022). Cofundadora da Elas Pedem Vista. Vice-presidente da Comissão de Gestão de Escritórios de Advocacia da OAB-DF.

**MARCO ANTÔNIO CHIES MARTINS**
Advogado criminalista. Graduado em Direito pela Universidade Presbiteriana Mackenzie. Pós-graduado em Direito Processual Penal pela Universidade de Coimbra em parceria com o Instituto Brasileiro de Ciências Criminais (IBCCRIM) e em Direito Penal Econômico pela Faculdade de Direito da Fundação Getúlio Vargas. Membro do Instituto de Defesa do Direito de Defesa (IDDD), do IBCCRIM e do Innocence Project Brasil.

**MARIVALDO PEREIRA**
Secretário de Acesso à Justiça do Ministério da Justiça e Segurança Pública.

**MARIA GABRIELLI ANDRADE**
Assessora da Secretaria de Acesso à Justiça e graduanda em pedagogia.

**MARIA THEREZA DE ASSIS MOURA**
Ministra do Superior Tribunal de Justiça e professora doutora da Universidade de São Paulo (USP).

**MARIANA CARVALHO**
Servidora pública federal da carreira, especialista em Políticas Públicas e Gestão Governamental ("gestora pública"). Atualmente trabalha na Casa Civil da Presidência da República com as pautas de políticas sociais e direitos humanos. É graduada em Direito pela Universidade de Brasília, mestre em Direito, Estado e Constituição pela UnB, especialista em Direito Sanitário pela Universidade de São Paulo e especialista em Justiça Social, Criminalidade e Direitos Humanos pelo Instituto Latinoamericano das Nações Unidas para Prevenção dos Delitos e Justiça Social (ILANUD). Mãe de Lila, Rosinha e Biel, leitora voraz e escritora.

**MARINA PINHÃO COELHO ARAÚJO**
Advogada.

**MIGUEL MATOS**
Jornalista, advogado, editor do site jurídico Migalhas, autor do livro "Código de Machado de Assis".

**PAULO SÉRGIO LEITE FERNANDES**
Advogado criminalista em São Paulo.

**PEDRO PAULO LOURIVAL CARRIELLO**
Defensor Público do estado do Rio de Janeiro, graduado pela Faculdade de Direito Cândido Mendes – Centro, RJ, pós-graduado em Administração pela Universidade Federal Fluminense. Ex-presidente da Fundação Escola Superior da Defensoria Pública do ERJ. Rubro-negro e portelense.

**RENATO STANZIOLA VIEIRA**
Advogado criminalista, mestre em Direito Constitucional (PUC-SP), mestre e doutor em Direito Processual Penal (USP), presidente do Instituto Brasileiro de Ciências Criminais - IBCCRIM (biênio 2023-2024).

**ROGER RAUPP RIOS**
Desembargador federal no Tribunal Regional Federal da 4ª Região (TRF-4). Mestre e doutor em Direito pela Universidade Federal do Rio Grande do Sul (UFRGS). Foi pesquisador visitante na Universidade do Texas (Austin) e na Universidade de Columbia (NYC), ambas nos Estados Unidos, e tem pós-doutorado na Universidade de Paris. É professor do PPG Mestrado Doutorado em Direito da UNISINOS e do Mestrado ENFAM. Autor de artigos e livros, dentre os quais "Direto da Anitdiscriminação" (2008) e "Em Defesa dos Direitos Sexuais" (2007).

**ROGERIO SCHIETTI CRUZ**
Doutor e mestre em Direito Processual pela USP. Professor da pós-graduação da Uninove. Autor de diversos livros e artigos jurídicos. Ministro do Superior Tribunal de Justiça.

**SARA WAGNER YORK**
Ou Sara Wagner Pimenta Gonçalves Jr. É doutoranda e mestra em Educação, é licenciada em Letras – Inglês e respectivas Literaturas (UNESA), em Pedagogia (UERJ), em Letras – Português e respectivas literaturas (UNESA) e bacharel em Jornalismo, especialista em Gênero e Sexualidade (CLAM/IMS/UERJ) e mestre em Educação (orientada por Fernando Pocahy do GENI/ProPEd – UERJ), foi bolsista CNPq. Docente no Ensino Superior e na Educação Básica, além de tradutora como prática substantiva de divulgação da ciência.

**SIMONE SCHREIBER**
Professora associada da UNIRIO. Desembargadora federal do Tribunal Regional Federal da 2º Região (TRF-2).

**VICTÓRIA DANDARA AMORIM**
Travesti, advogada formada pela USP, consultora de diversidade e inclusão e pesquisadora nas áreas de direitos humanos, gênero e decolonialidade. Trabalhou no jurídico do mandato da vereadora Erika Hilton na Câmara Municipal de São Paulo, coordenando as atividades da CPI da Transfobia. É co-fundadora e coordenadora do Núcleo Trans e Travesti Jovanna Baby da USP, ligado à Rede da ANTRA e do Laboratório de Design Jurídico da USP, por onde realizou residência em Legal Design and Human Rights na Northeastern University. É colunista do Portal Nós Mulheres da Periferia, em que cobre a política trans e travesti no Brasil e no mundo. Em 2022 recebeu o IX Prêmio de Educação em Direitos Humanos da Secretaria Municipal de Direitos Humanos e Cidadania de São Paulo, por seu projeto de educação cidadã e orientações jurídicas na Favela da 3 Cocos, na Zona Leste de São Paulo.

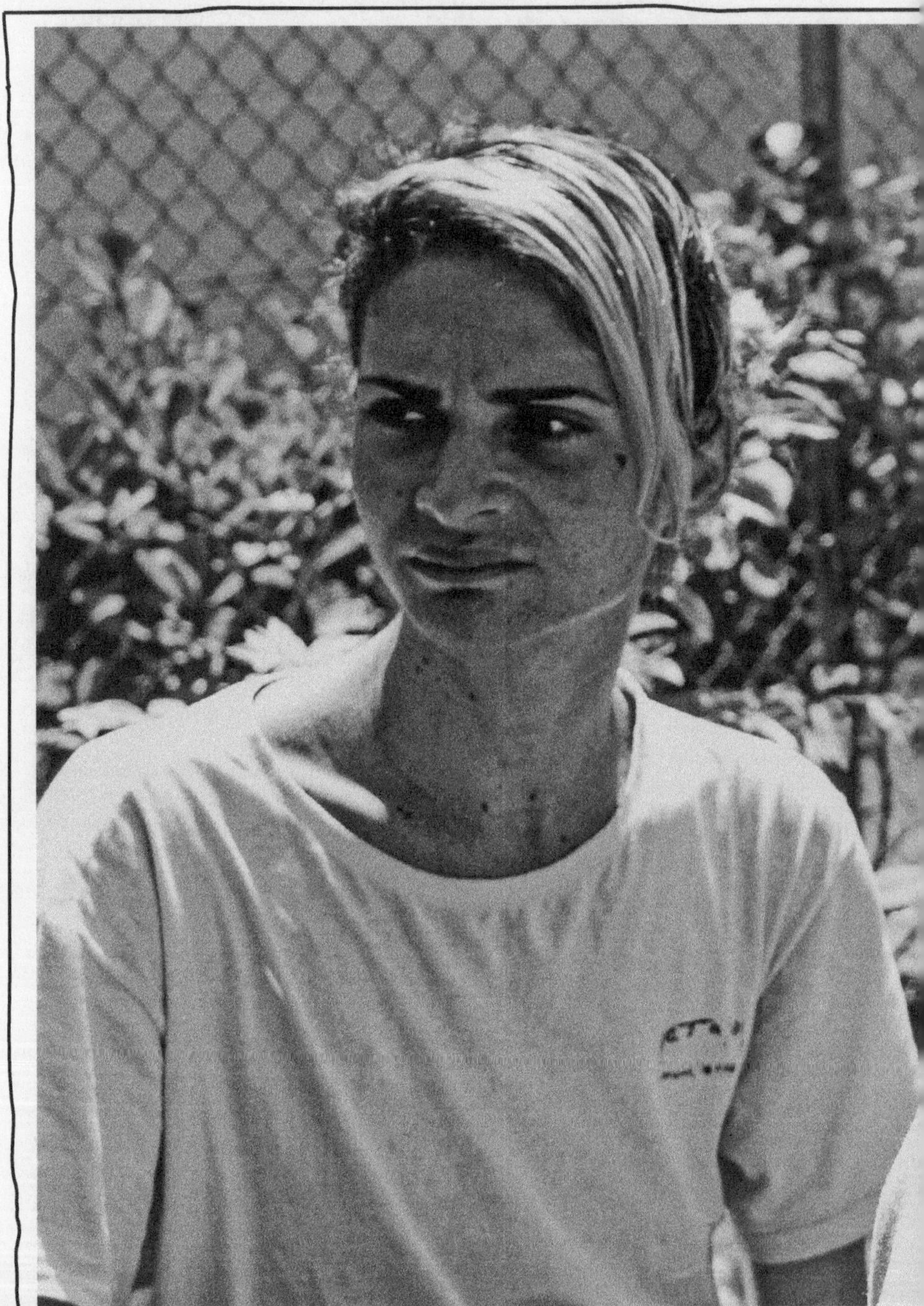

Por

LAERTE

# BONECA

Por Gabriela Jardon

Criança, não me sentia diferente, não estranhava meu corpo; perna depilada e cintura marcada eram coisas da minha mãe, e eu não ligava a mínima. Na adolescência não dei falta de seios e gostava do meu pênis, que foi crescendo cheio, eriçado, cabeludo, curioso. Era bonito. Meu caminho não foi normal; ou, ao contrário, foi normal demais. Fui um menino comum da classe média paulistana, filho único de dois professores universitários, ativistas, amorosos. Jogava futebol, dormia na casa de coleguinhas, viajava nas férias, falava inglês, almoçava na casa da avó, tinha meus pequenos problemas, era feliz, tudo na média. Cheguei a me apaixonar por meninas várias vezes, todas desastrosas. Não doía. Colocava a conta no conjunto nariz-adunco-orelhas-de-abano-entradas-precoces, e pronto. Não conseguia mostrar o pênis a ninguém.

Oficializei a paixão por cavalos passando para veterinária e indo morar na Federal Rural do Rio de Janeiro, o famoso quilômetro 47. A vida foi ficando tão boa que, nessa época, tinha saído da média: uns bons quatro riscos acima no quesito felicidade! Adorava aqueles 3024 hectares de campus selvagem – o maior da América Latina –, o cheiro de mato e bosta entrando pela janela do quarto, as amizades simples, as aulas, o que aprendia, os cavalos que já chamava de meus.

Acordava, estudava, comia, ia a campo, voltava, fim de tarde, no alojamento sempre alguém pra uma cerveja. E depois a viola. Comecei a tocar de bobeira, peguei gosto, levava jeito. Perto de mim, uma roda

começou a crescer, noite após noite. Na primeira vez com mais gente, com taquicardia e sem pensar muito, peguei o batom vermelho de uma amiga e inundei os lábios, tremelicando. Inexplicável o prazer que senti abaixando a cabeça na direção das cordas e vendo o reflexo do vermelho da minha boca nas curvas do instrumento. Não conseguia mais tocar sem; dizia pra mim mesma que o batom era uma personagem, um amuleto, dava sorte. Mas era mais – eu sabia sem saber.

Um dia, gritaram do fundo da roda: Ei, Boneca, toca mais uma! Não vinha na maldade; só alguém que, tranquilamente, também já sabia. Incendiei por dentro. Algo pareceu finalmente poder descansar no batom, na Boneca.

Um semestre, dois, cinco, final do curso, e a "viola da Boneca" seguia, cada vez com mais som, cada vez com mais gente. O batom vermelho exagerado começou a pedir por brincos que pediam por saias que pediam por saltos. De novo, uma personagem, amuletos, sorte. Nada disso. Agora eu já sabia, sabendo mesmo. Numas férias voltei a São Paulo vestida de mulher, esmalte na unha, maquiagem pesada. Passado o estupor, meus pais não criaram dificuldades. Coerentes, só me amaram.

Um dia minha mãe bateu na porta do banheiro pedindo o rímel emprestado. Gaguejava para falar e eu para achar. Braço passando na menor fresta possível da porta para não a ver e nem ser vista. O rímel escorregava de uma mão gelada para outra molhada e escapou vezes o bastante para que a gente, nessa ordem, caísse na gargalhada, caísse no choro, e, finalmente, nos braços uma da outra, eu nua como uma bebê, inaugurada então como filha. Meu pai, no mesmo dia, me perguntou, com a voz mais fraquinha que eu já tinha visto sair dele, se era para me chamar de Adriana. Pode ser, pai, mas eu gosto mesmo é de Boneca. Uma corrente de ar de chumbo atravessou a gente, mas não se instalou. Nunca mais me chamou de Adriano, apesar de jamais ter conseguido dizer Boneca.

Na universidade, Boneca me substituiu na explicação de qualquer coisa. A viola falava, ria, chorava por mim, e a maioria me absorveu sem questionar como vim a ser. Pude silenciar, não pensava muito: sentia. Mais que gostar de ser aquela pessoa, eu era aquela pessoa numa visceralidade incontível. E não só no palco. Eu era uma mulher. Uma mulher com pênis, e de resto toda a anatomia de um homem. Gostava, não mudaria, viveria bem nesse paralelo. Boneca era assim.

Até que veio o inferno. Uma noite, o clássico: uma festa que não termina, bebida, cheira aqui, fuma ali, e eu voltando pro quarto, sozinha nos longos labirintos de árvores daquele lugar que eu já conhecia a ponto de poder andar de olhos fechados. Fechei. Não demorou e senti a corda entrando pela minha cabeça, um nó se ajustando rápido ao pescoço. Tinha sido enlaçada, como fazíamos com os animais que fugiam. Era uma brincadeira, só podia, mas ninguém ria do outro lado da corda retesada de dentro de um mato alto. Puxava(m) com muita força. Logo estava de joelhos e palmas da mão em carne viva. Aquele silêncio. O mundo em breve cairia em cima de mim, eu soube. Apareceram. Dois homens enormes, desconhecidos. Guardei apenas flashes: eu já não me aguentando de joelhos e indo de barriga ao chão; a camiseta se abrindo e o peito ralando no cascalho; eu amarrado de costas; o ânus sendo aberto. O som da minha alma se espatifando também guardei, mas isso não é um flash, antes uma música triste ininterrupta que não sai da minha cabeça.

Não resisti. Respirar, comer, estar com os médicos, cuidar dos machucados, ir à polícia descrever meus flashes (fazer tocar minha música triste já não interessava tanto a eles), passar seis meses em São Paulo com meus pais, sim, consegui. Mas já não vivia. O único duto de energia que me tinha sobrado era a obsessão em tentar achar quem fez aquilo e me vingar. Aqui vou ser rápida: conhecidos de conhecidos de meu pai sabiam de gente, contratamos ao preço de um pequeno apartamento que meu pai mantinha para engrossar a aposentadoria, descobriram as pessoas, seriam mortos. Na hora agá, me desvencilhei do meu pai, consegui ir junto. Os dois já imobilizados, momentos finais, pedi para dar os tiros. Queria olhar antes bem no olho deles, eu Boneca, o brilho do batom vermelho talvez refletido na pupila de cada um. Para eles, era até melhor, desde que não fizesse muita lambança. Atirei, espumando.

Saí dali direto para a delegacia. Duplo homicídio qualificado pelo uso de arma de fogo. A tese da legítima defesa não convenceu ninguém. Era vingança pura, e eu concordava. Condenada já em muitos sentidos (a música triste...), agora tinha também uma pena de 9 anos, 10 meses e 22 dias por cada morto para cumprir pela frente.

Acabou a Rural, acabou o campus, amigos, cerveja, viola. Ser veterinária, acabou. Mas não a vida, por mais que parecesse. Depois de anos dormitando em algum fundo de poço meu, uma mola que fica por ali se soltou e me jogou para cima de novo. Éramos 12 mulheres trans em um presídio masculino, misturadas a eles nas celas, no pátio, na cantina. Não preciso nem dizer quantas vezes voltei ao inferno, eu e elas.

Porque tinha ótimo comportamento, ganhei o direito de me apresentar com a viola em dias de visita. Alegrava, gostavam. Fui ganhando a simpatia dos agentes, diretores, juízes; minhas descidas ao inferno já não passavam tão desapercebidas. Foram anos, mas aconteceu, e hoje, aqui-agora, é a inauguração da ala do presídio que vai ficar só para as mulheres trans. As meninas, bobas, quiseram me dar um presente. *Uma boneca para a Boneca*, diziam no cartão. *Faltou a violinha*, fingi reclamar, emocionada, enquanto alguém já me puxava, *foto, foto!*

# TRANSCENDÊNCIA
# PROSA, POESIA E DIREITO

Por Luís Roberto Barroso

PROSA

## CRIADOR E CRIAÇÃO

Eu sou um ponto de luz como todo mundo, fruto de uma fagulha divina. Uma alma antes de um corpo. Igual a todos, trago a alegria e a tristeza, o prazer e a dor, a paz e a aflição. Sou um espírito como os demais. Só o meu corpo é diferente. Diferente do padrão, não do normal. O normal é uma invenção.

Eu não me estranho. Sou pleno no meu autoconhecimento e nos meus sentimentos. Você é que me estranha. Mas eu não sou definida pelo seu olhar. Eu existo muito além do que você projeta em mim. Mas não posso negar: se você me acolhe, sou mais feliz. Se você me rejeita, provo um travo de fel. Mas não te dou o poder de me diminuir.

Desde cedo fui diferente. No princípio foi muito sofrido. Mas com o tempo me aceitei e me amei. Não se luta contra a Criação. E se o Criador me fez assim é porque esse era o meu destino. E o destino a gente cumpre, sem resmungar pelo caminho. Se você não me aceita, tem que achar que o Criador errou. Eu imagino que isso contrarie suas crenças mais profundas. Ou não?

Como todas as pessoas, eu nasci para brilhar. Mesmo que não possa me enxergar. Eu brilho para o meu interior e para quem sabe o meu valor. Mas aceito o seu amor. Fraterno amor. Se você me enxergar além, isso me fará bem, e a você também.

POESIA

# SEU OLHAR NÃO ME DEFINE

*Olha*
*Não somos mais, nem menos*
*O seu olhar não me define*
*Somos luz e somos plenos*
*É o Criador que me redime.*

*Diferentes, mas iguais*
*Alegres, tristes, como toda a gente*
*Com dias de luta e dias de paz*
*Um pouco de tudo que a alma sente.*

*Você que desvia o seu olhar*
*Com estranheza e desamor*
*No fundo se nega a aceitar*
*Os desígnios do Criador.*

*Eu não dependo do que dizes*
*Mas um sentimento acolhedor*
*Faria todos mais felizes.*

DIREITO

# O DIREITO DE SE DEFENDER COLETIVAMENTE

Em 2018 a Associação Brasileira de Gays, Lésbicas e Transgêneros (ALGBT) propôs uma ação, diretamente no Supremo Tribunal Federal, sobre os parâmetros de acolhimento do público LGBTQIA+ nos estabelecimentos prisionais brasileiros. Pediu-se ao STF que as custodiadas transexuais do gênero feminino somente pudessem cumprir pena em estabelecimento prisional compatível com o gênero feminino e que as custodiadas travestis, identificadas socialmente com o gênero feminino, pudessem optar por cumprir pena em estabelecimento prisional do gênero feminino ou masculino. Apesar da relevância e da necessidade de decisão sobre tais questões, havia um obstáculo ao conhecimento da ação pelo Supremo Tribunal Federal: até então, o entendimento da Corte não autorizava o acesso direto dos grupos de defesa de direitos ao STF.

É certo que as discussões sobre direitos fundamentais dos grupos LGBTQIA+ poderiam ser levadas à Corte por meio dos recursos extraordinários – não sem antes tramitar por longos anos nas instâncias ordinárias. Entretanto, a prática demonstra que a grande maioria dos recursos admitidos e julgados pelo STF têm o Poder Público como recorrente, sendo raros os recursos admitidos e julgados em que figuram como requerentes associações protetoras de direitos fundamentais. Dessa forma, a abertura da via rápida do controle concentrado para a população LGBTQIA+ representaria uma espécie de atalho para a chegada de suas demandas ao STF, possibilitando uma resposta mais célere do Supremo e a imediata suspensão de um ato violador de direitos fundamentais, a partir de uma decisão com efeitos vinculantes e gerais, de observância obrigatória para o Judiciário e a Administração Pública como um todo. Nesse sentido, o controle concentrado da constitucionalidade é uma via essencial para que a Corte exerça a proteção de direitos fundamentais com efetividade.

Por esse conjunto de motivos, permitir que os grupos de tutela de direitos também pudessem acessar a via rápida e direta do controle concentrado significava um verdadeiro avanço civilizatório – em execução do projeto desenhado pela Constituição de 1988. Era preciso, assim, mudar a jurisprudência do STF em relação ao acesso desses grupos à jurisdição constitucional.

De acordo com a jurisprudência do Supremo Tribunal Federal, alguns requisitos devem ser preenchidos para a configuração de uma entidade de classe de âmbito nacional, a saber: (i) a demonstração do alcance nacional da associação, por meio da comprovação de afiliados presentes em ao menos nove estados da Federação, em analogia à Lei dos Partidos Políticos; (ii) a representação de uma classe, caracterizada por filiados ligados entre si pelo exercício da mesma atividade econômica ou profissional, por aplicação analógica da Consolidação das Leis do Trabalho (CLT, art. 920); (iii) a existência de pertinência temática entre o objeto da entidade e o direito defendido por meio da ação.

A Associação Brasileira de Lésbicas, Gays, Bissexuais, Travestis e Transexuais (ALGBT) possui caráter nacional. Além de atuar nacionalmente e de apresentar diretorias para todas as regiões brasileiras, reúne filiados em mais de nove estados da federação. Não há dúvida, ademais, da existência de pertinência temática entre os objetivos da ALGBT, consistentes na defesa dos interesses da comunidade LGBT, e a providência postulada por meio da ação: a transferência de travestis e mulheres transexuais para presídios femininos, justamente para observar sua identidade de gênero e protegê-las contra atos de violência.

Entretanto, a ALGBT não constitui entidade de classe de âmbito profissional ou econômico, tal como exigido pela jurisprudência do Supremo, pois não reúne, em seus quadros, afiliados que desempenhem a mesma atividade econômica ou profissional. O vínculo que une os associados da ALGBT consiste na busca pela não discriminação com base na orientação sexual ou na identidade de gênero e pelo reconhecimento da sua autonomia e identidade. A pergunta que se colocava, portanto, era se o Supremo Tribunal Federal deveria revisitar a sua jurisprudência sobre a configuração do requisito "classe" para o fim de conferir-lhe entendimento menos restritivo que o até então praticado. Vale dizer, devia-se ou não buscar interpretação que permitisse que grupos vulnerabilizados e minoritários, unidos pela luta por direitos fundamentais, pudessem acessar o controle concentrado da constitucionalidade?

A resposta é inequivocamente positiva por três ordens distintas de fundamentos. Em primeiro lugar, as justificativas que levaram o STF a construir uma interpretação restritiva do significado de "classe" não estão mais presentes. Não há qualquer evidência de que a construção de um conceito de classe que permita a abrangência de entidades protetoras de direitos fundamentais possa gerar risco de aumento de ações, a ponto de impactar o funcionamento da Corte. Em segundo lugar, o resultado de tal interpretação implica violação à teleologia e ao sistema da Constituição e impede que o Supremo cumpra uma dimensão fundamental da sua missão institucional: a proteção de direitos fundamentais com celeridade, efetividade e em ampla escala. Em terceiro lugar, trata-se de interpretação que enseja a violação da igualdade por impacto desproporcional sobre grupos minoritários.

A Constituição trouxe em seu texto um rol amplíssimo de direitos fundamentais e expressou particular preocupação com grupos vulnerabilizados. Previu a dignidade da pessoa humana como fundamento da República (art. 1º, III). Estabeleceu normas protetivas para os reconhecidamente pobres (CF/1988, arts. 3º, III, 5º, LXXVI), crianças, adolescentes, idosos e pessoas com deficiência (CF/1988, art. 203). Garantiu a liberdade de religião e de expressão (CF/1988, art. 5º, VI, VII e VIII). Vedou a discriminação em razão de raça, gênero ou cor (CF/1988, art. 3º, IV). Protegeu indígenas (CF/1988, art. 231) e comunidades tradicionais (CF/1988, arts. 215 e 216). Estabeleceu como objetivo a construção de uma sociedade livre, justa e solidária (art. 3º, I).

A Constituição assegurou, ainda, o direito de voto de todos e ampliou a participação direta da sociedade civil por meio dos mais diversos institutos, como a ação popular, a iniciativa popular de leis, o plebiscito e o referendo. Não é por acaso que foi chamada de Constituição Cidadã. O ethos da Constituição de 1988 liga-se a uma densa proteção dos direitos fundamentais, sobretudo de grupos minoritários e vulnerabilizados, e à ampliação da interlocução direta entre o Poder Público e a sociedade civil. Diante do texto constitucional, portanto, a interpretação que restringia o acesso de associações representativas dos direitos de grupos LGBTQIA+ ao Supremo Tribunal Federal encontrava-se em desacordo com o sistema constitucional.

Por isso, o Supremo Tribunal Federal acertou ao reconhecer a possibilidade de a Associação Brasileira de Gays, Lésbicas e Transgêneros ingressar diretamente com ação para tutela de direitos da população LGBTQIA+. Nessa linha, é importante lembrar que a população de travestis e transexuais é uma das populações mais fortemente estigmatizadas na nossa realidade, vítima de graves violências. O Brasil é o país que mais mata transexuais no mundo, seguido pelo México, que apresenta, contudo, menos de 1/3 (um terço) dos nossos números de mortes. No Brasil, o tempo médio de vida de um transexual é – pasme-se – de 35 anos. Esses dados bastam para demonstrar quão imprescindível é possibilitar o acesso dessa população ao controle concentrado, uma vez que não há qualquer expectativa de que ela se faça ouvir no âmbito representativo. A jurisdição constitucional corresponde, assim, ao meio mais eficaz de inclusão e guarda dos direitos humanos dos grupos que não têm voz, como a população LGBTQIA+.

# JHENNYFFER

Por Renato Stanziola

Você consegue ver meus olhos de liberdade?

Olhe bem. Olhe com calma. Pode se perder um pouco na minha sobrancelha feita, veja como seu cuidadosa. Meus olhos são bonitos, você não acha? Veja como meu rosto inteiro se reconstrói para que os arcos dos meus olhos formem uma curva leve. Tente adivinhar o que é um olhar da liberdade.

Só quem a teve e perdeu um dia é que talvez consiga enxergar isso. Se você não consegue perceber, é porque não passou pelo que eu passei. E passo ainda.

Volte um pouco, olhe para meu sorriso, que é tímido como eu era, como eu sempre fui. Sabe, se você tem filhos ou filhas, em algum momento deve ter contado para ele ou ela como é o desenvolvimento de alguém, o amadurecimento, as agruras pelas quais qualquer pessoa passa. Não é aquela coisa de aprender a atravessar a rua só, de mais cedo ou mais tarde soltar a mão. A sua mão, ou, no meu caso, de algum guardião.

Veja como o sorriso mostra meus dentes. Eles são dentes desafiadores, e essa boca meio fechada foi feita sabe pra quê? Pra beijar. Pra beijar você. E pra sorrir. Boca pra contar a estória, sabia? Posso até inventar uma se você quiser. Sou boa nisso, sabia?

Essa foto que você está vendo agora, e só com um pouco mais de cuidado pela paciência e detalhamento que eu peço que você tenha, é a foto sem grades. Sem jaula. Sim, sem jaula.

E é por isso que eu quero muito insistir: veja meu olhar de liberdade!

Quando eu era criança, meu corpo dizia para eu ir para um lado. Me desensinava o que eu queria teimar, e ainda sem saber, em aprender. Impedia-me de me reconhecer e eu não sabia o que fazer. Não sabia pra onde ir. Ele me guiava torta, como um carro batido, um pneu furado rodando na terra, um problema mecânico. Eu tinha uma existência manca. Queria cortar o meu pedaço, a sobra nojenta, a coisa mais purulenta que apareceu em mim.

Mas eu nunca fui máquina, eu sou perfeita. Busquei meus sonhos. Demorei para perceber isso, foi só aqui. Na jaula.

Olho para muito longe, você não alcança isso?

Meu olhar não transparece a tristeza, solar e noturna daqui nos cubículos onde me escondo e onde divido meus segredos só comigo e as paredes úmidas. Passo o tempo tentando adivinhar quem vem me ver, e em que dias aparecerá alguém. Minha mãe vinha, e demorei a acreditar que ela deixou de vir não por cansaço e dor, como se esse sofrimento que acompanha quem está aí de fora não fosse tão imenso como o meu, particularmente o meu. Demorei a acreditar que não era questão de me ver lentamente, como um camaleão forçado a mudar de cor ou pior, como se tivesse nascido mesmo com a cor errada e tivesse que errar tanto até se encontrar, me conhecer sozinha. Achava que ela queria era se esconder do choro, de todos os choros. E nem reagia com meu jeito de andar que tinha mudado tanto. Tinha dias em que, depois que ela saía daqui e voltava já nem me lembro bem para onde, eu me remoía imaginando se ela não vinha era aqui mesmo para chorar por tudo que estava fora, estragado, roto desde o dia em que nasci. Aí pensava se não seria mais suportável a minha solidão do que a dela. Assim eu matutava até que entendi que ela tinha morrido. Não deu conta.

Foi meu irmão mais novo quem me contou, da última vez que esteve aqui.

E me recolher onde para um luto à distância? Como separar a saudade que dói pelo vazio que entra na gente de uma culpa maior que eu por pensar que ela foi desistindo devagar de mim, e que pode ter morrido de desgosto? E eu nunca consegui ter a coragem de explicar para ela porque tudo aconteceu e como eu vim me tornar o que sou. Como trabalhar um luto de quem nunca tinha me entendido como criança carente que eu tinha sido e, depois do sistema me pegar, sim, o sistema, não conseguia nem reagir quando me via?

O que foi crescendo em mim foi, com esse peso que não me aliviará nunca, o lado da vida que eu deixei nascer. Tudo transforma, não é? É fácil pra você dizer isso aí fora, tenho certeza.

Meus cabelos aqui, e olhe bem, olhe no detalhe do meu rabo de cavalo, olhe o orgulho do meu cabelo, olhe a cor. A cor do meu cabelo! Na escola, que frequentei por poucos anos, quando eu era outra pessoa, as pessoas olhavam como se fosse um petróleo, a riqueza. Uma riqueza que era só minha e ninguém iria arrancar, nem os meninos, como eu naquela época. Os tios tocavam no cabelo achando que a mão iria pegar até tinta, achavam que era guaxe, só tinha que ser, pois não era possível tão preto assim.

E olhe como ficou, mire com calma a foto.

Antes de eu vir pra cá, olhava para as pessoas na rua e tentava pensar, calcular mesmo, o que a natureza faz para que os olhos se combinassem com as orelhas, cada rosto. Cada ponta, cada distância de um lado a outro das bochechas, as silhuetas quando, nos ônibus, eu via e desenhava em silêncio sem nem me mexer. As pontas dos narizes que eu via e secretamente queria que fosse a ponta do meu, os queixos dos homens e das mulheres. Eu olhava admirada, e queria me transformar. Me confundia entre esconder o meu corpo onde ele mais aparecia, e ao mesmo tempo queria crescer em outras partes que me faltavam. Olhando em volta eu construía um palco onde os personagens eram milimetricamente pensados e colocados pelos tamanhos dos narizes, sexos, rasgos no corpo, peitos, vozes altas ou baixas, afinadas, roucas, e pelas pontas de dedos das mãos, e até os pelos da cara, os pomos de adão e as delicadezas dos pescoços mais femininos. O mundo era um cenário. Sempre foi para mim. Quisera eu ter sido médica. Mas não.

Veja mais uma vez, veja bem meus olhos e aí você vai entender que arrependimento não é propriamente o sentimento que me trouxe aqui.

Não vivo remoendo o passado, de ter entrado no supermercado com capuz, e ali não importava meu nome, não importava o cheiro de nada, não importava meu ódio. Não me arrependo de não ter separado, algumas vezes, o que não pode por definição ser meu, daquilo que eu sonhava que tinha que ser. Se guardo na memória a arma que me deram, é só para não esquecer e hoje, presa, comparar com a arma que achei pra mim. Se mais jovem a minha reação era como aquela, e foi aquela num instante de blitz que me trouxe aqui, hoje as armas todas são outras. Eu as construí para mim numa fortaleza.

E sabe por que não me arrependo? Porque em casa, desde cedo, aprendi que é tudo pegar ou não pegar, desde espaço na cama, chinelo no chão, pão velho. Sobra do café frio na xícara de plástico às cinco da madrugada, antes da luz. Roupa velha, achada. Pegar pra ver. Havia um ódio em mim que eu achava que nunca iria sair, grudado na pele mesmo. Esse ódio era muito maior que eu e eu o desafiava, ou o cultivava, hoje não sei bem. Mas agora, sozinha, sei que era ódio de mim. E que um dia ele sairia de mim, nem que fosse num tiro.

Te surpreendi, né? Peguei você olhando pra mim, até com um certo carinho, quem sabe adivinhando o que fiz com a barba, deve me achar a mulher do circo então, a barbada. Se você explorar a sua curiosidade vai descer e se perguntar mais, pro meio do corpo, bem no meio, onde a gente sabe o que sai e o que fica. Quem sabe você pensando na cor da roupa, imaginando a calça e a camisa que são como um trem velho indo e vindo na estação, entra um, outro, sai e entra de novo.

Peguei você, não peguei? Então agora você chegou um pouco mais perto. Olhe pros olhos brilhantes. Da liberdade.

Sou uma onça! Sou a floresta! E vou voltar para casa, pro meu mundo. Ninguém abandona ninguém, nem minha mãe me abandonou. Nem meu irmão, mesmo que não venha mais. Ele dava os pulos dele também, se achava melhor que todo mundo em casa. Me humilhava quando eu era criança e me trancava no banheiro para chorar sozinha pelo meu corpo, sem saber, ainda, o que eu poderia fazer para me encontrar. Eu não entendia nada e cadê a mãe?

Admita. Você, se olhar muito para mim, e se por acaso olhar com mais boa vontade para os meus olhos vai sentir uma certa inveja dos brilhos que eles têm. Se pensar em afinal de contas como é que eu posso estar sorrindo nessa foto, só posso ser louca, olhar para onde, o que estou vendo?, não vai entender nada mesmo. Mas uma pontada de curiosidade chega em você por tanto que eu insisto em dizer pra você simplesmente olhar pra mim. Eu estou sorrindo porque a minha liberdade é como o vento que bate aqui, só que sem o cheiro, cheiro de nada. Porque o cheiro pode ser da podridão da jaula, remoendo o castigo todos os dias, mas o vento não. O vento me empurrou até aqui, é ele que vai me embalar para fora quando a hora chegar.

Eu vou sair. Não é que eu sonhe em sair, eu vou sair.

Procurar uma casa. Alugar um canto. Andar na moto. Aquele moço que você canta, como é mesmo... Beber fumaça de olho diesel, me embriagar até que... Não vou fugir. Nunca mais vou fugir.

Eu sou o que mais importa no mundo todo.

Sou uma onça. Tenho 28 anos. Vou beijar. Sorrir. O mundo não pode ser esse, aqui na jaula ou aí de fora, de onde você só agora começou a olhar pra mim com mais cuidado. Um pouco de amor, quem sabe no futuro. Depende muito mais de você do que de mim.

Eu aprendi a me respeitar. Só peço isso a você. Muito prazer.

# JANETE

## (A UNGIDA DE GRAÇA)

Por Danielle Martins Silva

*Confundo as estações*
*Jamais o passar do tempo*
*(não me engano)*

*Sobrevoam-me anos.*
*Ciclotímica, sonho em círculos*

*(não se engane)*
*Paciente é o mérito*
*O perdão pela desdita*

*Altiva, trans pareço:*
*Não há santa para o dia*
*Do cortejo em despedida*

# GUINCHO DE HIENA

Por Mariana Carvalho

*Num relance, achas*
*que apenas estás*
*nesse corpo.*
*Mas como, se nele*
*nasceste e sem ele*
*não és?*

*Ao que tudo indica*
*tu és esse corpo*
*– que a cada dia*
*mais difere de ti.*

Trecho de *Teu Corpo*, Ferreira Gullar

Joy vagueava pela Rua Serrano em Madri com os óculos escuros pendurados na ponta do nariz, lenço de seda vermelho e rosa na cabeça, saltos nº 12, dedos esquerdos equilibrando o cigarro, antebraço direito como alça para a bolsa Gucci vintage. Flanar entre vitrines e cafés era o seu jeito de garantir que estava tudo indo bem. O sol de final de tarde escancarava o rosto pardo com lábios preenchidos e colágeno injetado em pontos estratégicos. Nada exagerado, corpo em sua melhor forma e coração em paz – Deus sabe como.

Nasceu João, virou Joãozinho, depois Jão. Agora é Joy. Demorou para João ser chamado de Joy; demorou muito, quase não sobreviveu João para ser Joy. Joãozinho sabia que tinha algo diferente dentro dele. Desde pequenininho, um incômodo, um mistério agudo. Mãe fingia que não via; pai dava surra de cinto.

Desistiu dos estudos, saiu de casa, foi morar numa república. Ganhava dinheiro fazendo bicos, panfletos para carros, aviãozinho, lavador de carro, entregador de bicicleta. Jussara, secretária executiva num escritório de advocacia, mandava um dinheirinho para o irmão, ligava para saber como estava, marcava um café. Os pais diziam que só tinham uma filha e nem queriam saber de notícias do filho mais novo. Enterraram o menino vivo, sem caixão e sem lápide.

Dia que não comia, noite que não dormia. No corpo, tentativas de mudanças toscas, hormônios e silicone de baixa qualidade aplicados em lugares insalubres. Mergulhou no poço do submundo, bateu no fundo e começou a negociar o corpo. Madrugada, centro histórico, perto do antigo colégio, onde parqueavam velhos, jovens, casais, todos com cara de quem não estava fazendo o que deveria. Muita coisa Joy resolvia logo ali, no carro mesmo. Até preferia porque já tinha levado muita porrada em quarto de hotel barato.

Ainda lutava pelo ponto com as outras putas. Se uniam para se defender, mas brigavam de arrancar os cabelos quando empatavam por um cliente. Gritaria, unhas quebradas, roxos nos braços arrancados de dentro da janela do carro do freguês. Assustavam muita gente, pneus rodando velozes no asfalto sujo.

Joy queria subir um degrau pelo menos. Juntou forças e engoliu o orgulho, ligou para Jussara, pediu um dinheiro (dado mesmo, não ia mentir dizendo que ia ser emprestado). Voz da irmã derretida de preocupação e agonia. Joy não deu muitas explicações, tinha um quase-plano.

A rota para trazer meninas à Espanha começava no interior do Goiás, passava por Guarulhos, chegava em Frankfurt. Depois distribuíam a carga com muita discrição – roupas novas, documentos falsos fidedignos, cara séria – pelos países ibéricos via terrestre. Tudo tinha que ser feito com muito cuidado, havia muitas trans por lá, a população espanhola estava incomodada com aquela presença – tirando os homens que consumiam esse tipo de serviço. As brasileiras eram as melhores.

Joy teve seu passaporte confiscado assim que entrou na boate. O subúrbio madrilenho infestado de portas escondidas, luz indireta, homens grandalhões em guarda. Carrões chegavam e partiam com homens que se ocultavam nas sombras. No palco com mastros de madeira, meninas seminuas se esfregando, olhos injetados, movimentos mecânicos. Todas com passaporte encadeados por semanas, meses, anos. Não recebiam grana nenhuma, somente comida, bebida, droga. As que faziam programa tinham direito de ficar com um quarto só para elas, o que acabava levando a grande maioria para esse caminho.

Celulares controlados desde o início da viagem. Permitiam, sob vigília, falar com alguns parentes, mas o discurso era o mesmo *tá tudo bem, já consegui emprego numa loja, depois mando um dinheirinho.* Quando alguma família desconfiava, o cerco era maior, encenavam situações, mandavam fotos sorridentes e dinheiro. Conseguiam despistar os familiares, gente sem estudo e esperteza, não enxergavam os sete erros. Joy não tinha ninguém para querer saber da sua vida, talvez Jussara, mas a relação entre as duas degringolou antes do embarque, uma mágoa do tamanho dos segredos de Joy, a irmã não iria atrás dela.

Fazia o seu número nas madrugadas de terça, quinta e domingo, palco em penumbra, música brasileira brega, mãos esfregando o corpo purpurinado, saltos finos, vestido vermelho de paetês despido bem devagar, depois o sutiã rendado, em seguida a calcinha fio-dental; as luzes se apagavam e ela saía esbaforida de cena, carregando as peças de roupa; ia direto para o camarim se trocar para voltar a trabalhar, oferecendo bebidas aos homens, sentando em seus colos, abrindo botões. A labuta era de terça a domingo, e mesmo não tendo show, Joy tinha que estar lá, das seis da tarde às seis da manhã. O foco era no consumo, muito uísque escocês 21 anos, cocaína preta com 80% de pureza, mas não escapava dos programas, tinha que fazer pelo menos três por jornada.

*Não sei porque*
*Esse amor existiu entre nós*
*Agora só resta esquecer*
*O tempo é quem vai dizer*
*Só sei que está tudo acabado*
*Entre eu e você*

Acreditava que a sua vida de puta num canto afastado em Madri ia acabar em pouco tempo, mas esse momento nunca chegava. As semanas se passavam e ela não sabia que dia era, nem as horas. Não podia sair do bordel, começou a adoecer. O braço todo roxo de substâncias injetadas para não perder o dia de trabalho.

O dono do negócio pedia para todos chamá-lo de Mr. John. Mal falava espanhol, só inglês e alemão. Ia poucas vezes a Madri, mas quando chegava à cidade exigia duas meninas do seu portfólio só para ele. Gérard, seu braço direito, buscava a encomenda e só devolvia dois dias depois. Carro luxuoso, bebidas e drogas à vontade – de melhor qualidade do que serviam para elas no dia a dia – para durante o trajeto as garotas irem se soltando.

Depois de cerca de uns três meses que estava por lá, Joy foi escolhida por Mr. John junto com Bela, uma mineira estrábica lindíssima que já havia sido chamada por ele algumas vezes. Joy tinha trocado palavras e olhares com o chefão em poucas situações, não sabia do que o cara gostava, ficou o trajeto inteiro perguntando à Bela o que devia esperar. A outra se fazia de desentendida, dizia que cada dia ele se deleitava com uma coisa diferente.

Chegaram num hotel quase arranha-céu, a reprodução de Guernica em tamanho original atrás da recepção de mármore branco, um cheiro de Chanel nº 5 por todo o ambiente. Joy e Bela cruzaram o saguão equipado com sofás de couro preto e esculturas de médio porte, e foram levadas para uma entrada de serviço. Subiram até o 12º andar escoltadas por Gérard. Se arrumaram no espelho do elevador, retocaram o batom e limparam o rímel escorrido. Joy respirou fundo, sabia que aquele momento, que parecia singelo e corriqueiro, para ela poderia não ser banal.

Apartamento com dois quartos e dois banheiros, cortinas de linho do teto ao chão, grandes janelas de vidro. No meio, uma jacuzzi com luzes coloridas já estava cheia de espuma, pronta para ser usada. Joy falava um pouco de inglês por causa dos estudos de quando ainda era Joãozinho. Deu um abraço caloroso em Mr. John, *how are you, dear?*, se serviu de champanhe, tirou a roupa, depois a dele, enquanto Bela, perdida, se encolhia perto da porta. Puxou o gringo pela mão e escorregou na banheira. *Querida, você poderia colocar uma musiquinha pra gente e trazer a champanhe pra cá? Venha também.*

Mr. John esfregava a careca branca enquanto observava Joy com um olhar de espanto e ao mesmo tempo satisfeito. Um de frente para o outro, os pés da menina brincando com o corpo dele, fazendo pressão. Bela seguiu as ordens e depois entrou na banheira na ponta dos pés. Joy puxou a colega para si, deu um beijo de língua demorado, enquanto os seios se tocavam no ritmo da música. Naqueles dois dias coube uma semana de volúpia.

O chefão apreciou o que viu, ouviu, pegou e sentiu. Joy virou a garota fixa do Mr. John e as outras começaram a ficar desconfiadas. Ela tinha tratamento diferenciado mesmo quando ele não estava em Madri. Performava, mas deixou de fazer programa. Ele desandou a vir à cidade mais vezes. Joy e mais uma, depois só a Joy, Joy todas as vezes. Ela também ia ao encontro dele em Berlim, Londres e Frankfurt.

Com grana na mão, Joy procurou um médico que ajudasse a melhorar o seu corpo ainda com marcas dos procedimentos brutos que ela pôde bancar no Brasil. O Dr. Carlos, a pedido de Mr. John, atendeu Joy de forma cortês – fato inédito na vida dela; explicou tudo muito explicadinho, mostrou um cronograma de procedimentos que eles teriam que fazer, no final ainda apertou o ombro dela. *Va a estar bien, ya verás.* Sorriu.

Meses de cortes, inchaços, pontos. Etapa por etapa, o médico lidava com todas as reações previstas e não previstas. Precisou de bolsa de sangue A+; o silicone antigo estourou durante a troca; recuperação mais demorada do que previam. Mr. John mandou Gérard acompanhar todo o processo e pedia informações sobre a sua garota.

Joy admirava o novo corpo no espelho do corredor. As cicatrizes ainda estavam avermelhadas, mas ela gostava do que via. O amante bancou um apartamento em Chueca, dois quartos, varanda, cozinha conjugada com a sala. Adotou um gatinho, corria 5km dia sim, dia não, salão para escova e unhas, mesmo custando uma pequena fortuna e as manicures não se compararem com as brasileiras – nem tiravam a cutícula!

Respirava.

Mr. John encarregou Joy de organizar a agenda das meninas da boate. Horários de performances, quantidade de bebidas vendidas, programas feitos, quem ficava doente, quem abusava das drogas, quem fazia corpo mole. Ela também cuidava das novatas, explicava a rotina, as obrigações e os poucos direitos que tinham. Aprendeu a mandar e a ameaçar. Delatava ex-colegas que ficavam com dinheiro dos fregueses ou que fingiam estar menstruadas. Em pouco tempo, Joy era um pesadelo maior que qualquer outro gerente que tivesse passado por ali. Se deleitava em ver aquelas caras apavoradas, causar discórdia no grupo, fingir que tinha favoritas que mudavam a cada semana. Joy incorporou a personagem com maestria e foi crescendo no papel até virar protagonista.

*Grupo investigado por tráfico de mulheres e exploração sexual fez cerca de 200 vítimas, diz PF*

A Operação Medusa, feita em cooperação entre a Polícia Federal brasileira e o Cuerpo Nacional de Policía espanhol, demorou para obter resultados, mas depois de seis anos pegou os peixes pequenos, alguns médios e poucos grandes nos dois países. Joy acordou às seis da manhã com a campainha tocando. Intimação esfregada em seu rosto, deixaram apenas ela trocar o penhoar por uma roupa, nada de celular, o gato miava, vizinhos começaram a sair pelas portas. Uma policial mulher a algemou, mandou calar a boca, enfiou seu corpo na viatura. Joy caiu.

Depois de algumas semanas no cárcere espanhol, Joy foi extraditada para o Brasil. Chegou no prédio cinza à noite, as presas nas celas gritavam palavras de ordem enquanto ela buscava o seu canto, junto de mais três colegas. Não abriu a boca, apenas cumprimentou as outras, deitou e fingiu dormir.

Nos anos na Espanha Joy aprendeu a mandar nas pessoas. Na prisão, muita gente já mandava e ela precisou aprender a ser mandada de novo. Pensou bem, às vezes era melhor mesmo deixar decisões e ordens para os outros. Ali a sua liderança seria vazia, não traria para si muitas recompensas, grana, champanhe francês. No cárcere era só uma questão de status mesmo, pouco ganho real. Um cigarro a mais, uma regalia, uma namorada nova, muito pouco para o seu padrão.

Começou a trabalhar na horta comunitária do presídio, mesmo sem saber distinguir hortelã de melissa. Aprendeu a usar adubo orgânico, meteu a mão na terra, ajudou na construção do sistema de irrigação, escolheu mudas e sementes. Pediu para ficar mais tempo na horta, estudou estações, especificidades, usos. Joy se esquecia do mundo, o tempo inteiro em silêncio, concentrada. De vez em quando cantarolava *Es verdad, lo que dicen de mí/Que me gusta dormir al borde del volcán*, e a luz do sol das tardes madrilenhas chegava ao seu rosto, olhos fechados.

Por um tempo, achou que ia ser salva pelo protetor alemão. Tentou ligar para ele, para Gérard, para o número da boate, mas ninguém atendia. Ficou pensando se tudo o que havia vivido tinha sido de verdade, se o seu apartamento havia evaporado, se todas aquelas pessoas que a obedeciam tinham virado fumaça. Seu gatinho ficou com algum vizinho ou andava perambulando na Plaza de Chueca? O horário fixo no salão já tinha sido oferecido para outra? Com quem ficaram todas as suas roupas, bolsas, sapatos, maquiagens, perucas, semi-jóias?

Joy guardou essa nesga de ingenuidade no bolso, acendeu um cigarro. Vinte e sete anos na cara e ainda acreditava em príncipe encantado. Deu uma risada que começou amarga, depois se transformou num guincho de hiena, uma vontade louca de rir de si mesma.

Outono/2023

*A história aqui contada é integralmente ficcional,*
*e qualquer semelhança com nomes, pessoas, fatos ou situações da vida real*
*terá sido mera coincidência.*
*Será?*

# RETRIBUTIVA

Por Adriana Cruz

Te escrevo do lugar da vergonha. Envio esta carta na esperança de, algum dia, receber tua resposta.

Não te conhecia. Nem a ti, nem a qualquer outra. Me peguei pensando: nunca te olhei ou imaginei, como eu pretendia te ver? Como alguém que procura os óculos para enxergar de longe, apertei os olhos para tentar identificar quem estava diante de mim.

Do lugar que estava avistei apenas um borrão. Presumi tuas roupas e teus pensamentos. Podia ter me aproximado, mas levantar do meu lugar não é coisa costumeira. Habituada a esperar sentada, caminhar em sua direção nem cruzou meu pensamento.

Com a arrogância dos que andam no mundo com suas certezas, fiz a conta. Altura, cor dos olhos, origem e nome. Tomei por filme o retrato

a que tive acesso. Com essas parcas informações, que para mim eram absolutas, defini como seria nossa relação. Tu ficas lá, eu cá. Eu ordeno e tu me obedeces e esperas.

Tudo bem acomodado, o tempo começou a correr. Estranhamente, pessoas de fora começaram a me gritar. Mas afinal, pensei, o que quer essa gente indignada? Já não servi a todos o que sempre procuram?

Desta feita, eram vozes diferentes, mais que isso, completamente desconhecidas. A certa altura, berraram por mim. Não teve jeito: contrariada, me levantei e, ao abrir a janela, a surpresa foi geral.

O burburinho cercou o prédio e vazou nos corredores. Mas como é possível? Não te movas, alguém gritou, a engenharia não calculou esse movimento brusco. Senta-te de volta, mulher. O que te passas pela cabeça?

Mas a brisa fresca que a janela aberta me proporcionou tornou irresistível aquela nova posição. Como não havia pensado nisso antes? A janela ali, ao alcance de minha mão. Eu aqui bem quieta e acomodada. Afinal, prestando um pouco mais de atenção, não eram incompreensíveis os gritos que vinham em minha direção. Desconhecidos, sem dúvida, mas de uma clareza desconcertante.

Uma vez ali, naquele parapeito, comecei a anotar as demandas. Humm, interessante, isto podemos ver. O quê? Que coisa estranha, não sei se terei tempo para esta filigrana. Essencial? A mim não parece, eu sou a medida de todas as coisas.

Ao conduzir assim os trabalhos, o setor de engenharia se acalmou um pouco. O balançar das minhas incertezas, agora instaladas, estava, de certa maneira, compensando o desequilíbrio das fundações, que minha cadeira vazia e meu caminhar haviam proporcionado.

Decidi: não é momento para tantas novidades. Tudo caminha bem, com a ordem que as leis da física determinam.

Tudo nem tão acomodado assim, me sentei novamente e o tempo voltou a correr. As horas passaram infinitas e lentas. A relatividade com base na equação espaço-tempo nunca foi tão explicita para quem teve olhos de ver.

Estava em meu bom cochilo e a gritaria recomeçou. O que querem agora? Não tenho paz. As mesmas vozes de antes, mas agora acompanhadas de outras. Desta vez, o som já chegava definido em meus ouvidos treinados. Levantei-me com um pouco mais de agilidade, pois já sabia que não havia jeito: janela aberta ou estará perdida qualquer possibilidade de novo descanso.

Como? Não sou a medida de todas as coisas? Mas... sim. Compreendo. Vou encerrar a conversa. O quê? A janela já não fecha? E onde está a engenharia para resolver? Entendo. Não podem mais se ocupar disso, embora fosse de seu gosto restabelecer tudo a seu lugar.

E foi assim que aconteceu. Tu esbarraste em mim. Sem te olhar de verdade, retribui na mesma moeda. Para me curar, te retribuí com dor. Mas quando finalmente fui chamada a te olhar de verdade e ouvir, sorristes para mim.

Boa tarde, minha mãe. Li com atenção teu rascunho. A carta está bela. Tudo feito e ajustado, como lidaremos com a situação?

A dor que enviaste a ela, em retribuição à trombada que te deu, não resolveu nada.

Ela precisa registrar seu nome e de uma ocupação. Sua saúde requer cuidados. Depois que sair pelos portões dos teus domínios, precisará de mão estendida para se recompor.

O tempo cumprido foi duro. A falta foi presença integral. Mas ela sorriu. Há esperança. Pena você ter chegado tão tarde. Confesse; só conseguiu vê-la por conta do esbarrão. Por tantas vezes ela passou por ti. Poderia tê-la abraçado, antes do conflito que se fez, nas circunstâncias, inevitável.

E agora? Como uma de tuas filhas e responsável por tornar concretos teus desejos, não posso seguir com a venda que sempre defendeste como necessária. Tua justa medida só será bem aplicada se agora, de olhos bem abertos, eu puder ter olhos de ver para quem está à minha frente.

Retribuir com dor não nos servirá de nada.

Vamos chamá-la de Estrelar. Em respeito à sua privacidade, nossos nomes são fictícios. Estrelar foi um dos nomes considerados por ela quando foi diagnosticada com disforia de gênero, aos seis anos, e pôde escolher seu novo nome. Este texto foi escrito no início da pandemia e atualizado em 2023.

Estrelar é minha neta, minha filha a teve aos 17 anos. Estrelar, desde que começou a falar, declara ser uma menina. Passado o período de amamentação, as responsabilidades em relação a Estrelar foram assumidas, progressivamente, por mim e meu marido. Temos a guarda definitiva dela, que vive conosco sob nossa inteira responsabilidade.

Por se tratar de uma condição ainda de conhecimento restrito, inclusive na área médica, vou relatar como tudo começou e como chegamos até o momento presente. Bem resumidamente, mas abrindo nossa intimidade.

Antes de fazer dois anos, Estrelar disse à mãe que era uma menina. A mãe, ao relatar o ocorrido, foi repreendida, pois achamos que seria um sinal de imaturidade da parte dela trazer um assunto tão sério sem muita reflexão. Foi um erro. Ela foi a primeira pessoa a perceber que havia algo diferente na menina e nós não tivemos capacidade de ouvi-la naquele momento.

Estrelar, aos três anos, conquistava com dificuldade o direito de brincar com o que quisesse. Ela viu seus avós serem seriamente repreendidos pela bisavó no jardim porque ela havia saído de casa com

# INFÂNCIA TRANS

Por Eva Marchiori

o vestido da avó. Esse acontecimento deixou marcas e apenas aos 8 anos ela se libertou para usar vestidos. Daquela bronca em diante, ela passou a usar o que quisesse apenas dentro de casa, incluindo roupas de balé. Tornou-se excelente bailarina assistindo vídeos na internet, já que não quis frequentar as aulas de balé da escola por não aceitar colocar a roupa de menino. Estrelar fez todos os desenhos dela mesma como menina, em toda sua vida. Ela nunca se viu como um menino.

Estrelar teve sua primeira festa de aniversário com personagem aos 4 anos. Setembro de 2016. Ficou em uma grande dúvida sobre o tema: Patrulha Canina ou Pequenos Pôneis. Felizmente optou por Patrulha Canina. Minha cabeça estava bem perturbada com a primeira grande festa de Estrelar ser uma parada gay, já que os Pequenos Pôneis têm o arco-íris como marca registrada. Aquela era uma menina vestida de menino, agora é assim que consigo enxergá-la. Estava deixando o cabelo crescer e eu não conseguia imaginar explicações para aquele cabelão. Porque não adianta, as pessoas sempre cobram por qualquer atitude fora do padrão.

No Natal de 2016, Estrelar usou um vestido lindo, com saia de tutu. Me pediu em uma loja e não tive coragem de dizer não. Toda a família acompanhava sem muitos comentários. Achávamos que era uma fase. Em casa vivíamos conflitos, sem saber como lidar com a situação.

Os pais de uma amiga de Estrelar da escola nos convidaram para as férias na praia em janeiro de 2017. A filha do casal não aceitava que Estrelar brincasse de boneca ou vestisse rosa, e Estrelar chorava por causa disto. Estrelar viveu nestas férias a ditadura de gênero da amiga X. Foi um verão difícil para todos nós.

Setembro de 2017, aniversário de Estrelar. Ela havia se encantado com a festa de Patrulha Canina, e passou o ano todo escolhendo o tema da festa de 5 anos. Ela pediu uma festa de Moana. Ok, tudo combinado. Conto que encomendei uma roupa de Maui, personagem masculino para ela. Já sabendo que poderia dar errado, digo que combinei com meu filho, então com 18 anos, que os dois estariam fantasiados. Ela respondeu: "Não, vovó. Eu sou a Moana. Ela é muito mais legal".

Eu negociei, disse que ela usaria as duas fantasias. Metade da festa de Moana, metade de Maui. Mamãe e o tio se fantasiariam também.

Convidei os amigos das duas turmas da escola e disse que seria uma festa à fantasia. Que viessem todos fantasiados, inclusive os adultos. Minha ideia era disfarçar a aniversariante que estaria vestida de menina. A aniversariante pela primeira vez usaria uma roupa feminina em público. E que público! Os primos vestiram saias para ajudar, afinal o círculo familiar estaria abalado naquele dia. Estrelar esteve radiante. As fotos da festa são lindas. E ela nunca usou a roupa do Maui, até perceber que, com asas, a fantasia também servia para Sininho.

A partir da festa, Estrelar passou a usar a fantasia de Moana toda sexta-feira na escola. Na terceira sexta fomos chamados para conversar com a direção e a psicóloga. Essa foi a primeira de muitas reuniões sobre seus gostos por coisas femininas e para traçar estratégias para reforçar o masculino. Estrelar brincava de boneca com as meninas e vestia apenas fantasias de personagens femininos na escola e em casa.

Em uma dessas reuniões na escola, a psicóloga perguntou o que faríamos se nossa criança fosse diferente, fosse uma criança trans. Naquela altura eu já tinha lido o pouco conteúdo disponível na internet sobre o assunto. Eu respondi que, se ela quisesse, mudaríamos seu nome e ela entraria como menina na escola seguinte. Elas ficaram aliviadas, porque disseram já ter visto situações conflituosas em famílias com casos parecidos. Bem, me expressar dessa forma, na verdade, havia sido um rompante em sua defesa. Tomar a decisão de trocar o nome de uma criança e seu guarda roupa envolve questões bem mais profundas. Qual a dimensão da responsabilidade de uma tomada de decisão como essa? Não estávamos preparados. Recomendaram acompanhamento psicológico. Meu instinto há tempos me indicava que havia algo diferente com esta criança.

Até aqui relatei a vida social de Estrelar. Na intimidade, as coisas não iam nada bem. Aos três anos, Estrelar me perguntou se poderia voltar para a barriga da mamãe para nascer menina. Como uma criança tão pequena pode estar insatisfeita com sua vida? Aos quatro anos ela me perguntou se poderia morrer para nascer menina.

Nessa época, Estrelar tinha um comportamento muito tímido, evitava as pessoas, não olhava nos olhos, e se automutilava. Ela destruía as pontas dos dedos e teve que tomar antibióticos duas vezes por ter bactérias entrando nas feridas que abria nas unhas. Os pediatras sempre me recomendavam acompanhamento psicológico, e então resolvemos iniciar terapia.

Não dei destaque para a questão de gênero nas consultas com a psicóloga, mas dei dicas. Deixei que a psicóloga chegasse a alguma conclusão sem muita informação da família para não haver dúvidas de que não tínhamos influenciado o diagnóstico.

Durante o tempo de atendimento, que durou todo o ano de 2017, a psicóloga não deu grande importância à questão de gênero, mas nos orientou a reforçar o masculino. Tarefa para o avô, que já vivia grudado nela com medo dos olhares das pessoas que estranhavam a criança. Estrelar sempre foi lida socialmente como menina. Todos na rua, mesmo vestida de menino, falavam com ela espontaneamente usando o pronome feminino.

Uma matéria da revista piauí, da edição 128, de maio de 2017, me trouxe uma luz (https://piaui.folha.uol.com.br/materia/retrato-de-uma-menina/). A matéria é sobre uma criança com disforia de gênero e indicava o local de acompanhamento médico da criança. Imediatamente nos inscrevi na lista de espera em busca de atendimento especializado.

Ao final de 2017, a psicóloga de Estrelar se mudou do país. Nesta fase, eu, minha filha e Estrelar estávamos sob acompanhamento psicológico e psiquiátrico.

Em agosto de 2018, Estrelar mudou de escola. Decidi não comentar sobre a questão de gênero que nos atormentava, numa tentativa de que Estrelar se ajustasse no novo ambiente. Queria ver se superava a fase. Nem frequentei a escola diretamente. Deixava o meu marido à frente, levando e buscando. Assim evitava perguntas.

Setembro de 2018. Festa de aniversário dOs Incríveis, toda a família vestida igual. Ufa, menos mal. Sem problemas, sem explicações para o mundo. Mas este momento de tranquilidade não durou nada.

Outubro de 2018. Dois meses depois de iniciadas as aulas, as professoras nos chamaram para uma reunião. Lá estávamos de novo, psicóloga, orientadora, diretora. Explicamos sobre a conformação familiar, avós fazendo papéis de pai e mãe. Mãe presente, dois encontros anuais com o pai a partir dos 3 anos, por demanda de Estrelar.

As professoras haviam percebido a questão de gênero que rondava a cabecinha de Estrelar. Nos relataram situações onde simplesmente Estrelar não sabia como se comportar. Formava-se uma fila todas as manhãs dividida entre meninos e meninas. Estrelar entrava cada dia em uma. Na hora de escolher em qual banheiro entrar, Estrelar ficava em dúvida e variava. Mas ficou extremamente chateada em um passeio porque alguém a encaminhou para o banheiro masculino. Voltou no ônibus visivelmente triste e contou o porquê. A escola recomendou retomarmos o apoio psicológico específico para Estrelar. Mas como achar alguém sem preconceitos, que não fosse olhar Estrelar com olhos julgadores? Minha experiência com os pediatras não havia sido nada boa quando toquei no assunto, na verdade tinham sido traumatizantes.

No final de 2018, eu estava muito aflita. Chegou o Natal e eu, entre compras de presentes e a comilança, pensava na nova mochila da Estrelar para a escola, que precisava ser trocada. Mas a grande dúvida era qual seria o personagem. Uma dúvida supersimples para quem tem uma criança "normal". Eu pensava em escolher logo a que a deixasse feliz, e veríamos como lidar com isto na chegada da escola. Ela estaria na mesma turma, já que o ano escolar termina em junho, e as professoras já estavam atentas à questão de gênero. Acabei comprando uma mochila de LOL, a boneca da moda cheia de glitter. A criança mais feliz do mundo era Estrelar indo para a escola.

Estrelar se vestia, quase sempre, com cores neutras, calças e shorts legging preta, azul ou cinza. Assim mantinha uma aparência que não a ofendia pessoalmente, nem à sociedade. E nem ligava para suas fantasias de personagens masculinos. Suas brincadeiras eram com as roupas da avó e da mãe.

No verão de 2019, colocamos Estrelar em uma colônia de férias. Na quinta-feira da semana da colônia, o avô foi surpreendido por um grupo de meninos que perguntava: é menino ou é menina? O avô respondeu menino. A cara de pânico de Estrelar mostrou que o avô tinha dado a resposta errada. E ele rapidamente corrigiu: se ele disse que é menina, é menina e pronto. Qual o problema? Ela foi embora triste e não quis mais continuar na colônia.

Minha angústia estava grande. Eu precisava achar uma nova psicóloga para Estrelar, mas tinha muito medo dos preconceitos e vivências de quem iria recebê-la. Imaginava um questionário imenso para eu fazer para cada profissional com quem eu conversasse. Já tinha o telefone de três psicólogas quando março de 2019 chegou.

Após dois anos de espera, em abril de 2019, aos seis anos, conseguimos que Estrelar fizesse a triagem para o acompanhamento do Ambulatório Transdisciplinar de Identidade de Gênero e Orientação Sexual (AMTIGOS) do Instituto de Psiquiatria do Hospital das Clínicas, em São Paulo. Lá ela foi diagnosticada com disforia de gênero pelo coordenador do Ambulatório, Dr. Alexandre Saadeh. Dr. Saadeh é conhecido aqui em casa como Dr. Felicidade. Ele nos libertou.

Mais tarde eu perceberia que Estrelar havia iniciado sua transição de gênero naquela colônia de férias. Ela se apresentou como Violeta, levou suas bonecas todos os dias e ninguém percebeu. Até que os meninos notaram que os monitores a chamavam por outro nome e questionaram o avô.

Viver o que vivemos, sem saber em quem confiar, que tipo de médico buscar, é uma das situações de maior aflição. Lidamos com um assunto envolto em tabus e preconceitos. Encontrar uma equipe médica preparada, profissionais experientes, foi uma benção. Muito mais difícil do que receber o diagnóstico de disforia de gênero era não saber o que fazer e temer que ela atentasse contra a própria vida.

Com o laudo do HC, procuramos a escola e solicitamos que Estrelar passasse a ser chamada de Nini, uma versão feminina de seu apelido que eu já usava com ela, a seu pedido. Em maio e junho de 2019 ela foi Nini, a criança mais feliz do mundo. Rapidamente deixou de machucar as pontas dos dedos, descobriu que não era a única criança do mundo a se sentir no corpo inadequado. Todas as crianças com quem ela passou a se encontrar uma vez por mês no Hospital das Clínicas são iguais a ela. Que alegria!

Nessas primeiras viagens a São Paulo, Estrelar declarou: "Vovó, só tem duas coisas que não gosto do meu corpo. Quero os cabelos bem longos e tirar a bila bila". Ainda vivemos o impacto de tal declaração. Bila bila é o órgão genital masculino de nossa pequena menina trans.

O laudo com o diagnóstico de disforia de gênero foi apresentado à escola onde Estrelar estudava e foi adotado o nome social e o tratamento feminino em todas as instâncias da escola. Em julho de 2019, ela escolheu seu nome e iniciou o primeiro ano do ensino fundamental como Estrelar. Ali descobri que os colegas de sala já se referiam a ela com o pronome feminino, que ela havia explicado a todos que ela era uma menina. A transição ocorria mesmo sem nossa participação. Alguns meses depois, fizemos o RG de Estrelar com seu nome social e assim passou a ser tratada por todos.

Por mais que tenhamos aceitação familiar no núcleo principal de nossa família com a condição de disforia de Estrelar, a pressão social e psicológica é terrível. Vivemos em um país onde os ataques e violências contra pessoas transgêneros são uma realidade cotidiana. A expectativa de vida de uma pessoa trans é de 35 anos. Elas têm suas vidas perseguidas por violência e abandono que muitas vezes levam ao suicídio. Viver a parentalidade de uma criança com esta condição é um desafio ao qual não posso me furtar. Crises de choro, ataques de ansiedade, prostração, depressão, stress se tornaram parte de minha rotina. Vou destacar trecho de duas reportagens que resumem o quadro social no país que mais mata pessoas trans no mundo.

> "No Brasil, considerado o país mais perigoso do mundo para transgêneros, a expectativa de vida dessa comunidade é de 35 anos – menos da metade do resto da população, que chega aos 75,5 anos, de acordo com o IBGE". (https://brasil.elpais.com/brasil/2019/06/19/politica/1560972279_749450.html)

Segundo o Monitor Europeu de Assassinatos de Trans (transrespect.org), em 2016 foram 845 assassinatos em decorrência da transfobia (ódio ou aversão à identidade de gênero).

> "De acordo com artigos publicados na revista científica The Lancet, **60% dos transgêneros sofrem de depressão**. Outro trabalho, divulgado na Pediatrics, mostra que 14% dos jovens na faixa entre 11 e 19 anos de idade pesquisados relataram já terem tentado o suicídio... 'A condição de exclusão permanente facilita comportamentos de isolamento, de sofrimento e de transtornos mentais. Eles também correm mais risco de serem alvo de ações violentas. A discriminação e os preconceitos aos quais esses jovens são submetidos estão na raiz de tudo', afirma Luiz Fernando Marques, médico da rede pública que é um dos coordenadores do Grupo da Diversidade do Adolescentro". (https://www.metropoles.com/saude/suicidio-de-garota-transbrasiliense-provoca-apelo-contra-preconceito)

A Associação Nacional de Travestis e Transexuais (ANTRA) afirma que 90% da população trans no Brasil vive de prostituição. Aí a gente pensa: "Isso não vai acontecer com minha neta". Ela tem meu apoio. No entanto, apenas 0,02% desta população está na universidade. 72% não concluíram o ensino médio. 56% não concluíram o ensino fundamental. A realidade é muito mais dura do que poderíamos imaginar.

No AMTIGOS convivemos com dezenas de famílias na mesma situação que a nossa. Lá todos dizem que a infância de uma criança transgênero é a fase mais fácil. Na adolescência é que os casos de depressão, automutilação e até mesmo suicídio acontecem. Eu pensei que, ao fazer o acompanhamento no Hospital das Clínicas, estaríamos longe destas realidades. Soube, a partir de relatos, que não.

Eu e meu marido vivemos 27 anos em uma mesma residência, com a família dele no mesmo terreno que o nosso. Em setembro de 2019 nos mudamos para um apartamento. Situações de *bullying* com Estrelar em nossa própria casa nos fizeram decidir pela mudança. Hoje, para acessar Estrelar as pessoas precisam passar por nós. E assim foi na escola, onde tivemos que nos posicionar e exigir respeito daqueles que não sabiam como lidar com a situação, nas atividades extra curriculares, como uma academia onde Estrelar fez ginástica olímpica por apenas seis meses e logo desistimos, por sentirmos o preconceito entre curiosos e pais de outras crianças. Muitos amigos antigos se afastaram de nós e aprendemos a valorizar aqueles que nos apoiam.

A disforia de gênero é uma condição que, caso Estrelar não cresça fortalecida e em ambiente saudável, ficará incapacitada para a participação efetiva na sociedade, em condições de igualdade com as demais pessoas. Desde abril de 2019, ela faz o acompanhamento no Hospital das Clínicas em São Paulo e tem acompanhamento semanal psicológico.

Para garantir a ela uma infância livre de *bullying*, decidimos sair da capital onde sempre vivemos e hoje ela vive anônima em uma escola rural de uma cidade com 8 mil habitantes. Apenas a direção da escola sabe de sua condição e assumiram a responsabilidade de manter tal informação em sigilo.

Por meio da ONG Minha Criança Trans, conseguimos acesso à justiça para retificar nome e gênero de Estrelar na certidão de nascimento. Com isso, garantimos a sua privacidade, o seu direito de falar sobre sua condição apenas com quem ela confiar.

Para a sociedade transfóbica que nos cerca, eu deixo apenas meu silêncio e não dou às pessoas informação que possam usar contra nossa pequena estrela. Que guardem seu preconceito bem longe de nós, não dou a ninguém a liberdade de destilar seu veneno contra uma criança.

Ensinei Estrelar que a sociedade só tem a ganhar com sua presença, que ela é a diversidade tão necessária para uma vivência plena. Ela é orgulhosa de sua condição, adora quando está em ambientes em que todos sabem quem ela é. Mas entende que deve proteger sua "identidade secreta" para não sofrer violências. Hoje ela tem 10 anos, já entende muita coisa. Já sabe que o mundo é mau e isso dói no meu coração.

# LÉIA

Por Simone Schreiber

Era uma vez um menino chamado Leonel. Vivia com sua mãe e seus irmãos em Água Fria, uma pequena cidade no interior da Bahia. Desde menino, Leonel, embora tivesse muitos irmãos e irmãs, se sentia só e inadequado. Se percebeu muito cedo homossexual. De início, tentou ser como os irmãos, pois era apaixonado pela ideia de construir uma família dessas tradicionais, com pai e mãe criando seus filhos amorosamente.

Havia um menino um pouco mais velho do que ele em Água Fria, que se assumia homossexual. Quando tinha festa na cidade, o rapaz colocava certas roupas, dançava como queria, com todos aqueles trejeitos. Por se portar dessa forma, o rapaz era vítima de chacotas, às vezes lhe atiravam pedras e até o espancavam.

A história desse rapaz traumatizou Leonel. Com apenas 13 anos, ele deixou sua cidade natal e mudou-se para um bairro de periferia em São Paulo. Foi cuidar do filho de uma irmã mais velha, se incumbindo também de outras tarefas domésticas. Em São Paulo, Leonel estudou em escolas públicas, mas faltou um ano para concluir o ensino médio. O medo de assumir sua homossexualidade, inclusive perante sua família, o marcou muito. Em determinado momento, resolveu sair da casa da irmã e ganhou o mundo.

Os anos se passaram, trabalhou aqui e ali, conheceu outras pessoas, se assumiu LGBT[1], viveu muitas coisas, passou por uma depressão, usou drogas, apaixonou-se, envolveu-se em pequenos delitos. Não se chama mais Leonel. Seu nome agora é Léia.

Léia é a presa número 383296 do Centro de Detenção Provisória Pinheiros II, na cidade de São Paulo. É sua segunda vez lá, estava em gozo de livramento condicional por estelionato, agora voltou por tentativa de furto qualificado por arrombamento. Seu namorado a convenceu a furtar equipamentos de informática de uma agência bancária à noite. Arrombaram a porta da agência. A polícia chegou, o rapaz fugiu. Léia foi presa em flagrante. Furto qualificado tentado, sem dano material relevante, apenas uma porta arrombada. Pena de dois anos em regime fechado.

1 Opta-se por utilizar nesse texto a sigla LGBT, e não LGBTQIA+, pois foi o termo utilizado por Léia ao longo da entrevista.

Léia lamenta ter sucumbido à proposta do namorado. O isolamento na cidade grande, a depressão, a drogadição, a dificuldade de se manter, tal quadro a levou a cometer crimes comuns. Por crimes comuns, entenda-se, crimes não violentos. Crimes não hediondos. Considerou a pena aplicada pela juíza justa. Nunca se prostituiu, tem a saúde perfeita. Tem 43 anos e muitos planos para o futuro. Acredita que, se Biden tem 80 anos de idade e Lula 77, sua idade não é um óbice para realizar novos projetos quando sair da prisão. Ainda é muito jovem. Está certíssima.

Um de seus projetos é escrever um roteiro para um filme. Quer contar história de pessoas, das pessoas transexuais que vêm do interior do nordeste, como ela veio. Sua personagem passa por situações difíceis na cidade grande e acaba se prostituindo longe de seus familiares. Cai nas drogas e vai parar no cárcere. Quando ela sai para as ruas, acaba ficando na mão de cafetinas. Tem que trabalhar para sobreviver, ela luta, sofre abusos, se hormoniza, coloca prótese, coloca silicone. Mas como a sociedade é muito preconceituosa, tudo acaba ficando mais complicado para ela. No final, sua personagem supera as dificuldades, se torna uma militante e luta por pessoas trans, para que não passem pelas mesmas situações que ela passou. Esse é o roteiro de seu filme, uma parte da história se confunde com a sua, outra parte é inventada.

Pinheiros II tem uma população LGBT bastante numerosa, e tem protocolos próprios para atender esse público geralmente negligenciado e invisibilizado. Está superlotado, como a maioria dos estabelecimentos prisionais do país. O presídio tem capacidade para 700 presos, mas em agosto de 2022, data da visita do ministro Sebastião, contava com 1300[2].

Além da população LGBT, Pinheiros II tem homens héteros. As celas são separadas, mas todxs interagem livremente nos pavilhões. Léia explica que muitos héteros acabam se descobrindo bissexuais, por carência e por não resistirem aos encantos das travestis, trans e gays. Também há presas trans e travestis que transam com homens em troca de itens de higiene e beleza, cobertores, etc, principalmente aquelas que

2 https://www.migalhas.com.br/quentes/371948/migalhas-acompanha-ministro-sebastiao-reis-jr-em-visita-a-presidio. Acesso em 15.4.23.

não têm apoio de suas famílias. Léia não precisa recorrer a esse expediente, ela conta com sua mãe e irmãos e agradece a Deus por isso.

Sua cela tem 25 presas[3], que vivem em delicado equilíbrio. Todas devem respeitar as regras, que são discutidas entre elas coletivamente. Regras sobre o uso do espaço em dias de visita, sobre a limpeza dos banheiros, sobre o uso da televisão. Há também os casamentos. Quando presas LGBT se casam com internos héteros, eles passam a morar nas celas LGBT. É preciso usar o banheiro com atenção, respeitando o marido da companheira de cela. Antes de entrar no banheiro, tem que gritar: banheiro! E aguardar a resposta: bicha, trans, mona, mulher, homem!

Uma realidade perceptível é o aumento de pessoas LGBT no sistema carcerário do estado de São Paulo, não só em Pinheiros II, mas em outros estabelecimentos. Léia acredita que isso se deve à violência com que essas pessoas são tratadas, preconceitos, drogas, prostituição e falta de oportunidades. Acentua que o último governo fomentava o ódio contra homossexuais, dentre outras violações de direitos humanos. Cita a gravidade da situação das crianças Yanomamis. O medo de sofrer violência por ser LGBT é uma constante em nossa conversa.

Não há como uma pessoa se sentir feliz estando no cárcere. Há carências de todo o tipo. Se o motivo da prática do crime é a falta de oportunidades, o cárcere só faria sentido se fosse um espaço de ressocialização. O problema das drogas é um problema de saúde pública, as penas aplicadas são muito altas, em média 5, 6 anos, para pessoas que estavam com pouca quantidade de drogas, às vezes usuários apenas, e não há uma política de readaptação das pessoas na sociedade. A prisão deveria ser reservada para pessoas violentas e crimes realmente graves, para os grandes traficantes, aqueles que comandam, que estão na liderança da organização criminosa, que enriqueceram com a prática de crimes.

Mas não é assim que funciona na prática, a grande maioria não está presa por isso. São crimes mais leves, são crimes pelas drogas, pela questão financeira, pela área em que nasceram e viveram. Se fizer um

---

3 Cada cela tem apenas 12 camas de alvenaria. Os demais presos e presas dormem em colchões no chão. Ver *Em Cárcere – Documentário CDP Pinheiros II*, produzido por Bruno Solano. Léia é entrevistada nesse documentário. https://www.youtube.com/watch?v=RE6ec7KXlxl. Acesso em 15.4.23.

cálculo, vai ficar isso no final. Léia fala sobre as visitas de mães que choram pelos seus filhos e filhas. Relatos de mulheres que trabalham e não têm com quem deixar seus filhos, que crescem soltos nos bairros periféricos de São Paulo, que acabam cooptados pelo tráfico. Léia se emociona com o amor de mãe, o maior amor do mundo. Sua força de luta e determinação de mudança são motivadas pela forte ligação que tem com a mãe.

Sua mãe, que hoje mora em São Paulo e tem 76 anos, lhe disse que o que a salvou da Covid, o que a mantém viva, é saber que Léia existe e que está lutando, fazendo sua parte dentro do presídio, mantendo bom comportamento carcerário, participando dos projetos sociais, trabalhando para poder sair logo dali. Na casa de sua mãe tem um quarto pra Léia, pronto para quando for solta.

Perguntei sobre religião. Fez primeira comunhão, é do catolicismo, mas entra em qualquer igreja, na universal, na congregação cristã. Acha uma besteira as religiões entrarem em conflito, a bíblia é a mesma, uns interpretam de uma forma, outros de outra, mas Deus é um só. Se tornou mais espiritualizada durante a pandemia. A Covid a fez mergulhar na bíblia. Orava de joelhos no banheiro da cela com a bíblia na cabeça porque tinha muito medo de perder sua mãe. Orava pelo fato de ter que apresentar algo importante pra ela. E já conseguiu apresentar, mesmo estando presa. Deu para sua mãe um diploma de um curso que fez no cárcere promovido pelo IDDD[4]. Fala para a mãe sobre os projetos em que se engaja no presídio. Tem muito orgulho disso.

Léia tem orgulho também de orientar e auxiliar outras internas. Orienta as primárias, que nunca passaram pelo cárcere, encaminha para projetos carcerários. Muitas chegam nervosas sob influência das drogas. E muitas não têm apoio das famílias. Orienta as presas a escolherem bem seus parceiros, a usarem preservativos fornecidos pela Unidade e se cuidarem. Infelizmente muitas já chegam das ruas com problemas de saúde e, apesar da Unidade fazer o que está a seu alcance para atendê-las, os

4 Trata-se do Projeto Educação para Cidadania no Cárcere, promovido pelo Instituto de Defesa do Direito de Defesa. https://iddd.org.br/projetos/educacao-para-cidadania-no-carcere/. Acesso em 15.4.23.

exames e atendimentos demoram. Se a rede pública de saúde não funciona bem para a população em geral, imagine no sistema prisional.

Léia é muito articulada, escreve muito bem, compõe poesias e cânticos, recita de cor o caput do art. 5º da Constituição Federal, conhece a Lei de Execuções Penais (uma lei linda no papel, mas que não é cumprida) e o Código Penal. A pedido de outros presos e presas, faz recursos para os poderes públicos em favor dos devidos direitos. Impetra pedidos para o Supremo, defensorias públicas, DPU, para juízes de execução criminal e para os tribunais de justiça. Começa assim: "Respeitosamente, ao senhor doutor, ao excelentíssimo juiz de Direito dessa digníssima VEC, ou a esse digníssimo STF ou STJ. Trata-se de pedido de progressão de pena em favor do sentenciado fulano de tal..." Relata que recentemente, graças a um pedido seu dirigido ao Tribunal de Justiça de Minas Gerais, um preso foi solto.

Perguntei como ela se define. Léia não gosta de rótulos. Não são importantes e só servem para classificar pessoas. Ela é LGBT, sente sua feminilidade dentro de si, tem atração por homens, reconhece sua passividade na relação, mas ao mesmo tempo também gosta de ter um jeito um pouco mais masculino na forma de se vestir, de maneira social e clássica. Não fez mudanças em seu corpo, todo o dia usa lápis de olhos e faz suas sobrancelhas, às vezes usa henna, gosta de pintar suas unhas, usa seu próprio alicate para não contrair hepatite c. Sua mãe a aconselha a se manter discreta: "Não seja vulgar, não se monte, não coloque seios..." Léia prefere não se expor demais, novamente aqui o medo da violência homofóbica, que a acompanha desde a infância.

Esse negócio de trans, travesti, gay, conversam muito sobre esse assunto na cela, porque vivem todos juntos. Ninguém vê diferença, algumas têm aspecto mais feminino, outras já tiveram relações heterossexuais e até têm filhos, algumas colocam seios, silicone, para seu próprio prazer, porque se sentem bem dessa forma. Outras fazem isso para trabalhar, para ter mais clientes. Léia acredita que são todos iguais. O certo é não categorizar nada, cada um vai ser o que quer ser e acabou. Vai ser chamada como quer ser chamada e acabou.

Léia tem muita clareza sobre como funciona o sistema de justiça penal no Brasil. Ela sente na pele, não há melhor maneira de aprender como são as coisas. A prisão pela prisão não funciona como política de segurança pública. Se as pessoas saem da prisão sem um acompanhamento judiciário em termos de condições de trabalho e moradia, elas voltam para as ruas. Voltam para as drogas e para o crime. Léia sorri: as bichas gostam de coisas boas, o apelo é grande (Todas gostamos, Léia! A gente não quer só comida, já diziam os Titãs!). Se os governos públicos não cuidam das pessoas encarceradas por não se preocuparem com essas pessoas, que o façam pela sociedade, que paga um preço altíssimo, pois a violência só aumenta. Pessoas sujeitas à violência e deixadas à própria sorte se tornam cada vez mais violentas. É um círculo vicioso. Perfeito Léia, se as pessoas que exercem o poder nesse país tivessem metade de sua lucidez, talvez tivéssemos alguma chance.

Era uma vez uma mulher trans chamada Léia. Uma mulher jovem, forte, determinada, cheia de talentos, planos e ideias. Uma mulher com muita história pra viver e que com certeza realizará muitas coisas boas. Estamos aqui, Léia, torcendo por você!

*Post Scriptum*

Esse texto é fruto de uma entrevista que fiz com Léia no CDP Pinheiros II, em 13 de abril de 2023. Nosso encontro foi possível graças à Secretaria de Administração Penitenciária de São Paulo, ao diretor do estabelecimento prisional, Dr. André Luiz Santini Bisterso. Agradeço a gentil acolhida da diretora do Centro Integrado de Movimentações e Informações Carcerárias, Dra. Ana Maria Lopes Bezerra e do diretor do Centro de Segurança e Disciplina, Dr. Edson Polido Cardoso. Agradeço especialmente ao desembargador e supervisor do GMF do TJ-SP, Dr. Gilberto Leme Marcos Garcia, que generosamente dispôs de seu tempo e me acompanhou na visita.

Todas as opiniões expressadas no texto são de Léia. Foram mantidas as palavras que ela usou, salvo algumas adaptações exigidas pela narrativa. A realidade em Pinheiros II me pareceu bastante difícil, especialmente em razão da superlotação. Mas senti em Léia uma grande determinação de cumprir sua pena e retomar sua vida, especialmente em razão de seus vínculos de afeto com sua mãe e irmãos, e de sua fé. Seu maior medo é voltar a usar drogas e decepcionar sua mãe.

Perguntei a Léia o que achava da fotografia tirada pelo ministro Sebastião Reis. Ela me disse que sua expressão era de angústia. Lidar com o medo de fracassar e se manter firme dentro do cárcere são desafios muito difíceis de enfrentar, só se consegue com muita força e coragem. Creio que Léia as possui e disse isso a ela.

Léia afirmou que concordava com a pena que lhe foi aplicada pelo último crime que cometeu, porque ela leu o Código Penal e achou que a juíza decidiu de forma justa e equilibrada. Por outro lado, quando perguntei o que ela mudaria no Código, disse que a prisão só deveria ser aplicada em crimes realmente graves. E só pessoas violentas deveriam estar presas. Está certíssima. A prisão não tem nenhum propósito, ainda mais quando não está associada a um projeto efetivo de profissionalização e reinserção das pessoas na vida extramuros.

Agradeço imensamente ao ministro Sebastião Reis pelo convite para participar dessa obra, que me proporcionou o encontro com Léia. Pessoas que atuam no sistema criminal em geral, e especialmente juízes criminais, têm que ir cada vez mais aos estabelecimentos prisionais. A troca de saberes e de vivências que o encontro com pessoas presas proporciona é fundamental para nos tornarmos juízes e juízas melhores. Não há nenhuma racionalidade na prisão, ainda mais para punir pessoas que cometem crimes irrelevantes, como é o caso de Léia.

Colocar uma lente sobre as prisões e sobre a vida das presas LGBTs, como faz Sebastião Reis, nos ajuda a enxergar isso. E ver a realidade é o primeiro passo para transformá-la. Obrigada por tanto, ministro!

# COM NOME, MAS SEM ENDEREÇO

## AS INVISÍVEIS DENTRO DAS INVISIBILIDADES DO SISTEMA PRISIONAL – MULHERES TRANS ELAS EXISTEM!

Por Caroline Bispo

*Para Tiffany, Bruna e toda ala LGBTQI+ de Rio Branco/Acre*


### Resumo

Através dos diversos estudos e relatórios publicados ao longo dos últimos anos, podemos afirmar que a sociedade brasileira é machista, racista e homofóbica. Dentro do sistema prisional essas opressões não seriam diferentes. Na verdade, percebemos ao longo dos anos serem ainda mais intensificadas dentro das prisões, principalmente as violências do apagamento, silenciamento e violência física. Este ensaio pretende trazer uma reflexão sobre as identidades trans nos espaços de privação de liberdade no estado do Acre. Tendo como base a vivência adquirida através das atividades realizadas em nome da Associação Elas Existem Mulheres Encarceradas nos presídios de Rio Branco, Cruzeiro do Sul e Tarauacá. A Associação Elas Existem iniciou suas atividades no estado do Rio de Janeiro em 2016 e atualmente atua também em outras seis cidades: Rio Branco, Cruzeiro do Sul, Tarauacá, Cuiabá, Porto Alegre e Salvador.


Palavras-chave: Sistema Prisional, Travestis, Mulheres Trans, População T.

*"Me pega pela mão*
*Te dou meu coração*
*Deixo você entrar*
*Me pega pela mão*
*Te dou meu coração*
*Deixo você entrar*
*Você tem flores na cabeça*
*E pétalas no coração*
*Tem raízes nos olhos, excitação*
*Acalanta o meu coração*
*Me sinto um peixe*
*Fora do aquário, dá pra ver"*

(Liniker)

## Introdução

Segunda-feira, 3 de maio de 2021, minha primeira atuação no campo no estado do Acre. Assustada, mas com muita expectativa, me dirijo sozinha até o Complexo Prisional Francisco de Oliveira Conde (FOC), o maior espaço de privação de liberdade do Acre, localizado na capital do estado, na cidade de Rio Branco. Me dirijo ao complexo para conhecer a unidade prisional feminina e realizar o pedido de autorização formal para as entrevistas. Vou ao encontro do ex-diretor da unidade feminina e atual diretor de operações, Marcelo Lopes, que não tinha noção que eu iria fazer tal pedido, mas acreditei que daria certo.

Após ler os relatórios de inspeções dos últimos anos da unidade prisional feminina de Rio Branco, eu acreditava que encontraria muita resistência para realizar as entrevistas e ouvir todos que são afetados de alguma maneira pelo sistema prisional: mulheres cis, as travestis, as mulheres trans e agentes institucionais do Estado (diretores, defensores públicos, promotores e pessoas envolvidas diretamente – guardas, médicos, assistentes sociais, etc). Porém, para a minha surpresa, não apenas encontrei a porta aberta e todas as autorizações para passar três semanas dentro dos presídios, como a primeira coisa que o diretor Marcelo me pediu foi ajuda com a temática LGBTQI+:

> *"Carol, precisamos de formação sobre esse tema aqui, principalmente com nossos agentes. Se essas pessoas não quiserem ficar na ala LGBT destinada a elas, o que eu devo fazer? Meus agentes todos respeitam o nome social, mas em uma unidade masculina, quando chega uma travesti, como eu faço para manter a integridade física dela sem que isso seja também agressão a ela?"*

Nesse momento da conversa, chegou à unidade prisional masculina Bruna, uma mulher trans com seus 19 anos, negra com cabelos lisos até a altura do cóccix, magra e com estatura mediana. Chamava atenção pelos olhos profundos negros e o jeito de menina que precisava ser cuidada e protegida, apesar de parecer bem forte com tudo acontecendo.

Bruna foi presa em flagrante enquanto fumava maconha numa viela de Rio Branco com sua amiga de 17 anos, ouvindo rap. Com as duas foram encontrados somente dois gramas de maconha e 15 reais. Ambas negras. Por conta de a amiga ser menor de idade, Bruna respondeu por tráfico de drogas e corrupção de menores.

A aparência de Bruna nesse momento foi a ferramenta que Marcelo precisava para me levar até a unidade masculina, me apresentar Bruna e falar:

> *"Olhe, Carol, como eu a coloco no alojamento sem que haja risco para sua integridade física? Porque ela parece que é ela. Por favor, converse com ela sobre a possibilidade de ida para a unidade feminina."*

Eu confesso que, em primeiro momento, precisei me segurar para não ter que explicar sobre a frase "ela parece ela". Em segundo momento, foi um choque o diretor de uma unidade prisional pedir para conversar sobre escolhas e, principalmente, esse "cuidado" com relação ao local em que ela estaria. Porém, ao mesmo tempo, e antes mesmo de aconselhá-la a ir para a unidade feminina, pedi para me dirigir à ala LGBT para conversar com as outras travestis e mulheres trans que já se encontravam na unidade. Em mais uma surpresa do dia, ao conseguir minhas primeiras duas horas de conversa com todas, ficou claro que a preocupação com Bruna vinha tão somente devido a sua aparência física. Inclusive, essa foi uma das primeiras observações que Micaela, do alto de seus 49 anos, quis deixar registrada:

> *"Eles estão preocupados com ela porque ela parece mulher e eu não, eu só tenho nome, mas não tenho endereço e nem onde ficar porque eu tô na ala LGBT. Porém, eu posso dizer que não sou mais LGBT e vou lá para dentro ficar com as pessoas normais. Posso até ter meu marido e alguns namoradinhos, mas não se iluda que eles estão preocupados com a gente, não. Eles só ficaram em choque porque ela é muito mulherzinha e eles não estão acostumados. Porém, pobrezinha, três meses aqui isso muda. Mas, uma coisa eu garanto, é melhor viver aqui com nós do que ir para a feminina. Qualquer briga que tiver vai ser culpa dela porque, pode parecer mulher, mas lá elas nunca vão respeitar você como mulher. E aqui tem afeto e parceria."*

Essa observação da Micaela falou muito mais sobre a falta de cuidado, atenção e o não lugar no qual ela é constantemente colocada do que sobre a situação de Bruna. Sua fala em deixar registrado que ela tinha nome e esse nome era respeitado, mas que não tinha lugar nem onde a lei determinava que se tivesse, pois esse "não lugar" era também bastante flexível, como uma zona do não pertencimento.

Micaela, também negra, nascida no município de Marcelino Vieira, no estado do Rio Grande do Norte, traz em seu rosto e corpo as marcas dos anos vividos e das três prisões que carrega nas costas. Em todas, acusada de tráfico de drogas. Ela afirma ser "apenas usuária de crack e, de vez em quando, uma maconha, eu nunca vendi". Paralisou o estudo em Engenharia de Alimentos, mas garante que voltará e terá seu próprio negócio.

Atualmente, Bruna responde em liberdade e Micaela não "mora" no alojamento LGBT dessa unidade há um ano e meio. Conseguimos que, pela primeira vez na unidade, a população T (travestis e mulheres trans) pudesse também ter a oportunidade de exercer o trabalho de "faxina" para a remição de pena. Até o ano de 2021, somente homens cis podiam realizar os trabalhos externos e viver no alojamento destinado às pessoas que realizam esse trabalho.

Ainda com o impacto da situação de Bruna e as palavras de Micaela, me dirigi a Cruzeiro do Sul – inclusive, nesse primeiro dia na capital, eu passei mais tempo na unidade masculina do que na feminina. Acabei ficando tão envolvida nas discussões com as internas e também com os agentes prisionais daquela unidade que minha visita acabou sendo muito superficial na unidade feminina.

No dia 5 de maio de 2021, cheguei na unidade prisional de Cruzeiro do Sul e a primeira pergunta que fiz foi sobre a população LGBTQI+ da unidade. Para minha surpresa, o diretor Aslam Martins Barbosa me disse não haver população LGBT na unidade dele, tão somente uma mulher trans que havia chegado há alguns meses e estava sozinha no alojamento. Mas que, na semana anterior, ela havia dito que não era mais Tiffany e não queria ficar no alojamento. Contou que ela escreveu uma carta para o juiz informando sobre não ser mais LGBT e sobre a utilização do seu nome de batismo: Gustavo. Ele, Aslam, ainda não a havia colocado na galeria geral, pois seus seios avantajados e um corpo tão delicado e feminino com outros 730 homens seria ainda mais passível de violência física, e ele não teria como garantir sua segurança. Porém, todos os agentes já sabiam sobre a mudança do nome.

Me encontrei confusa. Havia ou não havia população LGBT na unidade, e que situação fez com que ela preferisse abrir mão de seus direitos tão duramente conquistados? A resposta era que Tiffany, depois de diversas tentativas mal sucedidas de suicídio na prisão, encontrou como saída matar a ideia do que ela representa e, por isso, nesse momento gostaria de ser chamada de Gustavo para afirmar tal lugar. Pedi para me dirigir até o respectivo alojamento para falar com Tiffany/Gustavo.

Nunca me esquecerei do andar de Tiffany vindo falar comigo e dando seu primeiro bom dia. Não havia qualquer sombra de dúvidas que eu estava diante de uma mulher. Uma mulher assustada e cansada de viver sozinha. Uma mulher que entendeu que era mulher muito jovem e lutou para conquistar esse lugar, mas, por estar cansada, tomou como opção a morte ideológica no lugar da morte física. A primeira coisa que ela me disse:

> *"Me desculpe pelo meu cabelo, eu raspei porque agora eu vou me encontrar nas mãos do Senhor, assim que sair daqui eu vou retirar meu silicone e vou viver uma vida normal".*

Dependente de cocaína e álcool, Tiffany começou a se prostituir jovem e foi quando encontrou o mundo das drogas que viveu seu momento de felicidade. E encontrou também no furto uma saída para manter sua busca da felicidade.

Pedi para que ela pudesse conversar um pouco comigo sobre o que estava vivendo, sentindo e questionei o motivo de ela estar matando a Tiffany para reviver o Gustavo, se era realmente isso, se a minha percepção estava errada e se havia acontecido situações na unidade que a fizeram escolher esse caminho. Sua resposta:

*"Eu não aguento mais viver sozinha. Na Capital tem uma ala só para as bichas, mas aqui no interior eu tenho que ficar sozinha. Eu tô há oito meses no meu alojamento sozinha, banho de sol sozinha, não tenho ninguém para conversar, não tenho companheiros ou parceiros. Eu ouço vozes e já tentei me matar algumas vezes. Não aguento mais ficar sozinha. Então, prefiro ser considerada homem de novo para conviver com outras pessoas. Aí poderei ir na biblioteca ou estudar ou até mesmo conviver com as outras pessoas, mas não isolada como estou agora. Para minha segurança, eles dizem que não me mandam para lá. Mas eu não me sinto segura ouvindo vozes".*

Enquanto Micaela e as outras na capital poderiam viver juntas no alojamento – eram ao todo 14 pessoas – dentro da unidade prisional masculina, Tiffany no interior era a única que visivelmente não poderia esconder sua identidade de gênero naquele espaço e, para proteção de seu corpo físico, uma outra violação, a violência psicológica: solidão.

## Sistema Prisional e a Busca pela Mudança

O primeiro relatório oficial específico sobre mulheres encarceradas no Brasil foi publicado em novembro de 2015, chocando a todos com a informação acerca do crescimento exponencial de 567,4% no universo de mulheres presas entre os anos de 2000 e 2014. Porém, apesar de ser o primeiro relatório específico sobre mulheres no Brasil, ele apagou uma porcentagem de mulheres dentró do sistema prisional: as travestis e mulheres trans.

É de grande importância o entendimento das identidades de gênero para o combate à transfobia estrutural e discursiva. Nesse sentido, tanto cisgeneridade como a transgeneridade são possibilidades de existência dos sujeitos sociais. De acordo com a intelectual Jaqueline Gomes de Jesus, pessoas cisgêneras são as que se identificam com a identidade de gênero pré-determinada no momento de seu nascimento. Já pessoas transgêneras não se identificam, em diferentes graus, com comportamentos e/ou papéis esperados do gênero que lhes foi determinado ao nascerem. Dessa forma, as mulheres transexuais são as que reivindicam o reconhecimento social e legal enquanto mulheres, muito embora não sejam respeitadas, vide a transfobia estrutural.

Além do entendimento acerca das diferentes possibilidades de existência, é fundamental que, ao se falar de alguma identidade, ela seja pontuada enquanto parte da cisgeneridade ou da transgeneridade. Para tanto, os termos "cis" e "trans", respectivamente, quando aplicados ao discurso, ajudam no reconhecimento das identidades apresentadas e, consequentemente, na inclusão de pessoas transgêneras que, tantas vezes, têm suas identidades desrespeitadas a partir de uma visão biologizante acerca do conceito de "gênero". Um exemplo da necessidade urgente de mudarmos nomenclaturas é exatamente esse primeiro relatório apresentado. Ele não é um relatório que representa todas as mulheres, mas tão somente as mulheres cis encarceradas, deixando de lado as travestis e mulheres trans.

Apesar de atualmente estarmos vivendo um período paradigmático em relação aos direitos humanos LGBTQI+, ao mesmo tempo em que o Estado e as políticas públicas avançam no reconhecimento de direitos, há um aumento de notícias e denúncias sobre violências discriminatórias sofridas por essa população na sociedade. E, no cárcere, essa vivência é antiga e contínua.

A ausência de dados mais específicos e oficiais sobre a situação da população LGBTQI+ prisional, bem como de informações sobre como as unidades carcerárias estão implementando as normas, motivam a atuação da sociedade civil e de seus representantes, tanto com atividades no campo através do trabalho de base, como nas pesquisas e incidência política através dos estudos e relatórios públicos.

Coerente com a demanda que se apresenta, as representações da sociedade civil que compunham o Conselho Nacional de Combate à Discriminação (CNCD/LGBTQI+) e a Diretoria de Promoção dos Direitos de LGBTQI+ articularam-se com o Conselho Nacional de Política Criminal e Penitenciária (CNPCP) e produziram a Resolução Conjunta nº 1/2014, que tem por objetivo estabelecer parâmetros de tratamento penal para a população LGBTQI+.

Essa Resolução foi um dos caminhos que fizeram a SEAP/RJ editar a Resolução 558, publicada em 29 de maio de 2015, que estabeleceu um conjunto de normas de condutas, quais sejam: a inclusão do nome social na Guia de Recolhimento do preso; o direito ao uso de uniforme e roupas íntimas de acordo com o gênero com o qual a pessoa se identifica, inclusive durante os banhos de sol; a garantia de acesso aos serviços públicos de saúde, incluindo a hormonioterapia; e a manutenção dos cabelos compridos para as travestis e mulheres transexuais que assim desejassem.

Outras determinações foram criadas com o objetivo de dar maior ênfase e visibilidade à temática da população LGBTQI+ no sistema, como é o caso das Resoluções 348 e 366, do Conselho Nacional de Justiça, publicadas, respectivamente, em 2020 e 2021; e da decisão liminar proferida em 2021 pelo ministro Luís Roberto Barroso, do Supremo Tribunal Federal, no bojo da Arguição de Descumprimento de Preceito Fundamental (ADPF) 527, proposta pela Associação Brasileira de Gays, Lésbicas e Transgêneros (ABGLT), em 2018.

Porém, a realidade é que muitas dessas normas não chegam nos presídios e não são cumpridas pelos agentes prisionais. Situações pequenas como respeitar o nome social e utilização da nomenclatura ELA no lugar de ELE são utilizadas como ferramentas de opressões contínuas. Em relação às situações ainda maiores, temos que entender o risco à integridade física, mas também à psicológica, visto que travestis e mulheres trans permanecem, em sua maioria, dentro de unidades prisionais masculinas e, em alguns casos, como o de Tiffany, totalmente sozinhas, com uma dupla punição no lugar da proteção.

Em regra, a violência física, moral, sexual e, sobretudo, da vida desses corpos, os transformam em permanentes vítimas dessas torturas, desses crimes. Cultura de violência passada de geração em geração, no cárcere. Estamos no ano de 2023, e as lutas da população LGBTQI+ continuam acentuadas. Porém, o cárcere dita suas regras e, nelas, travestis e mulheres trans, em sua maioria negras, são humilhadas, maltratadas, física e psicologicamente, e são objeto de lascívia, muitas vezes sem consentimento.

Elas continuam a sofrer barbáries ou, em outros casos, como no Acre, onde não houve registros de violência física, há diversos de violência psicológica. Como, por exemplo, ficar por oito meses isolada, sem a possibilidade sequer de banho de sol com outras pessoas, como se a privação de liberdade fosse apenas uma das tantas outras punições que surgem ao longo do cumprimento da pena, que deveria ser só de privação de liberdade, não de dignidade.

Sabemos que as mulheres transexuais são as apenadas que têm menos recursos, mais necessidades salutares, menos acolhimento dos familiares e, quando ingressam no sistema carcerário, são aquelas que são ainda mais esquecidas.

## Considerações Finais

Em 2015, quando comecei a trabalhar com sistema prisional e, assim, entrei pela primeira vez numa unidade prisional masculina e conversei com as travestis e mulheres trans que ali se encontravam, meu primeiro pensamento foi que elas precisavam sair da unidade masculina para um lugar em que pudessem se sentir seguras. Porém, ao chegar no Acre, me questionei sobre como outros olhares – como de afeto – são extremamente importantes para conseguir superar as dificuldades e particularidades que o sistema prisional pode trazer, bem como modificar o conceito de segurança para cada uma. Afeto gera apoio, gera força para prosseguir e, principalmente, gera olhares de parceria e compreensão, assim como a ala LGBTQI+ de Rio Branco e a afirmação sobre como é melhor viver entre elas, juntas, do que numa ala feminina com outras violências, ou como no caso de Tiffany – a mortificação do eu para não ser mais só.

A necessidade urgente de observar que existe uma população silenciada e invisibilizada dentro das diversas invisibilidades que o próprio sistema prisional gera se torna crucial para pensarmos a garantia dos direitos básicos. E essa garantia só será possível a partir do momento em que pararmos e realizarmos mais um grande instrumento de revolução: a escuta ativa.

Através da escuta ativa é possível entender as particularidades e especificidades não apenas dos sujeitos, mas de tudo que envolve o seu bem estar físico, mental, profissional e da garantia de sobrevivência. Este ensaio não tem a pretensão de trazer conclusões finais, mas de levar indagações sobre como momentos de companheirismo e afeto podem ser ferramentas de transformações dentro dos espaços de privação de liberdade, assim como silenciamento e apagamento podem ser ferramentas de mortificação. E assim como Goffman (1961) chama de mortificação do eu as constantes mutilações da identidade resultantes do isolamento social, da perda dos múltiplos papéis sociais, da padronização dos internos e da transformação destes em objetos, podemos ressaltar que há muito para avançar nos debates e nas discussões. Mas, sem que ouçamos as partes que são diretamente violadas, não conseguiremos avançar para falar de proteção para além da proteção dos corpos físicos.

## REFERÊNCIAS


BOLDRIN, Guilherme (2015). Monas, envolvidos e o crime: etnografia com travestis e homossexuais em uma prisão paulista. Trabalho de conclusão de curso (Graduação em Ciências Sociais). São Carlos: Faculdade de Ciências Sociais da Universidade Federal de São Carlos.

BOLDRIN, Guilherme (2017). Desejo e Separação: monas, gays e envolvidos num presídio em São Paulo. Dissertação (Mestrado em Antropologia Social). São Carlos: Programa de Pós-Graduação em Antropologia Social da Universidade Federal de São Carlos.

BRASIL (2011). Lei 12.527/2011 – Lei de Acesso à Informação. Brasília, Câmara dos Deputados. https://bit.ly/30o3vG6 (acesso em 01/08/2022).

CONSELHO NACIONAL DE JUSTIÇA (CNJ) (2020). Resolução 348 do CNJ. https://atos.cnj.jus.br/files/original172444202010155f8885dcb6722.pdf (acesso em 28/10/022).

CONSELHO NACIONAL DE JUSTIÇA (CNJ) (2021). Resolução 366 do CNJ. https://atos.cnj.jus.br/files/original192958202101256000f1c369fdc6.pdf (acesso em 28/10/022).

CONSELHO NACIONAL DE POLÍTICA CRIMINAL E PENITENCIÁRIA E CONSELHO NACIONAL DE COMBATE À DISCRIMINAÇÃO (2014). Resolução Conjunta n° 1, de 15 de abril de 2014. https://www.gov.br/depen/pt-br/composicao/cnpcp/resolucoes/2014/resolucao-conjunta-no-1-de-15-de-abril-de-2014.pdf/view (acesso em 31/10/2022).

DEFENSORIA PÚBLICA DO ESTADO DO RIO DE JANEIRO (2015a). Relatório da Situação das Pessoas LGBT Encarceradas no Sistema Prisional do estado do Rio de Janeiro. https://fesudeperj.brdeploy.com.br/arquivos_material/2016.09.11-14.17.2020MAT15-LIVIACASSETRES-Relatorio-LGBT-encarceradas3.pdf.

EILBAUM, Lucía et al (2019). Por uma abordagem etnográfica dos "direitos humanos": conflitos, moralidades e direitos. Antropolítica: Revista Contemporânea de Antropologia, v. 47, p. 8-31. https://doi.org/10.22409/antropolitica2019.0i47.a42114

estado do Rio de Janeiro (2015). Resolução 558 de 29 de maio de 2015: Estabelece diretrizes e normativas para o tratamento da população LGBT no Sistema Penitenciário do estado do Rio de Janeiro. Rio de Janeiro, Secretaria do Estado de Administração Penitenciária.

FASSIN, Didier (2005). Gobernar por los Cuerpos, Políticas de Reconocimiento Hacia los Pobres y los Inmigrantes. Educação, v. 28, n. 2, p. 201-26. https://revistaseletronicas.pucrs.br/ojs/index.php/faced/article/view/414 (acesso em 31/10/2022).

FERREIRA, Guilherme Gomes et al (2019). A criação de alas ou galerias específicas para LGBTs presos como 'política penitenciária': contradições e disputas. Revista Sociologia Jurídica, n. 28, p. 21-36. https://sociologiajuridicadotnet.files.wordpress.com/2019/03/rev-soc-jur-28-completo-1.pdf (acesso em 07/07/2022).

FERREIRA, Guilherme Gomes; KLEIN, Caio Cesar; GOULART, Vincent Pereira (2019). A criação de alas ou galerias específicas para LGBTs presos como 'política penitenciária': contradições e disputas. Revista Sociologia Jurídica, n. 28, p. 21-36. https://sociologiajuridicadotnet.files.wordpress.com/2019/03/rev-soc-jur-28-completo-1.pdf. (acesso em 07/07/2022).

GODOI, Rafael (2019). A prisão fora e acima da lei. Tempo Social, v. 31, n. 3, p. 141-60. https://doi.org/10.11606/0103-2070.ts.2019.161053.

MALLART, Fábio (2019). Findas linhas: circulações e confinamentos pelos subterrâneos de São Paulo. Tese (Doutorado em Sociologia). São Paulo: Faculdade de Filosofia, Letras e Ciências Humanas da Universidade de São Paulo.

MARQUES, Adalton (2009). Crime, proceder, convívio-seguro: um experimento antropológico a partir de relações entre ladrões. Dissertação (Mestrado em Antropologia). São Paulo: Faculdade de Filosofia, Letras e Ciências Humanas da Universidade de São Paulo.

MARQUES, Adalton (2018). Humanizar e expandir: uma genealogia da segurança pública em São Paulo. São Paulo: IBCCRIM.

MECANISMO NACIONAL DE PREVENÇÃO E COMBATE À TORTURA (2016). Relatório temático: Mulheres, Meninas e Privação de Liberdade. https://www.cressrj.org.br/wp-content/uploads/2016/03/Mulheres.pdf (acesso em 30/10/2022).

NASCIMENTO, Francisco Elionardo de Melo (2020). Agrupamentos de travestis e transexuais encarceradas no Ceará, Brasil. Revista Estudos Feministas, v. 28, n. 1, e57687. https://doi.org/10.1590/1806-9584-2020v28n157687.

NASCIMENTO, Francisco Elionardo de Melo (2022). Fanzines e protagonismo LGBTI+ na formação da política penitenciária do Ceará. Revista Estudos Feministas, v. 30, n. 3, e80427. https://doi.org/10.1590/1806-9584-2022v30n380427.

PASSOS, Amilton Gustavo da Silva (2014). Uma Ala Para Travestis, Gays e Seus Maridos: Pedagogias institucionais da sobrevivência no Presídio Central de Porto Alegre. Dissertação (Mestrado em Educação). Porto Alegre: Faculdade de Educação da Universidade Federal do Rio Grande do Sul.

RAMALHO, José Ricardo (2002). O mundo do crime: a ordem pelo avesso. São Paulo: IBCCRIM.

SANDER, Vanessa (2021). Pavilhão das sereias: uma etnografia dos circuitos de criminalização e encarceramento de travestis e transexuais. Tese (Doutorado em Ciências Sociais). Campinas: Instituto de Filosofia e Ciências Humanas da Universidade Estadual de Campinas.

VIANNA, Adriana; LOWENKRON, Laura (2017). O duplo fazer do gênero e do Estado: interconexões, materialidades e linguagens. Cadernos Pagu, Campinas, n. 51, e175101. https://doi.org/10.1590/18094449201700510001

ZAMBONI, Marcio (2017). O barraco das monas na cadeia das coisas: notas etnográficas sobre a diversidade sexual e de gênero no sistema penitenciário. Aracê – Direitos Humanos em Revista, v. 4, p. 93-115. https://arace.emnuvens.com.br/arace/article/view/135. (acesso em 05/08/2022).

ZAMBONI, Marcio (2020). A População LGBT Privada de Liberdade: sujeitos, direitos e políticas em disputa. Tese (Doutorado em Antropologia Social). São Paulo: Faculdade de Filosofia, Letras e Ciências H

# TRAVESTIS JOVENS E A REDE MALALA

Por Sara Wagner York, Lua Quinellato e Angel Queen

“Caetano Veloso cantou
três travestis, para que
não pudesse ficar
de modo temporal,
três travestis (re)cantam
e re(e)ncantam
Caetano Veloso”

## Resumo

O Comitê Meninas Decidem integrou um projeto realizado pela Rede Malala com o objetivo de fortalecer a importância da educação de garotas no debate eleitoral de 2022. O projeto mobilizou meninas de diversos locais do Brasil para que elas pudessem falar sobre suas realidades e sonhos para a educação. Articulado ao manifesto Meninas Decidem também foi lançada uma carta compromisso das ativistas e organizações vinculadas à Rede Malala no Brasil, com a convocação de assinaturas para adesão de candidaturas a uma agenda de retomada das políticas educacionais garantidoras de direitos.

A partir de convite realizado pela Ação Educativa, organização que impulsionou e coordenou as ações coletivas do Comitê Meninas Decidem, a ANTRA teve um papel primordial na inserção de travestis nesse projeto, que fizeram de tudo para bem representar pessoas trans e travestis dentro da escrita do manifesto, como também nos diversos espaços em que estiveram sempre pontuando as necessidades das diversas pessoas trans para a educação. No texto que se segue, é feita uma problematização acerca da performatividade de gênero ser mais importante, muitas vezes, do que a própria autodeclaração, trazendo exemplos e vivências das duas travestis que participaram do projeto, além de um exemplo recente acerca de uma travesti que foi expulsa de um banheiro em uma universidade por conta de sua performance de gênero, e outros eventos semelhantes.

Além disso, abordamos o processo de escrita do manifesto, e também o evento de lançamento do mesmo, que aconteceu no Recife, em agosto de 2022.

Palavras-chave: Transepistemologia; Malala; ANTRA Jovem;
Travestis e Educação.

## Travestilizando a cena!

Como as teorias pós-estruturalistas são um conjunto de abordagens teóricas que emergiram na segunda metade do século XX, em contraposição às teorias estruturalistas que dominavam o pensamento social e filosófico da época, uma de suas principais características é a crítica ao conceito de uma estrutura social (HOBSBAWM) ou cultural objetiva e universal, que determinaria os comportamentos (WEEKS) e as relações humanas (BUTLER, 1993).

Uma das principais críticas das teorias pós-estruturalistas é que as estruturas sociais, como o patriarcado, o racismo, a cisgeneridade e a heteronormatividade, não são objetivas e universais, mas sim construções sociais que são produzidas e reproduzidas por práticas discursivas e simbólicas (BUTLER, 1993). Isso significa que as estruturas sociais não são naturais ou inevitáveis, mas sim resultado de uma história e de um contexto social específicos, e podem ser transformadas por meio da mudança de práticas discursivas e simbólicas. No entanto, as teorias pós-estruturalistas também têm sido criticadas por algumas frentes por sua ênfase excessiva no discurso e na linguagem como formas exclusivas de produção de poder (FOUCAULT) e de construção das realidades sociais. Essa crítica argumenta que as teorias pós-estruturalistas negligenciam outros fatores, como a economia, a tecnologia e a geopolítica, que também influenciam a produção e a reprodução das estruturas sociais (BROWN, 2020).

Além disso, as teorias pós-estruturalistas têm sido criticadas por sua falta de clareza conceitual e metodológica, o que pode dificultar sua aplicação prática em situações ditas "materiais". Algumas críticas argumentam que as teorias pós-estruturalistas têm dificuldade em estabelecer uma base sólida para a ação política, uma vez que a crítica às estruturas sociais é acompanhada pela desconfiança em relação à ideia de um objetivo final ou a um plano estratégico. Em suma, as teorias pós-estruturalistas oferecem uma perspectiva crítica importante para a compreensão das estruturas sociais e culturais, destacando sua natureza construída e sua mutabilidade. No entanto, é necessário estar ciente de suas limitações e de suas possibilidades práticas, a fim de aplicar suas ideias de forma eficaz para a transformação social. Nesse texto, vamos tentar demonstrar alguns pontos para tal escolha.

Nesse sentido, as teorias *queer* (ou Estudos Queer, conforme LOURO, 1997) e a teoria *quare* são duas abordagens teóricas que buscam entender as formas como as identidades de gênero e sexualidade são construídas socialmente e como elas influenciam a experiência das pessoas no mundo. A teoria *queer*, que emergiu nos estudos de gênero e sexualidade na década de 1990, se concentra na desconstrução das normas e categorias de gênero e sexualidade. Ela questiona a ideia de que o gênero e a sexualidade são categorias binárias e fixas, afirmando que essas identidades são fluidas, variáveis e podem ser experimentadas de maneiras diversas. A teoria *queer* desafia as noções de normalidade e anormalidade, e sugere que a diversidade sexual e de gênero é algo natural e presente em todas as culturas.

Já a teoria *quare*, desenvolvida por E. Patrick Johnson em meados dos anos 2000, é uma abordagem que se concentra nas experiências de pessoas *queer* negras nos Estados Unidos. Ela busca entender como as experiências de raça, gênero e sexualidade se entrelaçam na construção da identidade e na vivência dessas pessoas no mundo. A teoria *quare* enfatiza a importância da história e da cultura negra na compreensão das identidades *queer* negras, e propõe uma abordagem mais política e ativista para os estudos de gênero e sexualidade.

Embora a teoria *queer* e a teoria *quare* sejam distintas em alguns aspectos, elas compartilham a preocupação com a diversidade e a complexidade das identidades de gênero e sexualidade. Ambas buscam desconstruir as normas e categorias binárias de gênero e sexualidade, e reconhecer a importância das experiências de pessoas marginalizadas na construção do conhecimento sobre tais questões. O *queer* é defendido pelas pessoas tanto por revelar quanto festejar suas diferenças, naquilo que Cherry Smyth chama de "potencial para o pluralismo radical". No entanto, o sexo e a sua importância na sociedade foram influenciados por diversos fatores históricos, sociais e culturais, e dentre algumas razões pelas quais o sexo se tornou tão importante na sociedade pode-se elencar:

1. *Reprodução.* O sexo é necessário para a reprodução humana, e a necessidade de garantir a sobrevivência da espécie humana tornou o sexo uma parte importante da vida humana.
2. *Valores culturais.* Em muitas culturas, o sexo é considerado uma parte importante da vida adulta, e a sexualidade é vista como um componente essencial da identidade e do bem-estar humano.
3. *Poder e controle.* O sexo também tem sido usado como uma forma de poder e controle sobre as pessoas, especialmente sobre as mulheres, através da imposição de normas e restrições em torno da sexualidade.
4. *Capitalismo.* A indústria do sexo, que inclui pornografia, prostituição, entre outros, tem um valor econômico significativo e é muitas vezes impulsionada pelo capitalismo e pela demanda do mercado.
5. *Política.* O sexo tem sido uma questão política importante em muitos países, com políticas públicas e leis sendo criadas em torno da sexualidade e da reprodução.
6. *Ciência e tecnologia.* Avanços na ciência e tecnologia permitiram uma maior compreensão da sexualidade humana e o desenvolvimento de produtos e serviços relacionados à sexualidade, o que tornou o sexo mais presente na vida cotidiana das pessoas.

Em geral, o sexo se tornou tão importante na sociedade devido a uma complexa interação entre esses e outros fatores, o que levou a uma maior atenção e valorização da sexualidade na vida humana. Os corpos trans e travestis des(a)fiam essa lógica, ao passo que inserem novas questões que ampliam a vida em sociedade plural, diversa e menos letal. E há muito o que fazer ainda, como veremos adiante!

## Cotas trans

No dia 2 de fevereiro de 2023, a deputada estadual do Rio de Janeiro Dani Balbi protocolou projeto de lei que garante que a política de cotas para pessoas trans e travestis seja implementada em duas universidades estaduais do Rio de Janeiro, a UENF e a UERJ.

Segundo a ANTRA, pessoas trans e travestis são 0,02% dentro dos espaços acadêmicos, isso porque cerca de 80% (OAB) são evadidas na educação básica. É de extrema importância que esse projeto seja reverenciado nacionalmente, isso sem que seja perdido o horizonte de continuidade na luta.

Isso porque, apesar de ser um projeto histórico, ele se delimita apenas em território estadual e em universidades estaduais, além de ter sido apenas protocolado, exigindo ainda um longo processo para sua aprovação. Quando movimentos sociais e veículos de mídia utilizam dessa pauta e a generalizam, falando, por exemplo, que "um projeto de lei para cotas de pessoas trans nas universidades foi protocolado", estão ajudando a luta trans e travesti ou só ajudando na colaboração do apaziguamento?

Quando se delimita ao que o projeto está proposto, é possível também perceber que, apesar da vitória, é preciso que a luta continue para que a política seja ampliada, que é necessário a continuidade da luta institucional e da pressão social nas ruas, que não há nada garantido, e que a batalha não está vencida.

É essencial também pautar que somente uma mudança radical na estrutura é capaz de dar fim à desigualdade e à exclusão de pessoas trans e travestis. Enquanto essa mudança não for pautada também como horizonte, não andaremos para frente. Uma forma de se pensar isso é o fim do vestibular, que tem como intuito fazer com que quem tenha tempo e dignidade para estudar, que não precise trabalhar ou tenha acesso a lazer tire as melhores notas e passe para os cursos mais prestigiados, em detrimento da grande maioria das pessoas, pertencentes à classe trabalhadora, que não têm a mesma possibilidade, por gastar grande parte de seu tempo trabalhando, ou em transportes públicos superlotados, em congestionamentos que podem levar horas. Ou, ainda, em detrimento da população trans e travesti, que não tem nem ao menos segurança dentro dos espaços escolares para que possa estudar, com a maior parte sofrendo com a evasão ainda no primeiro ano do ensino médio.

Por isso é muito importante pautar que só a luta coletiva poderá alterar radicalmente a realidade, como vem fazendo a ANTRA, em somatória com outros movimentos sociais, entidades de base etc.

## Pessoas que menstruam?

Enquanto este texto é escrito, no primeiro dia de dezembro de 2022, a escritora Djamila Ribeiro publicou em sua coluna no jornal *Folha de S.Paulo* um texto intitulado "Nós, mulheres, não somos apenas 'pessoas que menstruam'". Texto com a chamada "Mesmo com a pretensa ideia de querer incluir homens trans, termo apaga a realidade concreta das mulheres". O dia 1º de dezembro é um dos dias mais significativos para população trans e travesti, e está relacionado ao "+" da sigla: trata-se do Dia Mundial de Luta Contra a AIDS, tema caríssimo a toda comunidade LGBTI+ e que dialoga com uma série de apagamentos históricos que nos marcam.

O texto leva ao questionamento de quem, para a filósofa, é considerado mulher, e como esse discurso é usado para reafirmar a transgeneridade como uma fantasia, pontuando, por exemplo, o termo "homem trans", mas ao escrever sobre si, não se descreve "mulher cis", mas se contenta apenas em escrever "mulher".

O texto rapidamente ganhou repercussão e abriu espaço para transfobia escancarada nas redes sociais, como pode ser facilmente encontrado no *Twitter*. O mesmo foi utilizado principalmente por feministas radicais, porque, querendo ou não, o discurso da escritora flerta muito bem com esse grupo que usa do discurso de sexo biológico para excluir completamente pessoas trans, apelando para uma moral descabida que muito se assemelha a um discurso conservador e reacionário.

O mesmo patriarcado que oprime mulheres cis opera para vitimar pessoas trans. O texto da Djamila, ao revelar um incômodo com algo inexistente, solapa os esforços do transfeminismo e do movimento trans em sua ação conjunta de coalizão e solidariedade. É importante lembrar que no Reino Unido (e no Brasil), as feministas radicais transfóbicas, comumente chamadas de "TERFs", trabalham para retirar direitos das pessoas trans em políticas públicas e em leis que protegem minorias. O termo "gênero" é repetidamente atacado em detrimento do termo "sexo" para se referir a mulheres, tal qual os fundamentalistas religiosos fazem no Brasil. Onde estava Djamila quando esses fundamentalistas encerravam as mulheres ao termo sexo como se – justamente o que o texto de Djamila critica – mulheres fossem reduzidas às suas funções biológicas? Por que o termo "pessoas" se traduz em um problema quando o termo "gênero" está sob ataque por parte das TERFs e dos fundamentalistas religiosos? (HAYLEY, 2022)

Ainda sobre esse texto, alguns níveis de honestidade são postos em xeque, porque além de negar ter sido transfóbica em sua escrita, deslegitimando assim o "lugar de fala" de pessoas trans sobre suas próprias violências, um mesmo local que ela defende em diversos textos, Djamila também não se mostrou disposta e aberta ao diálogo, como foi no caso do convite feito pela professora Sara Wagner York, para um debate em seu "Programa de Travesti", que não obteve resposta. Isso mostra a falta de responsabilidade para com a comunidade atingida com sua escrita, e até mesmo a negação do debate, quando contestada e enfrentada por uma estudiosa e pesquisadora do tema.

## Utilização de banheiros

Em dezembro de 2022 outro caso que tomou as mídias foi o de uma aluna trans expulsa de um banheiro feminino por outra aluna – uma mulher cis – na Universidade de Brasília (UnB).

O que chamou mais atenção no caso não foi uma aluna tendo seu direito a um espaço feminino negado por uma mulher cis, mas sim o fato de que a travesti não performava feminilidade, e nem queria alcançar passabilidade, tendo em seu corpo e na sua expressão de gênero símbolos daquilo que foi construído enquanto masculino, como, por exemplo, a barba. Esse caso dialoga diretamente com o texto que se segue, onde há a problematização do fato de que a performatividade do gênero é, na maioria das vezes, mais levada em consideração do que a autoafirmação em si, podendo assim causar diversos problemas e questões no que diz respeito à garantia de direitos de pessoas trans.

> Não existe uma única forma de ser travesti. Temos diversas travestilidades e possibilidades de ser travesti. Nenhuma é igual a outra (o experimento da expressão de gênero pode ou não ser constitutivo); não generalize. (YORK, BENEVIDES, RAYARA)

A partir do momento em que uma travesti precisa se encontrar e buscar a cisnormatividade de forma compulsória, perdendo o direito de explorar o próprio gênero de maneira a romper com a binaridade, para ter o mínimo garantido que é o uso de um banheiro para que se possa fazer as próprias necessidades e, a partir desse direito negado, ser mais discutido como essa pessoa é esteticamente e não a violência à qual o seu corpo está sendo exposto, aí temos uma grande problemática.

Além da problemática em si, é preciso refletir sobre como a infraestrutura dos espaços também é usada como forma de segregar e mostrar quais corpos são aceitos em determinado espaços, e quais não são. Como exemplo disso temos os vestiários coletivos, onde as pessoas não têm nem a privacidade para tomar banho, tornando extremamente desconfortável e humilhante, muitas das vezes, a presença de pessoas trans e travestis nesses espaços. Essa exclusão através da infraestrutura também é perceptível quando se fala sobre acesso de pessoas com diferentes deficiências a determinados espaços, tendo em vista que na estarrecedora maioria dos espaços esses corpos não são pensados enquanto pertencentes.

## Travesteens

Falar sobre travestilidade, principalmente com o recorte geracional da juventude, torna-se impossível sem citar também aquelas que lutaram para que pudéssemos, cada vez mais cedo, sermos nós mesmes. E, além disso, para que não sofrêssemos com a repressão familiar de forma tão recorrente como foi culturalmente imposto, além do direito de estudar com o mínimo de dignidade (esse ainda sendo um dos problemas principais a ser combatido), entre diversos outros direitos conquistados na lei através de muita luta, como o uso do nome civil e social. O uso dos banheiros depende de leis estaduais e municipais – por não ter sido ainda votado nos âmbitos legislativo federal e no Judiciário. Direito na lei, mas em caminho de se tornar direito de fato.

Nas palavras de Keila Simpson, presidenta da Associação Nacional de Travestis e Transexuais, no Encontro Nacional da ANTRA em 2022, é *"de extrema importância que os caminhos que foram abertos pelas mais velhas sejam aproveitados pelas mais jovens, para que assim as mais jovens possam repassar novos conhecimentos e haver rotação de saberes, uma simbiose dos saberes das ruas e dos saberes acadêmicos"*. Também como explicitado no Manifesto Travesti: Nossa transcestralidade importa (e se não soubermos de nossess/os/as antepassades/os/as, explique sem nos hierarquizar)! (YORK, RAYARA, BENEVIDES, 2020)

Referindo-nos à fala de Keila Simpson, e também ao texto *"Manifestações textuais (insubmissas) travesti"*, em sua primeira cobrança acerca de que não mais *"falem de nós sem nós"*, é importante citar projetos acolhedores para travestis e demais pessoas trans, aqui fazendo um recorte principalmente com a juventude, com a educação de meninas trans e travestis. Um deles foi o Comitê Meninas Decidem, que culminou na escrita de um manifesto sobre as necessidades das meninas para a educação, onde citamos de maneira pontual a educação de meninas trans e travestis. O projeto foi desenvolvido por diversas meninas e educadoras de diversos locais do Brasil, realizado pela Rede Malala, que acompanha de perto as candidaturas que se comprometeram com as demandas das meninas para a educação.

A travestilidade é uma identidade plural que, desde seu início, sempre repudiou por si só toda a cisheteronormatividade imposta aos corpos pelo sistema capitalista para a manutenção da família. Está envolta em áreas da Educação, Direitos Humanos, Mulheres, Saúde e tantas pastas afins, que tentam dar conta do ser humano em sua complexidade. Essa sempre subverteu a cisgeneridade, e por isso foi vista como algo por muito tempo fora da humanidade – pessoas trans sendo vistas enquanto corpos extraterrestres (HARAWAY,1994).

> Assumir a importância da deficiência como categoria de análise epidemiológica, por exemplo, pode fortalecer a saúde coletiva na superação

> dos sistemas de opressão sustentados pelo capitalismo neoliberal, intimamente imbricados na corponormatividade de nossa estrutura social. Essa na qual o patriarcado, a branquitude e a cisheteronormatividade também são estruturantes e estão estruturalmente implicadas entre si. (MOREIRA, M.C.N,2022)

Ao longo dos anos, principalmente a partir dos anos 1970 (YORK, 2020), com os avanços das lutas dos corpos transvestigeneres por mais "inclusão" dentro desse sistema, houve uma adequação também do que é ser trans, com meninas e meninos cada vez mais cedo tendo acesso a terapias hormonais e processos ditos "transexualizadores". Nos dias atuais, pessoas trans têm facilitações de acesso à informação acerca desses processos, o que facilita muito a transição, mas também cercam esses corpos, muitas vezes, de experimentar suas identidades de maneiras plurais. É importante também destacar que, apesar das facilitações acerca desses processos, essas mesmas só são possíveis, na maioria das vezes, para pessoas que têm acesso a planos de saúde, tendo em vista que pessoas trans que recorrem ao processo "transexualizador" pelo SUS esperam em filas gigantescas, muitas vezes tendo como única opção arriscar as próprias vidas com a utilização de hormônios não seguros, sem o devido acompanhamento, demonstrando mais uma vez a marginalização imposta a esses corpos.

Sobre essas questões, é importante o debate acerca das pessoas trans e travestis que não podem fazer ou simplesmente não têm interesse nos processos de hormonização. Essas, na maioria das vezes, têm suas identidades negadas, sendo que, legalmente, o que deveria ser realmente levado em consideração é a autoafirmação dos corpos. Não existe uma única forma de ser travesti. Temos diversas travestilidades e possibilidades de ser travesti. Nenhuma é igual à outra (o experimento da expressão de gênero pode ou não ser constitutivo); não generalize. (YORK, RAYARA, BENEVIDES, 2020)

É impossível falar também sobre travestilidade jovem sem falar sobre a ADI 4.275, de 2018, que muda exponencialmente a forma como as identidades trans são "aferidas", passando, a partir da decisão do Supremo Tribunal Federal, a ser levada em consideração somente autoafirmação, como dito no parágrafo acima (mas até que ponto essa decisão é respeitada?).

Como exemplo de desrespeito a essa decisão, e também como incentivo de evasão de uma travesti de um espaço acadêmico, citamos o caso da aluna travesti que foi expulsa de um banheiro da UnB, onde estuda, por uma outra estudante cis, por conta da sua performance de gênero, por carregar em seu corpo estereótipos masculinos, sendo esses instituídos pela cisgeneridade. O que mais choca nesse caso é uma grande parcela de pessoas trans deslegitimando o gênero dela, colaborando assim para uma violência muito mais escancarada contra a menina, além da reação dela ter sido muito mais destacada entre os veículos de mídia do que a própria violência sofrida.

> A construção política do corpo, nos discursos jurídicos contemporâneos, não raramente está separada da noção de pessoa e das suas experiências corporais. Porquanto seus alicerces são sustentados por racionalidades que mercantilizam e padronizam o corpo, e o tornam propriedade, em um movimento que apaga possibilidades de sujeitas/os/es/xs políticas/os/es/xs e de corporeidades outras, singulares e diversas (MOREIRA, M.C.N, 2022)

Além disso, é importante frisar o pronunciamento da própria universidade, destacando a presença de banheiros neutros, colaborando ainda mais para o discurso de que aquela travesti talvez estivesse invadindo um espaço que não a pertence, nos levando a outro questionamento: espaços formais de educação estão realmente interessados em receber corpos transvestigeneres?

Para responder a essa pergunta, podemos utilizar dados de levantamentos realizados pela OAB sobre evasão escolar de pessoas trans e travestis, além de presença das mesmas na universidade. Segundo a entidade, 82% da população trans e travesti não consegue concluir o ensino médio por serem evadidas, além de menos de 1% estar dentro das academias.

A partir disso, é importante também pensar onde esses corpos evadidos dos ambientes formais de educação vão parar. Em sua grande maioria, na prostituição, segundo dados levantados pela própria ANTRA.

Essa instabilidade na segurança de um futuro digno atinge, na atualidade, com o avanço de pautas neoliberais, toda a classe trabalhadora, sendo primordial pontuar que é impossível que travestis e demais pessoas trans sejam simplesmente libertas da prostituição compulsória, sem que seja pensado o fim do sistema que transforma em mercadoria esses mesmos corpos. Mas é fundamental pensar também que são urgentemente necessárias políticas públicas que diminuam o abismo gigantesco existente entre a população trans e travesti e o mercado de trabalho formal, além dos espaços formais de educação.

Sobre a prostituição compulsória que ainda é um grande problema que cerceia tantas vidas de tantas travestis e mulheres trans, principalmente racializadas espalhadas pelo Brasil, o tema não pode ser tratado de maneira moralista, a se basear por uma falsa régua de ética que ignora nossas transvivências e travestilidades. Principalmente quando essa falsa régua ética é imposta por movimentos de esquerda radical, que muitas vezes continuam culpabilizando os indivíduos, e não o sistema que perpetua essa exploração e mercantilização de corpos, nesse caso de mulheres trans e travestis.

> Ainda que não tenha nascido no capitalismo, a prostituição encontrou nele as condições perfeitas para sua expansão e desenvolvimento. A mercantilização generalizada de todos os aspectos da vida, fato inescapável do desenvolvimento capitalista, é o cenário perfeito para uma atividade cujo pressuposto é o próprio sexo na forma mercantil. A instituição da família capitalista, o caráter estruturante do gênero e a exploração de classe conformam o terreno fértil sobre o qual a prostituição se assenta. Discuti-la, portanto, pressupõe compreendê-la nem como exceção, nem como escolha, mas como intrinsecamente ligada à organização do trabalho e da reprodução social. (Coletivo LGBT Comunista)

Com isso, é importante que sejam pensadas outras realidades possíveis para tantas travestis, além da garantia de direitos para aquelas que continuam tendo na prostituição a única forma de sobrevivência.

Assim nasceram os primeiros movimentos de travestis organizadas, para lutar contra as violências sistemicamente impostas sobre nossos corpos, e que continuam lutando e se opondo a essas violências até hoje. Porque quando se é um corpo dissidente dentro de um CIStema normativo, não há outra possibilidade, senão a luta.

## Quem são as travestis?

Historicamente, se afirmar enquanto travesti, especificamente no Brasil, faz com que seu corpo, a partir dali, seja visto como um alvo, como marginal, inferior. Por outro lado, muitas vezes, podendo ser usado como exemplo a grande mídia, essa identidade é higienizada para caber dentro de uma expectativa de gênero imposta pela cisgeneridade, sendo chamada mulher trans. Aqui, não discutiremos sobre a utilização ou não do termo mulher trans, mas sim delimitaremos a importância política da afirmação enquanto travesti em todos os espaços.

Desde o início do movimento organizado até agora, e mesmo antes disso, travestis lutaram e lutam por direitos e dignidade para esses corpos historicamente marginalizados, e quando a grande mídia capitalista "abraça" essa luta em partes, o faz higienizando o máximo possível toda a história de perseguição e extermínio que sofreram e sofrem as travestis no Brasil.

A travestilidade não é somente uma identidade, nem tampouco pode ser vivenciada de forma isolada e individual, por que travesti é coletividade, travesti é cultura, travesti é luta, é tática de sobrevivência, travestis têm linguagem própria, constroem seu gênero e a performance do mesmo fora da cisgeneridade, porque essa nunca lhes incluiu. Travestis se constroem historicamente nas esquinas, e há tão pouco começaram a ocupar lugares diferentes das madrugadas e da marginalidade. Se afirmar travesti em uma universidade, por exemplo, é afirmar e tomar para si todos esses signos, é levar consigo todas as que vieram antes e todas as que virão, é tomar consigo todas as que morreram nos percursos, e todas para quem você abrirá portas. Se afirmar travesti é se opor ao CIStema, ao capital e a tudo que compõe esse mundo que não nos comporta. Travesti é gênero, sim, mas resumir ser travesti à identificação é simplesmente apagar toda a história. Ser travesti é não ser só uma, mas carregar uma infinidade de outras consigo.

> Uso os conceitos de "sexo" e "gênero" como sinônimos. Com relação à sociedade iorubá no período pré-colonial, entretanto, cunhei os termos "sexo anatômico", "macho anatômico" e "fêmea anatômica" para enfatizar a atitude não generificada na relação entre o corpo humano e os papéis sociais, posições e hierarquias. Em alguns lugares, encurtei esses termos para "anassexo", "anamacho" e "anafêmea". Meu propósito ao qualificar esses termos com "anatômico" (ou "ana-") é mostrar que as distinções [corporais] iorubás eram superficiais e não assumiram nenhuma dimensão hierárquica social, como no Ocidente (as categorias sociais ocidentais derivam essencialmente de um dimorfismo sexual percebido no corpo humano). O gênero simplesmente não era inerente à organização social humana. (OYĚWÙMÍ, 2021)

Antes mesmo de falar sobre travestis e pessoas trans acessando os espaços escolares, é preciso disputar esse termo que há muito é tratado de forma pejorativa, e que ao longo do tempo foi sendo ressignificado de forma a nomear corpos dissidentes da cisheteronormatividade.

Corpos sujos, corpos excluídos, corpos não pertencentes, corpos pecadores, corpos enganadores, corpos fantasiados, corpos fetichizados, corpos consumidos, corpos dissidentes, corpos não binários, corpos travestis. Será possível uma travestilidade dentro da binaridade de gênero? O gênero como sendo sistematicamente construído para a manutenção do capital? Será mesmo que é preciso se esforçar tanto para se enquadrar em um sistema que nos assassina? Será que é possível viver o gênero de maneira tão individualizada? É preciso que se pare de pensar no gênero como uma construção individual de cada ser, para se pensar o gênero como uma vivência coletiva, sobre expectativas de gênero de uma maneira coletiva. É preciso refletir sobre o fato de que você achar ou não que a travestilidade está dentro ou fora da binaridade tem a ver com o meio em que você está inseride. Tem a ver em como esse meio te influencia a performar seu próprio gênero. Por isso, é impossível uma construção individual do gênero dentro de uma sociedade.

Antes de serem chamadas transexuais ou transgêneros, em toda a América Latina houve a disseminação do termo travesti, que designava pessoas que não se adequavam à norma cishetero e subvertiam isso. Nesse caso, quando aquelas que eram enxergadas e vistas socialmente enquanto "homens", se viam, se entendiam e viviam como mulheres, mesmo para a sociedade da época sendo inconcebível que aquelas pudessem ser incluídas dentro da mulheridade, do que é ser mulher – daí o termo travesti. Ao mesmo tempo, o termo está em disputa pelas próprias travestis: o que é ser uma travesti?

> O caso iorubá oferece um cenário bem diferente; e, mais do que isso, mostra que o corpo humano não precisa ser constituído como generificado ou ser percebido como evidência para a classificação social em todos os tempos. Na sociedade iorubá pré-colonial, o tipo de corpo não era a base da hierarquia social: machos e fêmeas não eram estratificados de acordo com a distinção anatômica. A ordem social exigia um tipo diferente de mapa, e não um mapa de gênero que supõe a biologia como a base para a classificação social. (OYĚWÙMÍ,2021)

De primeira, quando se considera travesti dentro do senso comum, quando esse senso é composto por pessoas cis, pensa-se majoritariamente na prostituição, e junto a isso são pensados corpos marginais e, provavelmente, racializados. Isso porque a maior parte da mídia, principalmente durante a ditadura militar – como podemos ver no "Dossiê: assassinatos e violências contra travestis e transexuais brasileiras em 2021", no texto "Operações policiais contra travestis na ditadura e na democracia" – tratou e trata as travestis como verdadeiras marginais, subvertendo a ordem e os "bons costumes", ferindo a "moral" da população brasileira, cometendo delitos. Enfim, sendo sempre tratadas e vistas por grande parte da população como corpos que deveriam ser exterminados, como uma política de higiene social, sempre contando com a ajuda do braço armado do Estado.

> As travestis estiveram – e ainda seguem – na linha de frente das violências do Estado contra a população LGBTI+. Operações policiais são, historicamente, o principal instrumento para a perseguição dos corpos

> dissidentes dos padrões de gênero e sexualidade, apesar do vácuo apresentado pela quase ausência direta de violência policial nos últimos anos. Em 2021 há um retorno das práticas de outrora, que vão de agressão 'com bala de borracha' a educadora trans a agressões injustificáveis, um caso que relembra o trato dispensado a LGBTs pelo policial "Bigode" ou ainda a covardia exercida pelas guardas municipais em algumas cidades pelo Brasil (YORK, BENEVIDES, QUINALHA, 2021).

Ao longo do tempo, e com a construção e luta dos movimentos organizados das travestis, esse termo entrou em verdadeira disputa, sendo apropriado pelo movimento como forma de empoderamento. Afinal, corpos travestis são corpos políticos, e ocupar espaços enquanto travestis também é uma forma de subversão e de luta contra a heterocisnormatividade imposta à população como um verdadeiro projeto político.

Apesar de todas as questões e estigmas que rondam o que é ser trans e travesti, é preciso lembrar das que lutaram com suas vidas para que essa porcentagem não fosse zerada.

Os movimentos de travestis organizadas, que também eram movimentos políticos, por se tratarem de corpos políticos, começaram a sua luta por direitos básicos muito antes dessas existências sequer serem vistas como uma mínima possibilidade. Precisamos lembrar também que, apesar dessa luta ter avançado, mesmo que minimamente, em muitos aspectos, é preciso levar essas pautas, que são urgentes, de uma população que vive completamente à margem, para dentro dos espaços formais de debate, por aquelas que conseguiram adentrar esses espaços, para que os saberes e as diferentes formas de luta sejam circulados de maneira a agregar cada vez mais pessoas, e para que, assim, as mais velhas não tenham lutado em vão.

## Travestis dentro dos espaços formais de educação

Antes de começar a falar sobre pessoas trans dentro dos espaços formais de educação, é preciso delimitar as formas como as diferentes maneiras de expressar o próprio gênero influenciam sobre como uma pessoa, mesmo que seja uma pessoa trans, pode ser tratada.

Trazemos aqui a ideia, baseada na educadora travesti Sara York, de que o que realmente vai influenciar a forma como uma pessoa trans vai ser tratada dentro de um espaço formal de educação é como ela vai performar o próprio gênero, como ela vai se comportar, se vestir, e tudo isso que compõe a parte visual e expressiva das pessoas.

> Para além de uma inocente avaliação estética desses corpos, vemos nesse exemplo como o Poder Judiciário, sob esse argumento, em verdade busca apreciar a performatividade de gênero (BUTLER, 2003) das pessoas transexuais e travestis. Elas, para terem seu direito assegurado, deveriam performar o seu gênero dentro de uma lógica binária, ou seja, ter aquilo que os estudos transfeministas nomearam por passabilidade (VERGUEIRO, 2015) para conquistar o direito, previsto na Ação Direta de Inconstitucionalidade (ADI) 4.275 e Recurso Extraordinário (RE) 670.422, de retificação de prenome e gênero, independentemente da realização de cirurgia de redesignação sexual (YORK, Sara Wagner, 2022).

Essa ideia nos leva a pensar como performamos nossos próprios gêneros e, além disso a refletir todos os olhares de estranhamento, medo, reprovação e decepção que circulam nossas vivências enquanto pessoas trans e travestis, que nos construímos e reconstruímos fora do CIStema.

## O problema é a performatividade, é a expressão de gênero

Como dito anteriormente, a presença de corpos não cis dentro dos espaços formais de educação, como escolas e universidades, é ínfimo, levando ao questionamento de o porquê das travestis e demais pessoas trans não conseguirem sequer concluir a Educação Básica. Segundo a OAB, o percentual de pessoas trans que não consegue concluir o ensino médio é de 82%. Um dado que é extremamente problemático, por duas razões: 1 – O que é ser pessoa trans em 2022?; 2 – Como ocorre o processo de aferição das identidades trans ou travestis no interior dos espaços formativos?

Sobre a primeira indagação, o ano de 2018 foi extremamente importante para a garantia de direitos para pessoas trans e travestis.

É inegável que a conquista nesse ano foi de suma importância para o avanço nos debates em relação a identidades e expressões de gênero.

O avanço em questão foi a decisão do Supremo Tribunal Federal na ADI 4.275, que garante o direito à não necessidade dos processos chamados "transexualizadores" para que seja assegurado o direito de mudança em registros civis e também direitos em relação a uso de espaços públicos que são segregados por gênero.

Agora, falemos sobre a segunda indagação, o processo de validação das transidentidades dentro dos espaços formativos. Como explicitado no início do tópico, o que é tido como principal método de "aferição de identidade de gênero" é a performatividade do próprio gênero, ou seja, como aquela pessoa se utiliza do próprio corpo para mudá-lo como bem deseja, ou melhor, como lhe é imposto. Esse conceito de imposição das identidades de gênero é trazido por Sara Wagner York em sua dissertação de mestrado e no texto escrito com o professor Leandro Coling e com o juiz de Direito Mário Caymmi: "Sistema ou CIS-tema de justiça: Quando a ideia de unicidade dos corpos trans dita as regras para o acesso aos direitos fundamentais".

> Toda essa discussão sobre o que seria uma pessoa trans "de verdade" também pode ser pensada através da ideia de passabilidade. Uma pessoa trans tem passabilidade quando parece ser um homem ou mulher cis, ou seja, quando performa de maneira tida como congruente com a identidade masculina ou feminina e com ela os elementos que subjetivamente alocam-na a determinado registro imagético. Quem performa fora do binarismo, portanto, não teria passabilidade e, para os objetivos deste texto, não teria direito de mudar de nome e gênero em seus documentos. Viviane Vergueiro (2015, p.158) propõe pensar a passabilidade como uma "categoria útil de análise para vivências nas diversidades corporais e de identidades de gênero, tanto como uma exigência cisnormativa, como uma estratégia possível de resistência a cissexismos em determinados contextos" (YORK, Sara Wagner, 2022).

Apesar disso, legalmente o que vale a partir do ano de 2018, com a decisão referente à ADI 4.275, é a autodeclaração, ou seja, teoricamente não deveria importar se uma pessoa performa seu gênero dentro de uma cisnorma binária. Mas mesmo com a decisão do Supremo, na maioria dos casos o que é levado em consideração é a aparência.

O motivo principal que pode ser levado em consideração quando se pensa sobre o assunto é o de que a transfobia, como opressão estrutural e institucional dentro do CIStema, perpassa todas as esferas da sociedade, inclusive a educação.

Pensar em travestis dentro das escolas e espaços formais de educação e de formação ainda é pensar em travestis sofrendo transfobias diversas, que podemos elencar desde a transfobia recreativa, recorrentemente assimilada como *bullying* por parte dos alunos, até as vias de denúncia para as respectivas direções, **que também vão sofrer retaliações por parte dos mesmos.**

Sobre isso, compondo o Comitê Meninas Decidem, temos o exemplo de Angel, uma menina travesti do interior do Rio de Janeiro e moradora da zona periférica da cidade, que durante os encontros de formação compartilhou com o grupo o que passou durante o seu período escolar, que findou com sua evasão ao longo de sua formação, de modo irreversível, ainda no primeiro ano. Angel pontua: "Eu tive que escolher estudar em um lugar em que eu tinha medo de estar todos os dias, além de trabalhar para me sustentar".

Angel é só uma das milhares de pessoas que passam por isso no Brasil, e completa: "Eu ainda fui muito privilegiada por nunca precisar me prostituir para sobreviver". Isso leva ao pensamento de que não só a transfobia é um processo CIStêmico, mas a prostituição para a sobrevivência das pessoas trans também é.

É sabido que cerca de 90% das pessoas trans e travestis têm na prostituição sua única forma de sustento (ANTRA). Prostituição realizada de maneira compulsória, por ser a única opção da grande maioria. Isso é uma consequência direta das taxas de não completude do ensino médio e, ainda, de não inserção no ensino superior.

> Com aumento de pessoas em situação de vulnerabilidade social e de miseráveis, a crise econômica, a política e aumento do desemprego, acreditamos que se mantém atual a estimativa de que apenas

4% da população trans feminina se encontra em empregos formais, com possibilidade de promoção e progressão de carreira. Da mesma forma, vemos que apenas 6% estão em atividades informais e subempregos, mantendo-se aquele que é o dado mais preocupante: 90% da população de travestis e mulheres transexuais utilizam a prostituição como fonte primária de renda (BENEVIDES e NOGUEIRA, 2021). Segundo a ANTRA, 0,02% das travestis ou pessoas trans se encontram dentro das universidades, isso porque cerca de 82% das travestis nem consegue acabar o Ensino Médio (OAB), por serem evadidas desses espaços. Ter o direito de estudo dessas pessoas cerceado é em suma um projeto político muito bem desenvolvido para a manutenção da exclusão desses corpos, para que não possam ocupar nenhum outro lugar, que não as esquinas. Para que não possam sair a luz do dia, correndo risco de vida e de linchamento público, e que só encontrem o mínimo de conforto nas madrugadas. Pode-se ainda aqui falar sobre a falta de oportunidades de travestis dentro dos espaços formais de trabalho, onde novamente pessoas trans e travestis que estão mais distantes de uma cisheteronormatividade vão exponencialmente sofrer mais para conseguir acessar esses espaços, sem que haja também implementação de políticas públicas para a inserção destes corpos dentro desses espaços, colaborando assim ainda mais para a manutenção da marginalização destes.

## Período de encontros e como eles eram organizados

De junho a agosto de 2022, ocorreram os encontros do grupo chamado Meninas Decidem, que tinha como objetivo discutir vivências e interseccionalidades entre diferentes meninas espalhadas pelo Brasil dentro dos ambientes escolares, deixando claras suas necessidades, mas não só isso, suas vontades para a educação pública brasileira.

No decorrer das reuniões, foram chamadas militantes de diferentes áreas do Brasil, que representavam diferentes lutas sociais para que pudessem, junto às meninas, embasar seus argumentos, para mais tarde construir o manifesto Meninas Decidem. Baseados em princípios da educação popular feminista, os encontros tiveram temas pré-estabelecidos e contaram com textos e ativistas convidadas, e ocorriam semanalmente, aos sábados, pela parte da manhã, na plataforma "google meet", como uma roda de conversa que favoreceu o espaço de acolhimento e de escuta ativa das garotas. Para a catalogação de pontos importantes para a escrita do manifesto, uma das ferramentas utilizadas foi o site "Mentimeter", que foi de extrema importância para a organização das informações, sentimentos e pensamentos que mais marcavam cada menina durante os encontros.

No primeiro encontro, que aconteceu no dia 25 de junho, participaram também as 11 ativistas apoiadas pelo Fundo Malala no Brasil. Entre elas, não houve a presença de nenhuma ativista travesti. Para Angel, uma das meninas que compôs o grupo, essa foi uma situação um pouco desconfortável: "Eu era a única travesti lá" – apesar da busca ativa das organizadoras para que outras jovens ativistas travestis e trans de outras organizações estivessem presentes. Considerando toda a exclusão sistemática enfrentada por essa população, um dos obstáculos iniciais foi encontrar ativistas travestis e transgêneros com a idade entre 14 e 18 anos (faixa etária acordada no projeto da Rede Malala), estudantes do ensino médio, disponíveis naquele momento para participar da construção do processo. A faixa etária foi ampliada, o que tornou possível outra jovem ativista travesti participar do processo.

Essa, infelizmente, é uma situação corriqueira na vida de travestis, principalmente quando se diz respeito a travestis dentro de espaços escolares e/ou acadêmicos. Depois disso, outra travesti passou a participar desse processo de escrita. Desde a concepção, a proposta acordada com a Rede Malala de composição do Comitê Meninas Decidem previu a participação de quatro meninas negras periféricas, quatro meninas indígenas, quatro meninas quilombolas, duas meninas trabalhadoras do campo, duas meninas com deficiências e duas pessoas travestis/trans. Do ponto de vista político, foi um passo muito importante contar com a participação ativa de jovens travestis pela primeira vez em um projeto apoiado pelo Fundo Malala.

Nesse primeiro contato das meninas, houve exposição do vídeo "Mulheres Fantásticas Malala Yousafzai", que contava muito brevemente a história de Malala, mas também abria margem para argumentações sobre algo falado no próprio vídeo: "Uma criança, um professor, um livro e uma caneta podem mudar o mundo". Quando Malala traz essa afirmação, para que corpos ela está se dirigindo?

Malala Yousafzai é um dos maiores nomes da atualidade quando se fala sobre militância na área da educação. Ela foi a pessoa mais jovem a ganhar o prêmio Nobel da Paz, no ano de 2014, quando tinha apenas 17 anos. Ela tinha em sua família pessoas que acreditavam que a educação era a principal chave para a mudança do mundo. Quando o Talibã começou a fechar escolas e proibir meninas de estudarem, ao invés de obedecer, Malala continuou estudando e, além disso, começou a denunciar publicamente todas as situações que passava em um "blog", sob o pseudônimo de Gul Makai. Nem isso a impediu de ser descoberta pelo Talibã. Em 9 de outubro de 2009, com apenas 15 anos, enquanto voltava da escola de ônibus, dois membros do Talibã pararam o ônibus e atiraram três vezes contra ela.

É importante, porém, ter em vista que, diferentemente de Malala, muitas meninas ao redor do mundo não conseguem ter suas vozes ecoadas, mesmo que coletivamente, como é o caso das travestis e pessoas trans no Brasil, cujo percentual que consegue permanecer nas escolas durante a transição é ínfima – isso sem citar o diminuto número de travestis cursando ensino superior, tendo em vista também em quais cursos a maioria se encontra.

## A escrita de um manifesto

Durante o processo das reuniões e demais conversas, foi perguntado às meninas quem gostaria de fazer parte do grupo que escreveria o manifesto, para que pudessem utilizar todas as ferramentas disponibilizadas, representando assim o máximo de meninas possível. Como explicitado anteriormente, foi perguntado quais tinham interesse em participar da escrita do manifesto. Esse grupo foi criado na perspectiva de se construir um texto que pudesse ser aprimorado coletivamente e nos debates realizados nos encontros do grupo. O grupo foi composto por seis meninas: Angel e Lua, meninas travestis; Eduarda, menina periférica;

Lorenna, menina quilombola; Bia Diniz, jovem negra e pansexual; e Maria Clara, jovem do campo.

Após a decisão das meninas que seriam encarregadas de fazer a escrita do texto, elas decidiram criar um grupo no Instagram, uma plataforma que era acessível a todas, tendo em vista que nem todas possuíam telefone celular. Após uma conversa entre as meninas, elas decidiram que se dividiram em duplas, levando em consideração que o texto era dividido em três eixos, sendo eles: 1. A educação que temos; 2. A educação que queremos e; 3. Como chegar lá. Após a divisão dessas duplas, as meninas começaram a escrever, o que demorou cerca de uma semana, e uma delas ficou encarregada de juntar todas as partes para que o texto ficasse coeso.

Após esse primeiro rascunho finalizado, o texto foi enviado para as educadoras da Ação Educativa, para que o documento passasse por revisão que não configurasse mudanças de conteúdo. Então, o texto foi submetido a discussão coletiva com as demais meninas, agregando sugestões de aprimoramento.

Uma coisa importantíssima para Angel e Lua durante a escrita do manifesto era a demarcação do espaço enquanto meninas travestis dentro dos espaços formais de educação, uma informação que costuma ser excluída, utilizando-se da sigla LGBTTQIAP+, que por mais que fale sobre toda a comunidade, acaba excluindo e inviabilizando algumas vezes as lutas específicas da comunidade trans e travesti.

## A ida a recife

O manifesto *Meninas Decidem, pelo direito à educação* foi escrito para ser lançado no dia 16 de agosto de 2022, em Recife, antecedido de reunião preparatória entre as ativistas e as integrantes do Comitê Meninas Decidem. No dia seguinte ao lançamento, seria realizado o encontro nacional de ativistas da Rede Malala.

Nem todas as meninas foram para o evento, porque como falaram as ativistas, o Fundo Malala não teria como arcar com os custos de todas as meninas, além de haver meninas menores de idade no grupo.

O critério escolhido para decidir quais iriam foi, primeiramente, conseguir representar todas as meninas no grupo que iria e, depois, levar todas as meninas que estavam mais perto do local em que seria o evento. E, ainda, não levar de avião meninas que fossem menores de idade por conta das questões de responsabilidade legal.

Quando o grupo de meninas chegou a Recife, logo foram almoçar, podendo assim se conhecer pessoalmente – a forma como os encontros do comitê foi organizada remotamente permitiu com que as meninas realmente se conectassem e sentissem que faziam parte de um todo. Logo após o almoço no primeiro dia, uma das adultas responsáveis pelos trabalhos, Marcelle, educadora da Ação Educativa, acompanhou a ida de Lua e Angel à farmácia a poucos metros do hotel. Ela pôde perceber como é fazer uma simples caminhada na rua sendo uma travesti que não se adequa a cisheteronormatividade, porque, a menos de uma quadra do hotel, encontrou olhares assediadores de transeuntes, com um tom pejorativo, uma situação do cotidiano de muitas meninas trans, mas a que uma pessoa cis não está acostumada. Isso leva ao pensamento de que é preciso nos dar espaço para falar sobre as nossas próprias questões, é preciso que nos deixem falar (BENEVIDES, RAYARA, YORK, 2020). E foi isso que o Comitê Meninas Decidem fez.

O comitê, mesmo que com muitas meninas gritando suas próprias dores, conseguiu fazer um grande grupo interseccionar aquelas dores que eram compartilhadas, mas ainda ouvir aquelas que eram específicas, de cada grupo de meninas. Marcelle nesse dia pôde ver uma fração do que é ser uma travesti andando na rua, e como somos vistas como verdadeiros corpos extraterrestres, corpos transmutados, corpos ciborgue (HARAWAY, 1994).

## ANTRA e a sua importância na inserção de travestis no Projeto Malala

Quem permitiu a essas jovens estar dentro desse comitê, falando sobre a educação de meninas trans e travestis, algo que não era sequer imaginado por corpos cis até pouco tempo, e até hoje não é pela maioria, foi a ANTRA, por meio do convite feito pela organização Ação Educativa, entidade de direitos humanos e educação popular, integrante da Rede Malala e aliada da luta travesti e trans em várias frentes da educação. Travestis que se organizaram politicamente em meio a um CIStema que queria seu extermínio, travestis lutando por direitos básicos, e morrendo por isso. Travestis permitindo que a próxima geração não precisasse passar por tudo que as mais velhas passaram.

É sabido que travestis e demais pessoas trans são historicamente apagadas e silenciadas ao longo de suas vidas, ainda mais quando, como já dito anteriormente, sua expressão de gênero está fora do construído enquanto binário.

E é aí que uma organização do tamanho da ANTRA entra. A Associação Nacional de Travestis e Transexuais é o maior movimento organizado de travestis do Brasil, que desde a década de 1990 vem lutando e galgando direitos para a comunidade trans e travesti. Ela nasceu a partir de outra entidade, a ASTRAL, que tinha um alcance menor, foi fundada por um grupo pequeno de travestis, que aqui são nomeadas: Jovanna Baby, Elza Lobão, Beatriz Senegal, Raquel Barbosa, Munique de Beauvoir, Josi Silva e Cláudia Pierry.

A ANTRA surge da necessidade de aquilombamento, que já acontecia regionalmente por parte das travestis, e a partir daí começa a ter um caráter nacional, visando realmente dar voz àquelas que são silenciadas através de um movimento de massas. Como a atual presidenta Keila Simpson destaca: "Um movimento barulhento", que insistia e insiste até hoje para ser ouvido e, quando não insiste em forçar essa barreira, volta a ser ignorado. Por isso é de suma importância o que Sara Wagner York, Megg Rayara Gomes Oliveira e Bruna Benevides trazem no texto "Manifestações textuais (insubmissas) travesti", como primeiro ponto a se destacar como demanda de corpos trans e travestis: "Não falem de nossos nós, por nós e/ou sem nós!"

Essa é uma das mais importantes demandas, porque a partir do momento em que somos incluídas nos debates acerca de nossas próprias TRANSvivências, somos capazes de delimitar nossos próprios passos acerca de estudos sobre nossas próprias vivências, e não sermos usadas enquanto objeto de pesquisa.

## Que pesquisemos, então, sobre nossas próprias histórias!

Esse debate sobre não falar por nós e/ou sem nós entra de forma exponencial quando acessamos o contexto acadêmico, ou melhor, quando somos pesquisadas por acadêmicos, em sua maioria cisgêneros. Pessoas cisgênero, quando interessadas em nossas vivências para seus artigos e demais pesquisas e trabalhos, não medem esforços para nos tirar toda a experiência de transfobia vivenciada por nossos corpos. As pesquisas desses, na maioria das vezes, se resumem ao preconceito que sofremos ao longo de nossos dias, sem se interessarem no mínimo em debater a estruturalização daquilo que sofremos ou, ainda mais, as outras diversas facetas que compõem quem somos.

A ANTRA não surge de uma vontade, mas, sim, de uma necessidade. Me aproprio dessa frase para falar um pouco mais especificamente sobre o projeto Meninas Decidem, e como a ANTRA tem um papel fundamental na inserção de diversas pessoas trans e travestis em diferentes espaços formativos, de produção de saberes e de pesquisa.

> Segundo Keila Simpson, atual presidenta da ANTRA, a partir daí "já se imaginava a estratégia de atuar mais ativamente no cenário nacional". Como as fontes e recursos eram parcos e de difícil acesso para a maioria das ONG existentes no Brasil naquele período – e também pela crescente onda de violências e falta de acesso aos serviços de saúde – foi lançada a ideia de realizar um encontro nacional que fosse facilitar a organização e a articulação de travestis que estavam pelo Brasil afora, na sua grande maioria, atuando nas organizações mistas de gays e lésbicas. Nesse período, não se falava em transexuais ainda. Existiam, é claro, mas não tinham essa visibilidade" (BARREIRA, 2022).

O projeto da Rede Malala, como dito anteriormente, culminava na escrita de um manifesto sobre os anseios de diferentes meninas para a educação, entre elas, como também já dito, meninas trans e travestis. Pensar essa perspectiva também nos leva a refletir sobre o projeto de educação que é vigente no Brasil, além de nos levar ao pensamento do tipo de projeto de educação que queremos para o futuro, qual projeto abarca as necessidades e vontades da classe trabalhadora.

É impossível dissociar também quem caminha junto conosco enquanto movimento de travestis que estão prontas e lutando todos os dias por cada vez mais espaços dentro das academias e demais espaços formais. Porém, é compreendido que a transfobia, por se tratar de um processo estruturante dentro da sociedade, por ter como alvo pessoas que rompem com a cisnormatividade e binarismo de gênero, não será vencida somente dentro dessa via institucionalizada, sendo compreendida a necessidade da mudança radical das estruturas que hoje compõem essa sociedade.

A partir dessas ideias é possível citar os diferentes coletivos formados por pessoas trans em diversas universidades públicas espalhadas pelo Brasil. Exemplifico falando sobre a "Rede de Alunes Trans e Travestis da UERJ" e também da "Rede Transvestis Uffianas". Essa última sendo responsável por um marco importante das lutas trans e travestis dentro dos espaços formais de ensino, com a conquista de uma cadeira dentro do "Diretório Central dos Estudantes Fernando Santa Cruz" específica para lidar com as demandas da população trans e travesti – um passo importante para a inserção desses corpos dentro dos espaços universitários.

A partir desse primeiro passo fundamental de reconhecimento político da agenda travesti e transgênero nas iniciativas da Rede Malala, com a participação ativa de jovens travestis, temos expectativa que a agenda da Rede Malala se desdobre em outras ações e projetos comprometidos com a luta pela garantia efetiva do direito humano à educação para estudantes travestis e transgêneros e com fortalecimento de sua organização política.

*As autoras do texto, em parceria com Sara Wagner York, são jovens travestis que fizeram parte do Comitê Meninas Decidem por indicação da ANTRA.*

## REFERÊNCIAS


BUTLER, Judith. Critically Queer, pp. 17-32. GLQ Vol. 1. 1993.

LOURO, Guacira Lopes. Gênero, sexualidade e educação. Uma perspectiva pós estruturalista - Petrópolis, RJ, Vozes, 1997.

CAVALCANTE, Isabella. Deputada propõe cotas para pessoas trans em universidades do Rio de Janeiro. UOL, SP, 2023. Rio: Deputada propõe cotas para pessoas trans em universidades (uol.com.br)

HAYLEY. Respondendo a Djamila Ribeiro: Eu Também Sou Uma Mulher. Transfeminismo. 2022. https://transfeminismo.com/respondendo-a-djamila-ribeiro-eu-tambem-sou-uma-mulher/

YORK, Sara Wagner et al. Gramáticas do capacitismo: diálogos nas dobras entre deficiência, gênero, infância e adolescência. Ciência & Saúde Coletiva, v. 27, p. 3949-3958, 2022. https://scielosp.org/article/csc/2022.v27n10/3949-3958/pt/

YORK, Sara, RAYARA, Megg, BENEVIDES, Bruna. Manifestações textuais (insubmissas) travesti. Revista estudos feministas. 2020

HARAWAY, D. J. A game of cat's cradle: science studies, feminist theory, cultural studies. Configurations, 2(1), 59-71, 1994

MOREIRA, M.C.N., DIAS, F. S., MELLO, A.G., YORK, S. W.. GRAMÁTICAS DO CAPACITISMO: DIÁLOGOS NAS DOBRAS ENTRE DEFICIÊNCIA, GÊNERO, INFÂNCIA E ADOLESCÊNCIA. Cien Saude Colet [periódico na internet] (2022/Mai). [Citado em 03/01/2023]. Está disponível em: http://cienciaesaudecoletiva.com.br/artigos/gramaticas-do-capacitismo-dialogos-nas-dobras-e ntre=-deficiencia-genero-infancia-e-adolescencia18364/?id-18364&id=18364

COLETIVO LGBT COMUNISTA, Sobre prostituição, classe e revolução. agosto, 2022. Sobre prostituição, classe e revolução – LGBT Comunista

OYĚWÙMÍ, Oyèrónké. A invenção das mulheres: construindo um sentido africano para os discursos ocidentais de gênero. Bazar do Tempo Produções e Empreendimentos Culturais LTDA, 2021.

BENEVIDES, Bruna. Dossiê: Assassinatos e violências contra travestis e transexuais brasileiras em 2021. ANTRA. 2022.

YORK, Sara Wagner et al. Gramáticas do capacitismo: diálogos nas dobras entre deficiência, gênero, infância e adolescência. Ciência & Saúde Coletiva, v. 27, p. 3949-3958, 2022. https://scielosp.org/article/csc/2022.v27n10/3949-3958/pt/

CAYMMI, Mário, YORK, Sara, COLLING, Leandro. Sistema ou CIS-tema de justiça: Quando a ideia de unicidade dos corpos trans dita as regras para o acesso aos direitos fundamentais. Revista direito e práxis. RJ. v. 13, n. 2. 2022.

Dossiê dos assassinatos e da violência contra pessoas Trans brasileiras em 2020. https://antrabrasil.files.wordpress.com/2021/01/dossie-trans-2021-29jan2021.pdf

MLA style: Malala Yousafzai – Biographical. NobelPrize.org. Nobel Prize Outreach AB 2022. Sun. 20 Nov 2022. <https://www.nobelprize.org/prizes/peace/2014/yousafzai/biographical/>

BARREIRA, Maurício. Visibilidade Trans: Conheça a ANTRA, organização pioneira na luta pelos direitos de travestis e transexuais. Agência de notícias da AIDS. 2022.

YORK, Sara Wagner.TIA, VOCÊ É HOMEM? Trans da/na educação: Des(a)fiando e ocupando os"CIStemas" de Pós-Graduação. RJ, 2020.

YORK, Sara; Vicente, André Luíz Coutinho, et al. "LINGUAGEM INCLUSIVA DE GÊNERO NA EDUCAÇÃO." Diversidade e Educação 10.1 (2022): 251-276.

# JADY

Relato de
Ana Clara Norberto da Silva Freitas

Transcrito por
Bruno Salles Ribeiro
Cristiane Costa
Cristiano Barros
Marco Antônio Chies Martins

Em algum cartório da cidade de Foz do Iguaçu, registraram-me com o nome de Etelmar Norberto da Silva. Quase 30 anos atrás. Cresci em Roraima e me mudei para Manaus com 12 ou 13 anos de idade. Desde pequena me via como mulher, um segredo que guardei comigo por algum tempo, enquanto morávamos no interior de Roraima. Foi quando fui para Manaus que assumi minha identidade de gênero. Nesse momento enterrei Etelmar e fiz nascer a Jady, que sempre esteve dentro de mim.

Vivi em Manaus durante 2 anos, ao lado de duas irmãs também transexuais, que vieram de Roraima junto comigo. Uma delas seria uma das testemunhas fundamentais para o longo tempo de prisão que amarguei por quase 10 anos.

Trabalhávamos na rua. Frequentávamos os pontos de prostituição em Manaus quase todas as noites e de dia gastávamos o dinheiro conseguido na noite. Gastávamos com roupa, restaurantes e passeios. Não usávamos drogas e nem bebíamos. Enfim, vivia como queria viver minha vida pela primeira vez. Era feliz pela primeira vez. Achava que sabia tudo sobre a vida, embora hoje veja que não sabia nada.

Tínhamos o plano de vir para São Paulo e daqui ir para a Europa. Esse era nosso sonho. Minhas amigas vieram primeiro e conseguiram comprar minha passagem para cá. Cheguei em São Paulo pela primeira vez com 14 anos de idade, para realizar meu sonho.

Morei junto com as duas irmãs, então minhas amigas, na Rua Frei Caneca e, já desde início, todas nós menores de idade, passamos a nos sustentar com a prostituição. Nessa época, tive a primeira experiência com o sistema de justiça criminal. Ali pela região onde morava. Estávamos em um táxi, eu e outra amiga, quando duas travestis conhecidas nos pediram uma carona. Não sabíamos, mas elas haviam roubado o notebook de alguém que acionou a polícia. Pouco tempo depois, a polícia cercou o táxi onde estávamos. Mesmo diante da palavra da vítima que dizia que nós não havíamos participado do roubo, fomos levadas à delegacia e depois encaminhadas à Febem, onde ficamos por 17 dias, até a primeira audiência, quando fomos inocentadas.

Já nessa época, as irmãs com quem vim de Manaus passaram a me "ensinar" a vida na rua. Elas me pressionavam para roubar os clientes, entrar dentro dos carros, cometer pequenos crimes. Lembro-me de um dia ser cobrada por elas e de chegar a apanhar porque não achava correto isso. Mas, ao final, também aprendi a vida na rua.

Por conta desses desentendimentos, cada uma tomou seu rumo. Foi nessa época que conheci o meu namorado, um homem bonito de olhos verdes que trabalhava como taxista e que fazia o transporte das travestis pelos pontos de prostituição de São Paulo. Morei com ele por 4 anos, entre os 16 e os 20 anos de idade, como um casal. Ele seria a outra testemunha responsável pela manutenção por tanto tempo de minha prisão. Hoje não sei como pude dormir ao lado dessa pessoa por tanto tempo. Uma pessoa em quem confiei tanto.

Nessa época eu estava muito feliz. Ganhava meu dinheiro e fazia o que queria. Viajava bastante para o litoral norte de São Paulo, para Brasília, para o Rio de Janeiro. Vivia a vida como gostava, apesar de todas as dificuldades dessa vida. Comecei a ganhar dinheiro e, no mesmo momento, também comecei a ser extorquida pelo meu namorado.

Como eu era menor de idade, tudo o que eu tinha dependia dele. Conseguimos comprar um carro que ficava no nome dele, assim como o aluguel de nosso apartamento. Dessa forma, criou-se uma relação de extrema dependência, apesar de eu ter minha autonomia financeira. Por isso, sempre era ameaçada por ele, que dizia que o aluguel estava em seu nome, o carro estava em seu nome. Ele exercia grande poder sobre mim. Brigávamos porque ele achava que eu deveria fazer mais programas, mas eu fazia o quanto queria, pois tinha o dinheiro suficiente para viver minha vida. Cheguei a ser agredida em algumas oportunidades, mas não havia muita escolha naquele momento. O rompimento com ele poderia ser minha ruína.

Quando completei 18 anos, enfim, tive minha liberdade. Não dependia mais das irmãs que sempre tentaram me aprisionar, nem mesmo de meu namorado. Nessa época ele estava preso, mas mesmo diante de todo esse histórico de abuso, ainda o visitei durante seu tempo de prisão. Contratei advogados e cuidei de tudo durante esse período. Quando ele saiu da prisão, continuamos namorando por um tempo. No entanto, como já era maior de idade, o aluguel estava em meu nome, o carro estava em meu nome e a relação de dependência já não mais existia.

Nesse momento vivi meu tempo de plena liberdade. Já não dependia mais de ninguém para nada. Nessa época, minha irmã veio viver comigo no nosso apartamento e, em uma oportunidade, meu namorado brigou com ela e rasgou seus documentos. Decidi me separar dele definitivamente e fui morar sozinha. Meu sonho ia se realizando pouco a pouco.

Fazia ponto na Avenida Indianópolis e na Avenida do Jockey Club, dois tradicionais pontos de prostituição de travestis na cidade de São Paulo. Era muito procurada, pois era jovem e bonita. E isso, claro, despertava a inveja de outras travestis da região. Eu tinha tudo o que eu queria naquele momento. Tinha dinheiro para fazer o que quisesse. Vivia nas baladas de São Paulo, curtia as noites e fazia tudo o que eu queria. Mas nessa época também fui acometida pela depressão, algo que nunca revelei a ninguém até hoje.

Apesar de ter tudo, eu me sentia sozinha, me sentia solitária. Sentia um grande sentimento de culpa. Culpa por não ter terminado meus estudos, por ter fracassado em algo. Sentia culpa por viver a vida da prostituição. Sentia falta de minha mãe, que havia se mudado para a Venezuela na mesma época em que me mudei para Manaus. Eu tinha tudo o que eu queria na vida da prostituição, mas, na verdade, esse não era meu objetivo. Eu queria ter estudado, o que até tentei quando cheguei em São Paulo, ao conseguir me matricular em uma escola pública. Eu gostaria de ter outra vida, o que transformou a vida plena que eu tinha naquele momento em uma grande angústia. Entre 18 e 19 anos sofri com essa culpa que me tirava a vontade de viver. Cheguei a colocar um revólver em minha cabeça para acabar com aquele sofrimento. Mas segui em frente.

Em 2014, fui presa por roubo. Eu estava fazendo um programa com um homem quando nos desentendemos. Estávamos dentro de seu carro quando ele quis fazer coisas que eu não queria e, ao final, não quis pagar o programa que combinamos. Vi sua aliança no carro e a peguei. Disse que só a devolveria se ele pagasse pelo programa. Eu cobrava dele 20 reais que me devia. Ele veio para cima de mim para pegar a aliança quando cortei seu braço com um estilete que mantinha comigo para minha defesa. Ele chegou a tomar o estilete de minha mão, mas consegui pegá-lo de volta. Foi quando o feri.

Ele foi embora e eu fiquei no meu ponto, esperando que me pagasse. Quando voltou, veio com a polícia e fui presa por roubo. Presa por roubo, fui sentenciada a 5 anos e 4 meses de prisão. Quando já estava presa, fui acusada de ser a mandante de um homicídio. O homicídio de um cafetão de outras travestis da região. As principais testemunhas que me acusavam nesse caso eram meu ex-namorado e uma das irmãs que me trouxeram para São Paulo. Desse modo, mesmo depois de cumprir toda a pena pelo roubo, continuei presa preventivamente, pela acusação do homicídio. Ao todo, fiquei presa por 9 anos e 11 meses, dos meus 20, aos meus 29 anos de idade.

Um terço de minha vida, fiquei presa em um corpo de homem. Outro terço, fiquei presa a pessoas que não se conformavam com a minha liberdade. Nos últimos 10 anos, fiquei presa em várias penitenciárias do estado de São Paulo.

Fiquei presa, no início, no CDP de Guarulhos II. Recebia visitas de minha mãe e de meu ex-namorado, quando ainda não havia me acusado. Foi nessa época que começaram meus desentendimentos piores com ele. Ele tinha muito ciúmes de mim, pois eu estava no meio de tantos outros homens. Ele pagou para um preso um aparelho de celular que foi dado para mim para, algum tempo depois, ligar no presídio e denunciar a posse desse aparelho.

Fui para o "pote" e fiquei na solitária durante 10 dias. Quando saí do castigo, liguei para uma amiga e pedi para ela buscar as coisas que ainda estavam em posse do meu ex-namorado. E que também buscasse o Lucas, um Lulu da Pomerânia que eu havia comprado tempos antes de ser presa[1]. Meu ex-namorado me denunciou novamente pela posse de um aparelho de celular. Foi quando eu e todas minhas companheiras de cela fomos transferidas para a Penitenciária de Presidente Venceslau.

Em Venceslau era tudo diferente. Ao contrário de Guarulhos, ali não havia um controle do crime organizado e as coisas eram mais

1 O cãozinho Lucas acabou sendo roubado durante um assalto à casa em que ele se encontrava enquanto Jady estava presa.

difíceis. Fui obrigada a me casar com um preso, que era o piloto da cadeia e exercia a liderança sobre os demais presos. Sua vontade era uma ordem. E a punição para quem o desobedecesse era a fratura dos braços e das pernas. Por isso, não tive escolha a não ser satisfazer suas vontades quando assim desejava.

De lá, fui transferida para a Penitenciária de Presidente Prudente. Durante essa passagem, foi aprovada uma lei pela presidenta Dilma que permitia que mantivéssemos nossa identidade feminina. Usava o cabelo comprido, podia passar maquiagem e usava até um piercing.

Acabei sendo transferida para o Penitenciária de Tupi Paulista, um dos piores estabelecimentos por onde passei. Quando cheguei lá estava bem cuidada, com cabelos compridos e maquiada. Mantinha minha identidade. Ao chegar, fui agredida, retiraram meu piercing e rasparam meu cabelo. Ironicamente, perguntaram se estávamos em um spa. Eu e as outras travestis que vieram no bonde comigo reclamamos e dissemos que era uma lei da Dilma. Disseram que Dilma estava em Brasília e ali, na penitenciária, quem fazia a lei eram eles. Bateram no meu pé com cassetete de borracha, o que me impediu de andar por alguns dias.

Depois do ocorrido em Tupi, minha mãe foi ao Fórum da Barra Funda e conseguiu formalizar uma denúncia na Corregedoria. Por isso, fui transferida para a Penitenciária de Balbinos I, onde fiquei presa por 6 anos. Lá as condições eram muito melhores. Era uma cadeia que não possuía superlotação e onde éramos tratadas com respeito, onde éramos tratadas como seres humanos. Tínhamos trabalho, escola, cursos de vários tipos, tratamento odontológico e de saúde. Tive dignidade. Quero agradecer muito ao ex-diretor do presídio de Balbinos, Dr. Aerton Alves de Assis, que me ajudou muito nesse período.

Ainda assim, toda vez que era transferida para São Paulo, para alguma das audiências, sofria muito. Sofria discriminação, era alvo de piadas homofóbicas que me deixavam arrasada. Na segunda audiência do caso em que era acusada de homicídio, fui agredida por outras travestis quando passava pelo CDP de Pinheiros. Sofri um corte no rosto e cheguei na audiência machucada.

Em outra audiência, encontrei com meus advogados na carceragem no Fórum da Barra Funda aos prantos. Havia sido humilhada e insultada por minha identidade de gênero. Quando passava, eles diziam "olha lá o Pablo Vittar", de modo irônico. O que doía não era a comparação: era o ódio deles. Meus advogados pediram para que eu me acalmasse, pois eles precisavam que eu estivesse bem naquele momento. Foi a primeira vez que fui levada ao Plenário do Júri, mas, felizmente, naquele dia, o Júri não se realizou. Eu precisava estar bem, inteira, para o momento mais importante da minha vida.

Durante a minha prisão, estava sofrendo muito. Um dia pedi a Deus que fosse meu advogado. Contei a minha história e pedi que me ajudasse. Eu não tinha advogados. Só tinha a Deus para suplicar. Depois desse dia, quando cheguei ao Fórum da Barra Funda, fui surpreendida por três advogados que disseram que estavam assumindo minha causa. Eram o Dr. Bruno Salles Ribeiro, a Dra. Cristiane Costa e o Dr. Cristiano Barros. Eles me explicaram que faziam parte de uma espécie de ONG, o IDDD (Instituto de Defesa do Direito de Defesa), e que haviam sido nomeados pela Defensoria Pública do estado de São Paulo para cuidar do meu caso. Eu senti esperança esse dia, pois sabia que meu caso era bastante complicado.

Eu sabia que era um caso difícil, pois havia o testemunho de duas pessoas que foram muito ligadas a mim. Meu ex-namorado juntou no processo um extrato bancário de minha conta e apontou um saque como a prova de que eu havia pagado alguém para matar a vítima. Eu sabia que havia provas contundentes no meu caso. Posteriormente, meus advogados me disseram que, entre habeas corpus e recursos, haviam formulado mais de 20 pedidos de liberdade e de nulidade dessa prova que meu ex-namorado juntou no processo sem minha autorização. Eles alegavam que era uma violação de sigilo bancário, o que jamais foi reconhecido pelos tribunais.

Por isso, em janeiro de 2023, fui levada ao julgamento pelo Tribunal do Júri. Nesse dia, estava confiante. Eu estava bem e meus advogados disseram que estavam confiantes também. Por algum motivo, quando saí de Balbinos, olhei para trás e pensei: não volto mais para cá.

Depois de mais de 8 horas de julgamento, meus advogados foram até a carceragem falar comigo. Estava extremamente nervosa e ansiosa. Eu chorava, me acalmava, voltava a chorar. Quando eles me disseram que nós havíamos ganhado, eu não conseguia acreditar. Achava que estava sonhando. Não conseguia acreditar. Ouvi o veredito da juíza sem acreditar que estava absolvida. Só conseguia chorar e agradecer. Chorar e agradecer.

Fui colocada em liberdade imediatamente. Troquei de roupa e coloquei as roupas que meus advogados providenciaram para mim. Saímos pela porta do fundo do Fórum e, depois de quase 10 anos, pude respirar o ar da liberdade. Via as árvores balançando. As folhas serpenteando. O barulho dos carros. Tudo ali para mim era novidade, como se tivesse nascido novamente. Ainda antes de sair pelo portão, o agente penitenciário que me trouxe de Balbinos nos parou, confuso. Meus advogados disseram que eu havia sido absolvida e que havia sido expedido o alvará de soltura imediata. Ele teria de voltar sozinho para Balbinos. Mostraram os documentos. Ele disse que nunca havia passado por aquilo antes. Tirou uma foto do alvará e me desejou boa sorte na vida. Na minha nova vida que se iniciava.

Estou em liberdade há 4 meses. A primeira coisa que fiz foi tirar meus documentos e me matricular em uma escola, no Centro de Cidadania LGBTI+, que acolhe muitas mulheres trans. Estou aguardando minha vaga para começar um curso e para receber uma bolsa de estudos enquanto completo minha educação. Fiquei encantada com o mundo moderno. Com todas as pessoas com celular na mão, mexendo em redes sociais. Também sofri os dramas da modernidade. Nesse meio tempo, já cai no golpe do *WhatsApp* e depositei R$1.500,00 para algum golpista que se passou por uma amiga minha. Chorei muito, mas depois ri com toda a situação. Também fui assaltada. Percebo que tudo isso foi reflexo dos anos que me roubaram na cadeia. Como se não tivesse mais malícia para viver nesse mundo contemporâneo. Como se estivesse nascendo de novo.

E para nascer de novo, decidi que o tempo de Jady também havia chegado ao fim. Hoje me chamo Ana Clara. Um nome novo que traz nele a luz. Um nome novo para uma vida nova, que, ao contrário de muitas, eu tenho a oportunidade de trilhar. Graças a Deus e aos meus advogados.

*São Paulo, 02 de maio de 2023*

# AS TAIS FOTOGRAFIAS...

Por Pedro Carrielo

*quando a gente é preso,*
*é preso para sempre...*

Caetano Veloso

Ano de 1969, o homem chegava à lua e a ditadura no Brasil caminhava machucando. Marighella é morto. Seguimos sem eleições diretas e sem democracia... Ano de minha chegada ao mundo e Caetano Veloso estava preso no Rio de Janeiro. Lá, ele recebe visita da Dedé Gadelha e vê, pela primeira vez, na Revista Manchete, "as tais fotografias..." A terra redonda e completa, sim... redonda! Um pouco de ironia. Ele narra uma espécie de paradoxo, uma contradição, preso numa cela mínima, num cubículo, "admirava as imagens do planeta inteiro, visto do amplo espaço". Caetano descreve isso em sua obra "Verdade Tropical", de 1997, e, depois, no documentário "Narciso em Férias", de Ricardo Calil e Renato Terra, relembrando os 54 dias que passou na prisão. A epígrafe é extraída de uma fala do documentário. O filme é baseado no relato em viva voz, rosto na tela, memórias de um ex-detento e na narrativa sobre os dias mais difíceis da vida dele. Dez anos depois da prisão, ele lança a música "Terra":

*Quando eu me encontrava preso*
*Na cela de uma cadeia*
*Foi que eu vi pela primeira vez*
***As tais fotografias***
*Em que apareces inteira*
*Porém lá não estavas nua*
*E sim, coberta de nuvens*
*Terra, terra*
*Por mais distante*
*O errante navegante*
*Quem jamais te esqueceria?*

Não precisa dizer muito como a ditadura e o cárcere marcam as pessoas – todas, todos e todes. Eis que surge arte da imagem. Como a fotografia pode ser um registro e ao mesmo tempo um panfleto ou um *start* para reflexões, expressões ou até mesmo a marca de uma vida por inteiro.

A foto e o fotógrafo em sua relação íntima, impenetrável, permitem que aquele momento transcenda e ganhe o mundo. Entre o ato de escolher, ver, clicar e depois revelar a mais pura expressão da foto em todos os seus movimentos e sentimentos, por mais estático que seja o foco escolhido, ela vai registrar algo. Marca o momento. Assim é o trabalho do fotógrafo Sebastião Reis Junior. Os *Riscos* já foram revelados[1]. Eu tenho em preto em branco. Gosto das fotos, não só pelo prazer de ver o sorriso do fotógrafo, mas pelas ideias e sinalizações. Não sou mentiroso[2], nem áulico. São contemporâneas, têm algo de rua... gente ou mensagens. Basta vê-lo na sessão por videoconferência. Lembro de uma fotografia impactante, foi logo após uma das chacinas mais violentas na cidade do Rio de Janeiro, logo na abertura da sessão ela estava lá. A imagem era de Brasília, em um dos seus viadutos ou passagens, com o seguinte registro de grafite no muro: NÃO EXISTE BALA PERDIDA! Isso é uma foto, seu autor é um ministro do STJ, e a imagem que entrega ao mundo foi veiculada numa sessão de julgamento. A arte pode salvar? Não sei, mas ajuda e oxigena.

1 Livro de Fotografias, Sebastião Reis Junior
2 "Por fim, agradeço a todos que nestes últimos tempos tem mentindo para mim e elogado o meu trabalho, me incentivando a seguir em frente.", Sebastião Reis Junior em Riscos.

Recebo um convite – ainda um pouco perplexo... algumas fotos. Escolho uma, um rosto, alguém com um olhar reflexivo. Uma pensadora com cabelos longos? Foi a minha eleição dentre várias cenas, imagens e rostos. Imediatamente vinculo a dor do cárcere não só pela cela, pela cadeia e seu espaço dolorido sem muito afeto. Os cabelos longos. Me lembro da imposição aplicada tipicamente aos homens numa mulher trans. Não sei bem o que me atraiu, mas era uma fotografia em preto em branco.

### Cena 1, minha fotografia.

Certa tarde, na cidade do Rio de Janeiro, aguardando o início das audiências do II Tribunal do Júri da Capital, vejo adentrar uma pessoa com camisa verde, típica do sistema prisional carioca, com traços e expressões corporais incomuns para 'seletividade' tradicional: cabelo curto, rosto magro e algemada. Retiram as algemas e observo com todo o cuidado, com os meus conceitos e preconceitos até então um pouco confusos. Escolho as palavras, mas busco ser mais natural, tão natural como o são os estereótipos internalizados de um mundo binário. Mais ironia... Tenho o processo (os autos) na minha mesa, ainda em papel, com capa rosa e a denúncia trazendo um nome masculino a designar o suposto autor de um fato criminoso. Vejo fotografias que deveriam identificá-lo. As imagens, entretanto, retratam uma mulher com cabelos longos, já um pouco sem maquiagem e com um olhar que transborda as imagens de uma folha de antecedentes. Na minha frente uma outra pessoa, com outro nome – na verdade uma só pessoa – em dois mundos desarmônicos. Indago sobre algumas coisas, de forma mais direta sobre a narrativa dos fatos. Dialogamos. Até que vou direto ao ponto:

*– e seu cabelo longo?*

Ela responde:

*– cortaram, rasparam tudo... eu tinha o maior cuidado.*

Presídio masculino é assim, raspam os cabelos. Ela me diz seu nome social e vejo que deste não há qualquer registro nos autos, o tempo todo o nome biológico, o masculino que se impõe a tudo, encarcera.

Estabelecida nossa aproximação. Pausa, um momento – por mais que haja empatia entre um defensor e sua assistida, a construção da confiança tem um tempo diferente do que se dá na advocacia privada, talvez em razão da livre escolha do profissional. Nessa comparação, a defensoria é o desconhecido, aquilo que o Estado reservou para aqueles a quem pouco ou nada assegurou. A apreensão é esperada. Aproximação é essencial, ajuda a descortinar o desconhecido, acaba dando segurança para o defensor. Uma via de mão dupla, um contribuindo com o outro ou a outra no seu atuar. É revelação do que imaginamos, como uma foto. Daqui a pouco temos uma "fotografia" do processo e das surpresas que a vida apresenta para a assistida.

Vamos para a audiência, nossa busca naquele momento era a liberdade, mas algo acabou sendo predominante naquela primeira troca: a busca por um nome. Ah, o que chamam de nome social para uma mulher trans, uma identidade essencial que se possa afirmar ao mundo.

Compreendi que a vulnerabilidade era tamanha e que exigia algo mais que o "trivial" de um processo criminal. Busquei evidenciar que uma mulher trans na condição de assistida e ré teria os seus sentimentos, sensações e a condição a partir da qual gostaria de se apresentar inteiramente preservados, ainda que em pequenos gestos e acenos da tribuna da defesa. Não cabia qualquer hiato de institucionalidade processual ou de exigências cartorárias. Não! Ela precisava ser mulher o tempo todo, ser reconhecida como tal pelos personagens do sistema de justiça, ainda que de cabelos cortados pela tesoura enferrujada do sistema penal, castradora infecciosa de liberdade, sonhos e humanidade.

Bom marcar que os tempos eram (ou ainda são) os dos discursos proferidos de um mundo apenas biológico. Muitas vezes, o verbalizado em nossa sociedade acaba por seguir e permear uma lógica binarista de dominação-exclusão, a qual bem serve à preservação ou conservação de uma fala direcionada a um público composto por homens e mulheres, como se a isso pudesse ser resumido o infinito humano. Ora, nossa assistida já tinha perdido a liberdade, seus cabelos longos e um pouco de sua dignidade. Era preciso naquele momento uma espécie de reconhecimento da autodeclaração de gênero no sistema de justiça, ainda que sem muita força, mas numa audiência judicial e pública. Percebam pela dimensão de quem vê, de quem escuta e de quem é chamado na condição de mulher trans "no banco dos réus" por um juiz de direito e um promotor de justiça. Empatia, por favor, alguma... O tratamento pelo pronome feminino ao próprio nome feminino teria seu lugar, sem denotar uma espécie de exemplo anedótico. Não. Surge pela audiência o nome de uma mulher, às vezes os interlocutores se atrapalhavam, mas estava lá no ato da audiência. Foi uma irradiação. Foi uma espécie de recado, de autoafirmação, de felicidade da ré que se sentia um pouco mais digna. Tudo isso numa sala de audiência de um júri, um lugar cênico, de expressão da parte mais dura da vida, do embate por ela. Linguagem é argumentação jurídica. A linguagem tem o poder de dar identidade à pessoa e então podemos considerar que somos o discurso que veiculamos.[3] "A linguagem é mais que sangue", disse Franz Rosenzweig[4]. Os discursos permeiam um contexto sócio-histórico, ou seja, são mutáveis de acordo com a época e variáveis de acordo com o grupo social que os profere. É pela linguagem que pessoas são definidas como pertencentes a determinados espaços sociais[5]. Os nomes também são inerentes ao direito de personalidade, de modo que só pode ser falho um registro que expressa um gênero com o qual a pessoa não se identifica socialmente. Por mais que seja aparentemente simples um ato de denominar uma ré pelo seu nome social de mulher, dada sua condição social e de autoidentificação naquela sala de audiência, ainda longe de uma mudança no registro civil, tem-se um conforto,

3 LOPES, Moita. Da aplicação da Linguística à Linguística Aplicada indisciplinar. *In:* PEREIRA, Regina Celi; ROCA, Pilar. *Linguística Aplicada:* um caminho com diferentes acessos. 1. ed. São Paulo: Contexto, 2009, p.15.

4 Ouvi essa frase em prosa com amigo e defensor público do RS, Domingos Barroso, também atuando no Tribunais Superiores. Explicou como a frase foi usado na abertura de uma outra obra que trata sobre o *uso da linguagem* como "dominação". Sobre a força da linguagem na constituição das coisas humanas. Gostei e aproveitei, uma espécie de licença narrativa. A narrativa pelo colega D. Barroso tem mais força, desculpa.

5 HALL, Stuart (ed.). *Representation:* Cultural Representations and Signifying Practices. 1. ed. Londres: Sage Publications in association with The Open University, 1997.

um reconhecimento, um pertencimento de alguém pela sua condição de gênero, não biológica.

Não deixa de ser uma realização dos direitos fundamentais. A fotografia dos autos me revelou que havia uma história de uma mulher no processo. Foi bom, me senti bem ao final. Ela sorriu.

Término da audiência, a liberdade não veio naquele momento, mas se tinha na assentada também o nome social, até na capa do processo. Estou lembrando aqui o juiz indagando: "mas como, dr. defensor? O distribuidor, os registros?" – "Excelência, neste momento, basta para defesa essas anotações de praxe...", rimos todes.

Era mais harmonioso e condizente com o mundo ou a própria Terra que ela ainda via de sua cela, pois ali era o seu autorretrato como mulher.

§

Ano de 2017. Brasil lança seu 1ª satélite. Temos várias rebeliões prisionais violentas e com mortes. Morre Teori Zavascki, vitimado em acidente aéreo. Lula tem sua primeira condenação. Donald Trump é empossado. O discurso de ódio às minorias e aos vulneráveis avança em virulência, assim como os processos de criminalização da política. O oponente político passa a ser um inimigo. Foi o ano em que mais se matou pessoas LGBT no Brasil, ao longo de 38 anos de pesquisa[6].

Chegamos a Brasília. Atuando pela defensoria pública nos tribunais superiores encontro um processo inovador no STJ, com fotografias... Vejo as fotos de uma mulher com cabelos longos, louros, com muita maquiagem, roupas coloridas e quase todas com sorriso no rosto. As tais fotografias... mais uma vez revelam e buscam sensibilizar a razão daquele recurso: a história de uma mulher pela necessidade de mudança do nome e gênero social. A dinâmica da vida e atual fase de proteção apontavam que não bastava mais o reconhecimento em determinado espaço ou meio social de um apelido. Precisávamos de um passo maior.

6 https://www.brasildefato.com.br/2018/01/19/numero-de-assassinatos-de-pessoas-lgbt-em-2017-foi-o-mais-alto-da-historia-do-pais#:~:text=2017%20foi%20o%20ano%20em,crimes%20ocorrem%20em%20vias%20p%C3%BAblicas

Eis uma outra personagem. Visando à alteração de seu prenome, de ricardo a LUÍSA[7], com a consequente modificação do gênero sexual, dada assumida condição feminina através de ingestão de hormônios – Diclin, Perrotan, desde o ano de 2002 –, a defensoria ingressa com uma ação de retificação de registro civil. Importante... A verdade de Luísa florescia desde o interior do estado do Rio de Janeiro.

O constrangimento e a humilhação eram permanentes, dada a incompatibilidade entre sua autoidentificação e o que constava em um documento. O sistema de justiça necessitava ser sensível ao tema. Ainda havia relatos de dificuldades de inclusão social e profissional. Luísa possui aparência feminina, porém o nome e o sexo masculinos em suas anotações civis.

O juízo sentenciou determinando a retificação pretendida, quanto ao nome e gênero sexual. Êxito pleno. Entretanto, em dado momento, deparamo-nos com as tais surpresas da vida, que, naquele caso, se expressavam pelo nem sempre feliz "inconformismo" do ministério público! Interpôs recurso de apelação, visando à reforma parcial da sentença, para que se mantivesse o gênero sexual masculino, sob a alegação de que a mencionada retificação se restringe às hipóteses em que a cirurgia de transgenitalização tenha sido feita. O tribunal de justiça local acolhe a infeliz irresignação e modifica a decisão, da qual extraímos apenas esses trechos:

> "Em que pese o apelado se perceber como mulher, fisiologicamente, é um homem, e é esta a condição que deve constar de seus assentos, até que realizada a cirurgia, marco identificador maior para o processo de adequação do sexo biológico ao sexo psicossocial.
>
> Destarte, imperiosa a reforma parcial da sentença, para que seja julgado improcedente o pleito autoral no que tange à alteração do sexo do requerente em seu assento de nascimento.
>
> Provimento ao recurso, determinando que permaneça, ao menos por ora, o sexo masculino, no registro civil do requerente, mantendo no mais a d. Sentença."

7 Os nomes são ficcionais.

É, a vida não pode ser fácil. Para ter reconhecida a condição de mulher na mudança de gênero, só entrando na faca... esse foi o recado do tribunal local. Mais uma vez, a tesoura enferrujada da justiça, em suas castrações infecciosas dos já privados de dignidade. Desculpe a dureza, leitor! Mas imagine o sofrimento da Luísa ouvindo e introjetando essa decisão cortante? Você é fisiologicamente homem, e é esta condição que deve constar de seus assentos, até que realizada a cirurgia, marco identificador maior para o processo de adequação do sexo biológico ao sexo psicossocial – tá escrito.

Resultado: o prenome, como já dito, foi alterado, e neste aspecto, transitou em julgado a sentença, não havendo irresignação por parte do ministério púbico, que se insurgiu apenas quanto ao pedido de retificação do gênero sexual, em razão de não ter havido a cirurgia de transgenitalização, que entendia ser condição para tal. Fomos ao Superior Tribunal de Justiça, locus para restabelecer uma condição de cidadania e de uma melhor aplicação das leis federais.

Vale o lembrete, sempre, se temos uma sociedade ou parte da comunidade ainda presa a um mundo binário, de total vinculação ao biológico, cabe ao judiciário em seu papel contramajoritário e emancipatório romper com esses vínculos e construir um caminhar de avanço civilizatório e de bem-estar. Nosso tempo permite vislumbrar uma necessária evolução da sociedade, em que se afirmem os direitos civis da população LGBTQPIA+, percebendo-se que a identidade de gênero é o que se busca refletir na identificação civil, não como fenômeno biológico que se caracteriza pela identificação do órgão genital que definiria a natureza binária do indivíduo, e sim como bem tem considerado Conselho Federal de Psicologia na Resolução de 01/99, da identidade de gênero, como definição que se pondera *"forma como cada um vive sua sexualidade faz parte da identidade do sujeito, a qual deve ser compreendida na sua totalidade"*. O direito fundamental à identidade de gênero sustenta a exegese de que o art. 58 da Lei 6.015/73 autorizava a mudança de sexo e prenome no registro civil, no caso dos transexuais. Lembro que foi dito em nosso recurso que "condicionar a alteração do gênero sexual à realização de cirurgia de transgenitalização implica em negar a aplicação da norma segundo a sua finalidade, afrontando os princípios basilares de proteção à pessoa humana, homenageando uma lógica jurídico-formal incompatível com o status do conhecimento moderno acerca da natureza humana e sua inseparável sexualidade limitando-se indevidamente o direito à felicidade e ao bem-estar ao formalismo físico-civil. De fato, a transgenitalização, por si só, não é capaz de habilitar o transexual às condições reais do sexo, pois a identificação sexual é um estado mental que preexiste à nova forma física resultante da cirurgia. Portanto, condicionar a mudança registral de sexo a uma cirurgia, implica em negar a própria norma que admite a alteração do prenome e via de consequência, o gênero sexual, vez que a cirurgia apenas irá concretizar um estado psicológico preexistente, e que é objeto de proteção da lei. Não obstante, *in casu*, releva ressaltar que a recorrente pretende fazer a cirurgia de transgenitalização, não o tendo feito ainda, em razão de seu alto custo, e porque o SUS não a disponibiliza de imediato, havendo uma fila de espera de 10 anos."[8]

Caminhamos na busca por essa mudança e pelo bem-estar a que visa. Vale o dia a dia nos tribunais superiores, com toda sua estrutura e necessária institucionalidade. Conseguimos dialogar. Bom para acabar com o mito da elitização dos tribunais superiores e do acesso à justiça. Seguimos aquilo que alguns chamam de dever de casa: entregamos os memoriais, estabelecemos diálogos, sustentamos nossa pretensão da tribuna e até pedido de vista aconteceu. Foi unânime a decisão por uma das turmas. Alegria, alegria. Veja como a vida é dinâmica. São conquistas, a luta é permanente, em especial pelo fortalecimento dos direitos humanos. Geraldo Vandré sempre nos alertou, não há espera... Ah, a Luísa foi para Europa, mandou fotos para uma colega que fez a inicial pelo *instagram*. Não estava com cabelos longos!?

8 Atualmente o Provimento 73/2018 permite que a pessoa transgênero pode alterar o nome e gênero diretamente no cartório em que foi registrada. Na ADI 4275/ DF, o Supremo Tribunal Federal (STF) julgou procedente, em 1° de agosto de 2018, a Ação Direta de Inconstitucionalidade (ADI) 4275/DF, para interpretar, conforme a Constituição e o Pacto de São José da Costa Rica, o artigo 58 da Lei 6.015/73 e reconheceu, "aos transgêneros que assim o desejarem, independentemente da cirurgia de transgenitalização, ou da realização de tratamentos hormonais ou patologizantes, o direito à substituição de prenome e sexo diretamente no registro civil". Hoje estamos lutando pela alteração do provimento 73 do CNJ de forma a fazer constar no requerimento, do seu anexo, a opção não binarie.

# UMA TRANS

Por Sara Wagner York

# EPISTEMOLOGIA FEMINISTA

A partir de vivências trans, termo apresentado neste texto de estilo micro-panorâmico do mundo cujo cânone ignorava outros mundos, propomos um diálogo. De um lado saberes estabelecidos como neutros, nortes ou estáticos, que cristalizados no tempo presente ignoram sua própria brevidade. Em *O Segundo Sexo*, consagrado livro cuja inspiração atende as bases dos feminismos, os argumentos sociológicos de Beauvoir estão entrelaçados a dados estatísticos, depoimentos, mídia, literatura e experiências pessoais.

A epistemologia feminista estrela o antagônico viés da episteme pressuposta (SPIVAK, 2003), a masculinista, patriarcal e cujo pátrio poder desenhou variados e amplos aspectos na cultura ocidentalizada. A experiência de vida e sua disposição social percebida e (d)escrita por uma mulher ainda não era percebida como "*standpoint theory*" (YORK, 2020). Éramos todas mulheres brancas com acesso à informação e cujo intuito interseccional ainda não estruturava qualquer paradigma com tais encruzilhadas em alusão a Crenshaw e Akotirene.

O fato é que Simone de Beauvoir rompe certezas e se lança no caótico (i)mundo arquetípico masculinista e percebe seus atalhos, incertezas e criações fantasmagóricas que mais aludem à intenção que ao objeto. Quando Viviane V. escreve seu livro *Sou Travestis* as ordens de uma nulidade ante a produção de uma masculinidade ficcional, que ganha proporções de cena de terror. A criança trans que no tatame fazia bolas de saliva ouve "olha que boca de chupar rola" dos coleguinhas mais velhos.

É a marca de uma realidade onde a vivência e a socialização masculinistas tornam-se um ideário de quem não pretende defender todas as crianças, mas crianças muito específicas, aquelas cujo aparato social imaculado pode sustentar em todas as versões sociais (na direita, na esquerda, na conservadora, na progressista, em todas!) menos naquela realidade periférica, com cheiro, cor, gênero e sexo.

> "A mulher não é definida nem por seus hormônios
> nem por instintos misteriosos,
> mas pela maneira pela qual ela recupera,
> por meio de consciências alheias,
> seu corpo e sua relação com o mundo".
>
> Simone de Beauvoir, *Le deuxième sexe*
> (Paris, Gallimard, 1949) v. II, - p.16)

Recuperar o corpo e sua relação com o mundo, de quem? Pergunto a Beauvoir.

Recuperar daqueles que foram ávidos em se apossar do destino alheio, da consciência de si e das percepções de outres. A assustadora onda de ataques e ameaças contra pessoas cujo gênero desloca sua imposição atrelada ao sexo, onde ambos são produzidos pela linguagem, também é especialmente dirigida às minorias sexualizadas (LGBTI+) e, sobretudo, explicitamente direcionada a mulheres e crianças.

Os ataques têm relação com ideologias falocentralizadoras e grupos radicalizados que unem slogans cissexistas e misóginos, supremacistas sexo-binarizados, cisgêneros brancos, capacitados e úteis. Ou seja, agregados à radicalização fascista, operam sobre uma produção estática e cuja leitura polarizada não permite avanço. Mesmo que algumas versões se apresentem como sendo de "esquerda, progressista e/ou feminista", sua percepção de progressão ou evolução humana (seja por exposição, como escrito por Vigotsky, décadas passadas em sua Zona de Desenvolvimento Proximal ou por mera apreciação da maturidade através tempo) não parece causar reflexão.

Homens com vulva passam a ser um problema, porque são homens. Quem concede amor ao anatomofalo tem problemas por que ama pênis, que são sinônimos de homens, e homens não podem ser amados. Quem não é homem, mas tem pênis, também tem problemas porque é homem. Quem não é XX cromossomicamente falando, não importa se seja X0, XXY, XY, XXX, também é homem se o performa e, principalmente, se não sabe dizer o que é. Formas diversas de neurotipia de conveniência! Ora, quem, ao longo da vida fez um exame de cariotipagem para saber de fato o que é na escala que "coincidentemente" (sic) vai do macho à fêmea, como pressupostos biológicos?

Nesse contexto, a mesma direita radicalizada que promove e impulsiona ataques e ameaças em escolas e, agora, em universidades, propõe como solução para essa escalada de violência uma intensificação do policiamento dos ambientes de ensino, das pessoas, de professoras/es e principalmente de alunas/es/os. Quando Renan Quinalha escreveu *Contra a moral e os bons costumes: A ditadura e a repressão à comunidade LGBT*, uma das cenas que recupera é da Alemanha pré-nazista e sua escalada pela liberdade. A liberdade e avanços nesse sentido eram tantos que passaram a ser incômodos para aqueles cuja vida se ancorava nos padrões persecutórios. Na sequência, Quinalha nos lembra do Triângulo Rosa, a marca sobre os nomeados e/ou apontados homossexuais. Apesar do crime de sodomia ter sido banido do Estado brasileiro no século XIX, seu retorno como homossexualismo acampava perseguições cruéis contra GLS (a sigla de gays, lésbicas e simpatizantes) nos anos 1980. Apenas em 1991, e sobre muitos corpos mortos gays e trans/travestis de todas as idades, o homossexualismo deixa de ser doença. Mas a travestilidade e a transexualidade seguem no escopo por quase 30 anos.

Ao trazer esse triste trecho do passado abrimos a reflexão sobre a separação das discussões entre orientação sexual, expressão de gênero, desejo, sexo e a própria identidade de gênero. Não foi fácil dissociar e perceber todas essas congruências que nos compõem a todos. Se o próprio sexo, tido como materialidade corpórea, ainda é pressuposto de gênero, que estaria relacionado aos processos de socialização, construção e desconstrução social, imagine desconectar três alargados da mente?

A orientação sexual, o desejo e a identidade de gênero!

Tudo isso dentro de nós e somente nós mesmos podendo acessar tais *loci*. Enquanto outros dois grandes marcadores podem (des)integrar realidades: a expressão do gênero (papel desempenhado ou ainda performance) e a performatividade.

Neste texto vamos tentar explicar-entender, ensinar-aprender, perguntar-refletir, como o ódio anti-trans e suas políticas ou vertentes, tem causado incômodos capazes de recriar ambientes que nos remetem aos piores lugares da história para os corpos trans (o nazifascismo, a ditadura, as operações policiais de extermínio de travestis em nome das famílias de bem e das criancinhas, e por fim, a década de 1980 e o "câncer gay").

> "Outro flanco de crítica é o foco exclusivo nos mecanismos discursivos de produção da dicotomia homem/mulher (natureza/cultura, sexo/gênero, ocidente/oriente, civilizado/bárbaro), deixando de lado a materialidade das práticas e das instituições que reproduzem a diferença de gênero ou, se se preferir, a heteronormatividade."
>
> Germaine Greer, *The female eunuch*, cit.; cf. também: Ariel Levy, *Female chauvinist pigs: women and the rise of raunch culture* (Nova York, Free Press, 2005).

A respeito da palavra travesti, há uma potente significação, por vezes torpe, do verbo travestir. Seja "travestir" na tentativa posta que em dado momento vincula à sujeira, à doença, à marginalidade, à maleficência disfarçada, falseada, não genuína. Para nós, por sua vez, a palavra se vincula à luta, à resistência, à dignidade e a uma potencialidade política e contestatória. Uma palavra feminina, um substantivo feminino e nunca um verbo que sujeita e infere. Corriqueiramente, e de forma equivocada, pessoas cisgêneras utilizam a palavra travesti enquanto verbo com desinência de tempo passado, para atribuições de cunho pejorativo, como na frase "o político, Fulano de Tal, estava travestido de aliado". Travestido, judiado, denegrido e tantas outras formas que a língua adere à norma ao passo que pune. Quem determina os limites possíveis de se existir enquanto travesti e ter uma experiência de vida que surge impregnada de estigmas e tabus, violência, invisibilidade e negação de espaços?

É desta linha de fuga na palavra do soberano que nos aproximamos. Assim, lembramos que o manifesto, enquanto um gênero literário, traz a sua potência neste aspecto. Alinhamo-nos ao manifesto em produção textual múltipla, pois propõe outras relações éticas, estéticas e de afetos. Essa produção múltipla do manifesto é marcada por uma posição política dentro de uma determinada conjectura cultural e política, e incide com certa **urgência**. Esta urgência do manifesto nos faz abarcar a atualidade na sua forma mais convulsa, contemporânea, plena em **agora**.

A celeridade das ações necessárias nos evoca o presente e o cotidiano, mas também uma perspectiva para abertura de **futuros possíveis**. Neste sentido, o manifesto é uma escrita que intensifica o agora. Ele é feito para que haja possibilidade de mudanças e tensionamentos futuros. A trilogia *queer* dos manifestos talvez pudesse ser nomeada com: 1) *O manifesto Ciborgue*, de Donna Haraway (1994); 2) *Manifesto contrassexual*, de Paul B. Preciado (2017); e 3) *Manifesto Gaga*, de Jack Halberstam (2012). É evidente que em cada um destes manifestos há suas especificidades e o seu contexto de produção, porém, em todos eles há um programa e uma tentativa de quebrar determinadas barreiras político-epistêmicas, como assim também o é o próprio manifesto.

Ao contrário do imaginário do senso comum, ser uma travesti é o reconhecimento de um outro corpo possível, legítimo, além daquele normatizado. É a constituição de uma identidade real (quando apresenta materialmente seu corpo), social (quando transita entre os espaços) e política (quando reivindica direitos – de fato e de direito). Essa mesma identidade social, que é produtora de cultura, rompe com os signos binários estáticos e expressa-se como pertencente ao gênero feminino. A disruptura às normas sociais, ao longo da história, colocava as travestis às margens sociais, expondo ou naturalizando práticas de violência (estrutural, simbólica, patrimonial, psicológicas e físicas), além da exclusão social comumente praticada por parte da população contra nós.

O direito à autodeterminação delibera a todos os corpos (cis/trans) a possibilidade da autonomia sobre a escolha em retificar nome e gênero e, com isso, uma vez mais experienciam a adequação à norma como única forma de inserção cível e acesso às políticas públicas. Nos adequamos para sobreviver. Assim, aquelas que decidiram não emergir para uma vida "fora do armário" seguem em sua travestilidade, transexualidade ou transvestigeneridade, gozando direitos ou confortos do e no (i)mundo cis que deveriam operar sobre todas.

Neste momento, não se trata de uma narrativa solta, mas de enfatizar alguns elementos do próprio exercício de escuta da "voz" travesti. Escutas atentas e outrora feitas por outros vieses que construiriam um arquivo ou banco de memórias para desenho de uma epistemologia e, neste caso, uma transepistemologia. A consequência lógica apresentada é que, se existem dispositivos para a não escuta destas histórias, assim estamos diante de um transepistemicídio. Via de regra, as incursões etnográficas feitas por pesquisadoras brasileiras e pesquisadores brasileiros destacam a presença de travestis e mulheres transexuais em "bairros de periferia, boates, praças, pensões e territórios de prostituição", raramente no campo do conhecimento, especialmente o acadêmico.

O preconceito que surge como principal obstáculo de travestis e transexuais até a graduação ganha uma outra forma nos programas de mestrado e doutorado. Nesse ambiente, as poucas pesquisadoras trans sofrem questionamentos velados quanto à sua isenção, especialmente quando estudam o universo LGBTI+.

Muitas vezes, a travesti que vence o concurso de Miss é a mesma que está desempregada e é obrigada a recorrer à prostituição durante a noite para garantir sua subsistência. Embora essa possa ser uma opção válida, é importante lembrar que essa não deve ser a única opção disponível para essa comunidade. Infelizmente, essa complexidade é mal compreendida e estigmatizada em uma compreensão cis-fálica-sexista, como discutido por feministas inclusivas de gênero. Essa compreensão cis-fálica-sexista engendra regimes de verdade que são produzidos por narrativas folclóricas e estereótipos sobre a diversidade.

Estas noções difusas de vitimismo, coitadismo e denuncismo que surgem diante de qualquer *storytelling* desconhecem a própria vivência travesti em sua radicalidade. Os processos de violência e vulnerabilização experienciados pela população travesti são tão apavorantes que apenas os dados gerais como mortes e torturas ganham um pouco de atenção por parte da mídia e do grande público – em um grande circo de horrores que denuncia a estrutura sistêmica de exclusão e exotificação de seus corpos mutilados, muitas vezes desnudos para lembrar que aquele corpo não deveria existir ou ser aceito como humano.

A veiculação exaustiva, nas redes sociais, do corpo trucidado da travesti negra Verônica Bolina por meio de imagens que habitam o campo do abjeto levanta questionamentos sobre esse mecanismo de denúncia. A morte ritualizada, como aconteceu com Dandara, em Fortaleza, em 2017, ganha contornos de espetacularização. "Não basta um tiro fatal, uma facada precisa ou um atropelamento definitivo. Os corpos são mutilados por dezenas de facadas, por inúmeros tiros. Os corpos são desmembrados pelo peso do carro que o atropela várias vezes". Esses rituais revelam um desejo social de eliminação da existência trans com a conivência do Estado brasileiro.

Enquanto travestis, dormimos crianças e (raramente) adolescentes (sendo que a adultização de nossos corpos, muitas vezes, nos impede de acessar a adolescência) e, em um passe de mágica, ao dizermos algo que relacione o desejo físico ao corpo, até então lido como homoerótico, em questão de segundos, nos tornamos adultas maliciosas. Pervertidas.

Trata-se de explicar, com este conceito, tanto uma história que antecede o corpo **(trans)generificado(r)** da travesti, quanto o exercício do abandono de um "si mesmo" por longos períodos de tempo, dado o exercício constante do esforço resistente frente à transfobia instaurada por um Estado aniquilador. Este segundo elemento é sentido de forma recorrente por pessoas de situação de rua, usuárias de drogas e travestis. É a dor do abandono por outros e, por algum momento, por si.

Diante de violências, em um primeiro momento somos levadas a crer que, nestes casos, seria necessária uma denúncia. Mas para a população travesti, onde falar não é permitido e reivindicar um direito é negado, a denúncia não é uma opção capaz de ser ouvida ou levada a sério por parte de muitos agentes que ocupam instâncias públicas de atendimento. Se faz recorrente uma leitura subsequente que termina por nomear de coitadismo. E seu praticante, de vitimista. Não se trata apenas de apontar o problema (denúncia), mas abri-lo como um chamado de ajuda e construção de uma resposta, onde quem critica não apresenta resposta, mas exige da própria vítima uma solução-resposta.

Exigir da vítima uma resposta seria uma forma de colocá-la em situação de revitimização, que compreende negligência, imperícia ou omissão, afastando a possibilidade de que ela se sinta capaz de seguir em frente na reivindicação do que parece algo simples para um olhar cisgênero desatento. Esquecendo que o alvo que ela carrega, após uma denúncia, se torna ainda maior, pois esta ousou se apropriar de uma ferramenta que não foi pensada para ela. E que, por isto, não seria um direito seu usar da denúncia para qualquer reparação pelo mal que lhe acometera, visto que o processo de exigir respostas dela enquanto vítima a coloca como culpada por aquilo que lhe aconteceu. A pergunta que é feita à vítima ainda é: "O que você fez para que isso acontecesse?". São infinitos os momentos que, enquanto pesquisadora e travesti, me vi diante da materialização de padrões da violência e loucura a mim atribuídos. Por se deficiente visual e monocular, por vezes ao ficar tensa perco o pouco do controle do olho cego e tanto o estrabismo quanto o constrangimento pela forma de estar sendo vista abrem precedentes para que algumas pessoas digam: "não precisa ficar nervosa!". Noutras vezes, ao questionar de forma específica sobre alguma ação preconceituosa, e isso ser percebido como "inteligência" – quando na verdade era esperado que uma pessoa como eu, trans e PcD fosse inferior – a pessoa questionada diz ser impressão minha ou algum equívoco; deixando ainda mais febril sua intencionalidade sendo desconsertada.

O fator revitimizador acontece quando pessoas em situação de vulnerabilização precisam responder a questões que são agudas ao tratarmos de agressão, de mesmo modo a constante nuvem da violência simbólica naturalizada contra a travesti ao negligenciarem seu gênero ou o pronome correto no tratamento/atendimento. Perguntas de caráter agressor (feitas por instâncias estatais ou não) e que gerem danos ou sofrimento à vítima em função de negligência, afirmação, ou imperícia cometido pelo agente do Estado, naquele momento que gere a potencialização da dor, consequência negativa ou sofrimento para a vítima.

Muitas denúncias envolvendo pessoas trans terminam sendo desencorajadas e sistematicamente não investigadas, inconclusivas ou ignoradas. São corriqueiras tais situações na vida das travestis que têm suas existências negadas enquanto cidadãs. E quando falamos daquelas que estão expostas nas ruas, em sua maioria negras, cujo destino ainda é a prostituição, cogitar a efetivação de uma denúncia seria uma escolha entre lidar com descaso no atendimento, na reivindicação do direito, ou ainda enfrentar o risco de se colocar novamente em situação de hiperexposição, quando ainda vemos agentes do Estado sendo responsáveis por diversas violências e violações.

Como ela poderia denunciar ao Estado o seu próprio agente e exigir proteção, ou que o mesmo Estado cuide de sua segurança? Como ela poderia denunciar um assalto ou calote de um possível cliente, se no momento do registro de ocorrência vale mais a palavra do "cidadão de bem" que tem voz, e que se negou a pagar seu programa, e a acusa de tê-lo tentado assaltar – invertendo a situação, reforçando estigmas e se livrando assim de ter exposta sua sexualidade maculada pela descoberta do prazer em sair com uma travesti? Como ela poderia denunciar um agente do Estado ou um cidadão de bem, e no momento seguinte voltar às calçadas, exposta àqueles que jamais deveriam ser apontados por alguém como ela?

Perceba que em um único dia a mesma travesti desejada e olhada "de cima a baixo" pode ser apontada por pessoas nas ruas como objeto de chacota, tratada com desdém ou acusada de "atrevida ou escandalosa" se for questionadora da suposta autoridade moral de algum opressor. Daniela Andrade, em sua página no Facebook, diz que "um dia travesti aos corpos cisheteros já seria o suficiente para mudar o número de travestis mortas nas estatísticas". Daniela é o primeiro caso ganho e publicizado contra planos de saúde no Brasil ao reivindicar atenção ao processo de redesignação genital.

O que pode ser percebido é a existência de uma legalidade nas ações objetivadas e a transfobia estrutural por parte da sociedade. E um governo com características heterocentradas e cisnormatizadas que insiste, desde a década de 1970, com a ajuda do aparato policial, que "pôs em curso um processo de higienização e caça [...] às travestis" na tentativa, pouco produtiva, de eliminar, simbólica e fisicamente, esses desviantes de "sexo-gênero".

Obviamente, alguns eixos do feminismo mal se prepararam para falar a palavra lésbica! Marielle Franco, vereadora carioca, e seu motorista Anderson Gomes foram assassinados em seu carro há mais de cinco anos e, em muitos discursos feministas que lançam mão de seu nome como símbolo de luta, sua orientação sexual e política fica cada vez mais nublada. Ela performava a força das grandes mulheres e, como feminista imersa em sua atualidade, defendia em seus discursos as políticas públicas que atendessem a favela, as mulheres negras e as pessoas LGBT. Marielle carregava consigo os significantes do feminismo que não tinha tempo para excluir, mas fome de espaço. Ouso dizer que se o feminismo fosse um avião de 200 lugares e uma de nós ficasse para trás, ela se recusaria a entrar, por que o problema não era escolher quem pudesse embarcar, mas compreender que o veículo era inadequado para todas pudessem entrar.

O estigma, a violência, a exclusão social e a discriminação contra a população trans são justamente alguns dos inúmeros fatores que explicam muitos obstáculos para o acesso aos serviços de saúde, à educação e às mais simplórias manifestações de socialização entre corpos.

Lina Pereira, a Linn da Quebrada, durante um programa de TV, declarou que ensaiar uma coreografia enquanto mulher "e sendo conduzida por um homem era uma experiencia que sua existência jamais havia sentido em 32 anos de idade". A ocorrência de sintomas de sofrimento psíquico de fato é mais prevalente na população trans do que na população cis, mas isso não pode ser atribuído às identidades trans em si mesmas, mas sim ao estresse de minoria, que é precisamente o estresse crônico de ter que lidar com o estigma social e a discriminação por longos períodos. Em alguns casos por toda vida...

O sofrimento decorrente da disforia de gênero, por sua vez, é comprovadamente aliviado por recursos médicos de alterações corporais quando desejados pelo usuário de saúde trans. Ou seja, a inconformidade com o padrão produzido socialmente é capaz de criar os bolsões mais extremos de sofrimento. Não por ser "aquilo", mas por ser um "aquilo" cobrado por ser um "aquilo que não se é".

A percepção de uma espécie de reconvenção com o neoliberalismo e outros aspectos das sociedades. Muitos grupos cooptados pelas redes sociais que padronizam estão mais convencionais de um modo geral ou, então, estão menos dispostos a lidar com não convencional. Esse convencional levou Neon Cunha a entrar com um pedido de morte assistida à OEA (Organização dos Estados Americanos) caso seu gênero e sua identidade não fossem reconhecidos. À época, pessoas trans precisavam obrigatoriamente de laudo médico que atestasse sua transgeneridade. Neon também foi a primeira travesti a falar no local. Em 2020 escrevemos sobre parte de nossas batalhas para a Fundação Rosa Luxemburgo, no texto lembro como perdi o meu "réu primário" após usar o banheiro feminino no dia do meu aniversário.

Observemos que mesmo grupos que partilham afinidades tornam-se grupos específicos quando passam a utilizar de uma mesma nomenclatura, vocabulário, léxico e podemos constatar que é a padronização que traz influência da convencionalização das pessoas que falam para si, ao passo que querem que seus discursos norteiem outros sujeitos que estão fora.

Os discursos que produzem sujeitos interessados em produzir um *locus* para chamar de seu, com modelagem dos discursos por espaço e atenção num antipluralismo absoluto imperceptível. Por não se ouvirem geram ameaças fictícias para si. A loira do banheiro ganha corpo: ela é trans ou travesti! Bingo!

Vertentes de má-fé tem usado inclusive a ideia de "binarismo estratégico". Ora, binarismo é o que existe no (i)mundo desde sempre e que funcionou para abrigar aspectos dicotômicos e o acionamento do "estratégico", que remete à Spivak (SPIVAK, Gayatri Chakravorty. Can the subaltern speak? *Die philosophin*, v. 14, n. 27, p. 42-58, 2003).

Spivak é uma teórica indiana que faz uso do termo "identidade estratégica" como marcador social efetivo, capaz de cristalizar aspectos sociais para atender ou complexificar arranjos sociais para encaminhar políticas públicas para aqueles cuja abissalidade se estabelece como centro. O que essas pessoas que excluem mulheres como eu querem? Que espaço estou ocupando que é tão precioso? Chegamos a ponto de tensionar disputas entre pessoas com acesso às políticas de convivência? O que estão ou estamos disputando? O que estou recebendo a ponto de perturbar uma ordem? O que ganhamos? O que estão perdendo? O que querem otimizar, maximizar, melhorar que a existência de destituídos de atenção historicamente pode colocar em xeque? Afinal, qual é a disputa?

A coabitação talvez seja o elemento mais questionador, quanto inovador do/no feminismo. Judith Butler é uma filósofa e teórica *queer*, apesar de não ter cunhado o termo é quem melhor o publicizou e que desenvolveu uma teoria política de coabitação. Em sua obra *Vida precária: os poderes do luto e da violência*, Butler argumenta que a coabitação é uma forma de política que reconhece que a vida é precária e vulnerável e que requer cuidados e responsabilidades compartilhadas. Os principais pontos das políticas de coabitação de Butler são:

**Interdependência**: a coabitação reconhece que as vidas individuais estão interconectadas e interdependentes, e que as ações de um indivíduo têm impacto nos outros. Por isso, é importante cultivar uma sensibilidade à interdependência e a responsabilidade compartilhada.

**Responsabilidade**: a coabitação implica uma responsabilidade mútua pelas vidas de outras pessoas e pelo meio ambiente. Todos nós temos a responsabilidade de cuidar uns dos outros e de nossos ambientes compartilhados.

**Vulnerabilidade**: a coabitação reconhece que a vulnerabilidade é uma característica fundamental da vida humana e que devemos criar políticas e instituições que possam lidar com essa vulnerabilidade. Em vez de tentar eliminar a vulnerabilidade, devemos aceitá-la e trabalhar para proteger os vulneráveis.

**Igualdade**: a coabitação é baseada na ideia de igualdade, onde todos têm direito a uma vida digna e respeito mútuo. Devemos trabalhar para reduzir as desigualdades e as diferenças de poder que existem entre os indivíduos e grupos.

**Reconhecimento**: a coabitação implica o reconhecimento mútuo das diferenças e particularidades de cada indivíduo e grupo. Devemos respeitar a diversidade cultural, sexual, racial e de gênero e trabalhar para criar espaços e instituições que possam acomodar essa diversidade. No caso da explicitação do corpo travesti e suas histórias, podemos pensar em estratégias que desestabilizam a voz travesti antes mesmo de ela falar ou emitir qualquer ruído. Trata-se de palavras como: vitimismo, coitadismo e denuncismo. É possível que encontremos palavras correlatas, mas são estas três que, na atualidade, criam um muro na escuta dessa voz, sendo uma das faces de operação da transfobia.

Estamos diante da interpelação de Gloria Anzaldúa (2005) e sua **auto-história teórica**. É possível observar os limites e borrões entre a descrição de histórias de vidas enquanto elaboração de um quadro em movimento que a todo tempo pergunta quem é travesti, quem é trans e o que seria drag? O que as difere? Quem pode dizer: tire a barba para ser mulher? Quem pode determinar a quantidade de maquiagem sobre a pele que um corpo travesti apresenta? Quem pode dizer a alguém que ela não é travesti, senão ela mesma? Quem pode autoidentificar alguém? Mas é fato que algumas de nós, por seguirem exotificadas (Grada KILOMBA, 2019), seremos arremessadas aos ritos do super-humano ou sub-humano, qualidade sentida por travestis ao serem retratadas como divas dos palcos ou como abjetas e SIDAdãs (Larissa PELÚCIO, 2009) de segunda classe em um mundo de diverCISdade. Essa abordagem coabitativa, repito, enfatiza a interdependência, a responsabilidade, a vulnerabilidade, a igualdade e o reconhecimento mútuo como fundamentos para a criação de uma sociedade mais justa e mais solidária por, para e entre todas, todos e todes.

## REFERÊNCIAS

Moreira, M. C. N., Dias, F. D. S., Mello, A. G. D., & York, S. W. (2022). Gramáticas do capacitismo: diálogos nas dobras entre deficiência, gênero, infância e adolescência. Ciência & Saúde Coletiva, 27, 3949-3958.

SANTOS, Edmea; FERNANDES, Terezinha; YORK, Sara Wagner. Ciberfeminismo em tempos de pandemia Covid-19: lives (trans) feministas. ESCREVIVÊNCIAS CIBERFEMINISTAS, p. 77, 2022.

YORK, Sara Wagner; OLIVEIRA, Megg Rayara Gomes; BENEVIDES, Bruna. Manifestações textuais (insubmissas) travesti. Revista Estudos Feministas, v. 28, 2020.

Isso é só um banheiro! https://www.brasil247.com/blog/isso-e-so-um-banheiro

Playlist completa do "Programa de Travesti": https://www.youtube.com/playlist?list=PL9AEHeaYiogJXFuomNnD15ahoXHSypRo2

# OS PRINCIPAIS DESAFIOS DAS PESSOAS TRANS E TRAVESTIS NO CÁRCERE

Por Erika Hilton

## I. Preocupações iniciais

Em meio aos avanços conquistados nas últimas décadas em relação aos direitos humanos da comunidade LGBTQIA+, persiste a necessidade de reconhecer que a violação de direitos do grupo é consideravelmente presente na sociedade brasileira, especialmente para as pessoas trans e travestis. Relatório produzido pela ONU em 2015, abordando a situação do sistema prisional no país, evidenciou a prática de tortura desferida contra a população LGBT nas prisões, além de denunciar como as pessoas do grupo são ainda mais vulneráveis aos efeitos do sistema penitenciário precário[1].

Na perspectiva de institucionalizar práticas que garantam os direitos humanos dessa população no cárcere, parâmetros de acolhimento foram estabelecidos a partir da Resolução Conjunta nº 1, de 15 de abril de 2014, do Conselho Nacional de Política Criminal e Penitenciária (CNPCP) e do Conselho Nacional de Combate à Discriminação e Promoção dos Direitos de LGBT. Compõem essa institucionalização, por meio da referida resolução, diretrizes sobre o uso do nome social, respeito e garantia à identidade de gênero, além de espaços de vivências específicos para as pessoas trans e travestis e a garantia à visita íntima.

A seletividade penal, comum ao sistema de justiça, se reproduz sobre corpos trans e travestis, também, em consonância à transfobia ser regra no âmbito social. Alinhada à discriminação social que conecta a palavra "travesti" ao contexto do crime, as prisões são incubadoras de eugenismo social transfóbico e perverso. O sistema prisional, em suma, é um reforço de todos os estigmas e marginalizações impostas ao grupo, apresentando desafios urgentes a serem superados como forma de materializar a dignidade humana das pessoas trans.[2]

Pessoas trans e travestis, em geral, convivem com diferentes tipos de vulnerabilidades. As violências se iniciam no seio de suas famílias, que tendem a não reconhecer ou aceitar sua identidade de gênero. São evadidas das instituições de ensino em decorrência da discriminação transfóbica, são alijadas do mercado de trabalho formal e, no geral, encontram na prostituição compulsória o modo de sobreviver. Em suma, constroem-se dentro de um imaginário que as desumaniza, as coloca como subalternas e subcidadãs, tornando o cárcere o local perfeito para onde a sociedade quer expulsar as existências trans e travestis.

O universo de pessoas autodeclaradas LGBTI+ nas prisões de São Paulo, local onde está a maior população carcerária do país, desperta reflexões importantes sobre demandas específicas e desafios fundamentais à superação da transfobia e das discriminações de gênero no cárcere. Portanto, este breve artigo se destina a apresentar algumas dessas demandas, apresentadas à autora do estudo no ambiente da Comissão Parlamentar de Inquérito (CPI) vinculada à Câmara Municipal de São Paulo, que investigou durante os anos de 2021 e 2022 as violências que assolam a comunidade trans e travesti da cidade de São Paulo (CPI da Transfobia).[3] Durante o intervalo, a autora figurava como vereadora na Câmara Municipal de São Paulo e atuou como presidente da referida CPI, articulando junto à sociedade civil organizada e dialogando com um número expressivo de pessoas trans e travestis que convivem e/ou conhecem os problemas de transfobia manifestados no cárcere.

## II. Transfobia institucional na privação de liberdade de pessoas trans e travestis

Considerando o contexto de encarceramento em massa, sobretudo no Brasil, que está posicionado em terceiro lugar no ranking dos países com as maiores populações carcerárias do mundo[4], a superlotação e o fato de a maior parte das pessoas trans e travestis no cárcere estarem presas de forma provisória são indicativos estruturais dos desafios do sistema prisional, com consequências graves para o exercício de direitos.

A ausência de formação adequada para os agentes penitenciários em relação ao tratamento conferido às pessoas transexuais e às travestis identificadas com o gênero feminino, no cumprimento de suas penas, insere-se como um dos problemas a serem enfrentados. É importante garantir que, caso desejem ser alocadas em unidades femininas, mulheres trans e travestis possam cumprir suas penas nas mesmas celas que as demais mulheres, sem nenhum tipo de segregação, tratamento degradante, humilhante ou que viole seus direitos. Principalmente, no âmbito do sistema carcerário, não ter realizado a cirurgia de adequação sexual e/ou não ter a retificação do nome e/ou gênero nos documentos não deve ser impeditivo às pessoas trans para acessar unidades prisionais femininas.

Destaca-se, conjuntamente ao problema anterior, o papel da administração penitenciária nas violações institucionais contra as pessoas trans e a necessidade de fiscalização qualificada contra os abusos institucionalizados. Quando ingressam nas prisões, pessoas trans e travestis têm seus nomes ignorados e passam a ser tratadas por pronomes em desacordo com sua autodeterminação de gênero. As mulheres trans e travestis, no geral, têm suas identidades de gênero femininas deslegitimadas por meio dos cortes de cabelos e do uso de roupas masculinas. Quando as unidades prisionais praticam esse tipo de violência contra a autodeterminação de pessoas trans cometem violação institucional grave aos direitos humanos LGBT.

A violação institucional transfóbica é também composta por relatos de abusos sofridos das encarceradas por autoridades policiais que exigem que detentas travestis corram peladas, especialmente as que possuem seios, além de as constrangerem a rebolar durante as revistas[5], praticando, portanto, abusos sexuais e estupros corretivos[6].

Dados da Pesquisa Nacional por Amostra de Domicílios (PNAD) indicam que 75% das pessoas encarceradas no país são analfabetas ou possuem apenas o ensino fundamental completo. A baixa escolaridade e as dificuldades de inserção no mercado de trabalho são características comuns à população carcerária no Brasil. Quando direcionamos essa lupa para a população trans ou travesti encarcerada, o retrato é ainda mais grave.

Posteriormente, essas violências são levadas adiante no mercado de trabalho formal, que não se moldou (e não parece querer se moldar) para integrar grupos dissidentes de gênero. Como uma consequência desses processos de exclusão, o Brasil construiu uma gama extensa, integrante da população transvestigênere[7], de pessoas em situação de extrema vulnerabilidade, que convive com a baixa escolaridade e tem dificuldades de se inserir no mercado de trabalho formal, principalmente após passagem pelo cárcere.[8]

Outro desafio da estrutura das prisões são as autodeclarações de gênero, decorrente do medo das pessoas trans e travestis de sofrerem humilhações, ações vexatórias e torturas nas celas, seja pelos próprios agentes prisionais ou por parte das pessoas detidas.

Relatório publicado pela ANTRA em 2020, construído com base em dados da Secretaria da Administração Penitenciária do estado de São Paulo (SAP/SP), estima que 2,44% das pessoas em situação de aprisionamento são LGBTI+ no estado de São Paulo, distribuídas entre as 175 unidades prisionais existentes na região. Em um universo prisional de 238.659 pessoas presas, a população LGBTI+ representa, portanto, 5.680 pessoas.[9] Importante notar que esses são dados autodeclarados e, portanto, com grandes chances de não contemplarem o universo completo de pessoas LGBTI+ encarceradas em São Paulo. Isso porque uma autodeclaração nesse sentido tem potencial de gerar outras violências, com as quais nenhuma pessoa encarcerada deveria conviver, haja vista que os processos de tortura no ambiente de privação de liberdade são a regra para essa população.

## III. Dos desafios da autodeterminação de gênero no cárcere

Historicamente, qualquer pessoa que apresentasse identidade de gênero transfeminina era obrigada a cumprir sua pena em presídios masculinos, o que representava um verdadeiro atentado à identidade de gênero de mulheres transexuais e travestis. Essa situação começou a ser alterada a partir da Resolução 348, do Conselho Nacional de Justiça, de outubro de 2020[10], onde são estabelecidas as diretrizes e procedimentos a serem observados pelo Poder Judiciário no âmbito criminal com relação ao tratamento da população LGBTQIA+ que esteja em custódia, acusada, ré, condenada, privada de liberdade, em cumprimento de alternativas penais ou monitorada eletronicamente. Os objetivos dessa resolução seriam a garantia do direito à vida e à integridade física e mental, além da integridade sexual, segurança do corpo, liberdade de expressão da identidade de gênero e orientação sexual.

Em 18 de março de 2021 também foi a julgamento, pelo Supremo Tribunal Federal, a Arguição de Descumprimento de Preceito Fundamental 527, que reconheceu o direito de mulheres transexuais e travestis de optarem por cumprir sua pena privativa de liberdade em condições compatíveis com a sua identidade de gênero, dando a elas a liberdade de escolher se preferem cumprir pena em presídios femininos ou masculinos.

Apesar da possibilidade de escolha entre os presídios, a situação também ganha novos contornos quando se analisa o que leva uma pessoa trans a escolher entre cada uma dessas modalidades de presídio. Ao considerarmos os números obtidos em outubro de 2019, com base na pesquisa da Secretaria de Administração Penitenciária de São Paulo, 84,5% (413) das travestis responderam que preferem ocupar as prisões masculinas, enquanto 15,5% (76) preferem as prisões femininas; 63,2% (122) das mulheres transexuais preferem as prisões masculinas, enquanto 36,8% (71) preferem as prisões femininas. Entre homens trans, 82,4% (42) preferem as prisões femininas, enquanto 17,6% (9) preferem as prisões masculinas.[11]

Como é possível notar, há um grande número de mulheres trans ou travestis que, mesmo diante da possibilidade de cumprir sua pena em um presídio feminino, optam por serem direcionadas a presídios masculinos. Isso porque essas pessoas sentem que neste local podem ser melhor acolhidas e conseguir vínculos afetivos (que possivelmente não seriam formados em presídios femininos). No mesmo sentido, muitas pessoas transmasculinas optam por permanecer em presídios femininos, pois temem que, nos masculinos, haja risco de serem hostilizadas e abusadas sexualmente, além do receio de estarem aprisionadas em um lugar sem condições dignas de preservação de sua saúde menstrual.

Concomitantemente a esses destaques, as demandas e desafios da autodeterminação das pessoas trans perpassam pelas garantias de acesso à saúde integral e especializada. Em São Paulo, a garantia só foi possível após amplas discussões sobre as violações de direitos que afetam em especial a população trans e travesti em situação de cárcere. Em 2014, a Secretaria de Administração Penitenciária publicou a Resolução 11, que dispõe sobre a atenção às pessoas trans e travestis no sistema penitenciário, destacando direitos para afirmação de gênero, como a utilização de roupas conforme seu gênero, manutenção do corte de cabelo e utilização de nome social. Além disso, a Resolução ainda dispõe sobre a garantia de atenção à saúde e cuidado dessas pessoas, conforme as suas necessidades, incluindo o Processo Transexualizador e a continuidade de tratamento contra IST's.

Apesar disso, não são raras as denúncias sobre violação dos direitos das pessoas trans e travestis em cárcere, como visto na 6ª Reunião Ordinária da CPI da Transfobia[12]. Na reunião, foi possível notar que essas pessoas são levadas a ter seus tratamentos de hormonização interrompidos, muitas vezes, por conta da falta de dedicação institucional em permitir a chegada desses insumos para o ambiente dos presídios. Em alguns relatos, destacou-se também que até os tratamentos de pessoas soropositivas são paralisados, tamanha a ineficiência do sistema penitenciário em garantir acesso à saúde imprescindível para a sobrevivência das encarceradas.

No cárcere, a hormonização não é tratada como um fator de preservação da dignidade de pessoas trans e travestis. A interrupção da hormonização representa uma violência adicional em face de pessoas trans e travestis, que, além de terem sua liberdade tolhida, ainda são obrigadas a conviver com os elementos de sua aparência física que não estão de acordo com sua identidade de gênero, afetando o bem-estar físico e emocional dessas pessoas.

## IV. Considerações finais

Conforme visto, para além das vulnerabilidades sociais, as violências transfóbicas também estão presentes no ambiente do cárcere. Essas violências foram apresentadas na 6ª Reunião Ordinária da CPI da

Transfobia, realizada em 13 de maio de 2022,[13] a partir do depoimento de uma perita do Mecanismo Nacional de Prevenção e Combate à Tortura, que corroborou as denúncias realizadas por outras depoentes naquele dia.

Apesar da existência de normas (como a Resolução 348/2020 do CNJ) e posições jurisprudenciais (como a ADPF 527/2021), a realidade posta é cercada de atentados à vida, à integridade e à dignidade de pessoas trans e travestis encarceradas, impondo urgências na atuação do Estado e da sociedade civil em prol da superação desses problemas.

A partir das evidências demonstradas, relatadas e investigadas por diversos órgãos denunciantes das torturas, físicas e psicológicas, dos abusos de autoridade relacionados à desumanização de corpos trans e travestis, nota-se que há uma impregnação do sistema prisional por métodos de exclusão social e violência transfóbica que culmina numa necropolítica associada à diversidade de gênero. Isto é, uma política do "deixar morrer".

O cárcere desafia a própria existência das pessoas trans e travestis. Não é possível, em meio ao cárcere, coexistir dignidade humana e autodeterminação de gênero. É preciso, portanto, inaugurar uma nova fase de difusão de direitos, que enfrente a burocracia das penitenciárias e a transfobia institucional, ao mesmo tempo que promove uma fiscalização do estado de coisas inconstitucional que assola cada cela e violenta a existência de pessoas trans e travestis.

A invisibilidade histórica, legislativa e normativa das subjetividades políticas de pessoas trans e travestis no cárcere demanda, agora, uma agenda de reparação, pois constitui-se inadmissível uma sentença dupla; priva a liberdade dos que estão submetidos ao cárcere e, concomitantemente, imputa-se a negação ao direito de existir como se é. Ou seja, se criminaliza e se pune o simples fato de ser trans e travesti no nosso país. Logo, é a partir de um novo pacto civilizatório, com proteção das pessoas LGBTs em todos os espaços sociais, que se avançará para que se garanta dignidade e cidadania às transvestigêneres na sociedade como um todo.

## REFERÊNCIAS


BENEVIDES, Bruna (org.). Não existe cadeia humanizada! [livro eletrônico]: estudo sobre a população LGBTI+ em privação de liberdade. Brasília, DF : Distrito Drag, 2020. Disponível em: <https://antrabrasil.files.wordpress.com/2020/12/nao-existe-cadeia-humanizada-nf.pdf>. Acesso em 28 de março de 2023.

BENEVIDES, Bruna G., NOGUEIRA, Sayonara Naider Bonfim (Orgs). Dossiê dos assassinatos e da violência contra travestis e transexuais brasileiras em 2019. São Paulo: Expressão Popular, ANTRA, IBTE, 2020.

CARTA CAPITAL, LGBTs privados de liberdade: um olhar sobre o cárcere. Disponível em: <https://www.cartacapital.com.br/diversidade/lgbt2019s-privados-de-liberdade-um-olhar-sobre-o-carcere/>. Acesso em 30 de março de 2023.

MITRE, Jaquelina Leite da Silva. Mulheres transexuais e a indiferença de gênero no sistema carcerário. Publicado em MIGALHAS, disponível em: <https://www.migalhas.com.br/depeso/318114/mulheres-transexuais-e-a-indiferenca-de-genero-no-sistema-carcerario>. Acesso em 30 de março de 2023.

Brasil. Supremo Tribunal Federal (STF). Direito das pessoas LGBTQQIAP+ [recurso eletrônico]. Brasília : STF : CNJ, 2022. eBook (138 p.) – Cadernos de Jurisprudência do Supremo Tribunal Federal: concretizando direitos humanos. Disponível em: <https://www.cnj.jus.br/wp-content/uploads/2022/12/cadernos-stf-lgbtqia-3.pdf>. Acesso em 30 de março de 2023.


[1] Ver mais: <https://www.gov.br/mdh/pt-br/assuntos/noticias/2020-2/fevereiro/TratamentopenaldepessoasLGBT.pdf> Acesso em 30/03/2023.

[2] BENEVIDES, Bruna (org.). Não existe cadeia humanizada! [livro eletrônico]: estudo sobre a população LGBTI+ em privação de liberdade. Brasília, DF : Distrito Drag, 2020.

[3] Ver: <https://www.saopaulo.sp.leg.br/comissao/comissoes-encerradas/cpi-da-violencia-contra-pessoas-trans-e-travestis/>. Acesso em 28 de março de 2023.

[4] Ver: <https://www.conectas.org/noticias/brasil-se-mantem-como-3o-pais-com-a-maior-populacao-carceraria-do-mundo/> Acesso em 30 de março de 2023.

[5] Ver mais: <https://camilavazvaz.jusbrasil.com.br/artigos/377664501/transexuais-elas-tambem-estao-no-carcere> Acesso em 30/03/2023.

[6] Ver mais: <https://g1.globo.com/ciencia-e-saude/noticia/2020/02/06/estupro-e-tortura-relatorio-inedito-do-governo-federal-aponta-o-drama-de-trans-encarceradas-em-presidios-masculinos.ghtml> Acesso em 30 de março de 2023.

[7] Erika Hilton e Indianarae Alves Siqueira são as responsáveis por cunhar o termo "guarda-chuva" transvestigênere, que contempla "todas as identidades de homens e mulheres trans, travestis, pessoas trans, não binárias, pessoas que fogem do CIStema".

[8] BENEVIDES, Bruna G., NOGUEIRA, Sayonara Naider Bonfim (Orgs). Dossiê dos assassinatos e da violência contra travestis e transexuais brasileiras em 2019. São Paulo: Expressão Popular, ANTRA, IBTE, 2020, p. 30.

[9] BENEVIDES, Bruna (org.). Não existe cadeia humanizada! [livro eletrônico]: estudo sobre a população LGBTI+ em privação de liberdade. Brasília, DF : Distrito Drag, 2020, p. 7.

[10] Ver: <https://atos.cnj.jus.br/atos/detalhar/3519>. Acesso em 29 de março de 2023.

[11] BENEVIDES, Bruna (org.). Não existe cadeia humanizada! [livro eletrônico]: estudo sobre a população LGBTI+ em privação de liberdade. Brasília, DF : Distrito Drag, 2020, p. 7.

[12] Ver: <https://www.saopaulo.sp.leg.br/blog/cpi-da-violencia-contra-trans-e-travestis-ouve-vitimas-e-profissionais-em-defesa-dos-direitos-humanos/>. Acesso em 29 de março de 2023.

[13] Ver: <https://www.youtube.com/watch?v=smYHzhqNoZ4>. Acesso em 30 de março de 2023.

# REALIDADES

# TRANSDITADAS

*Fragmentos organizados da Obra "Ensaio Transfeminista".*
*RUDSAN, Dandara. Ensaio TRANSfeminista. Belém/PA: 2021.*

Por Dandara Rudsan
Sousa de Oliveira

De acordo com dados da ANTRA (Associação Nacional de Travestis e Transexuais), o Brasil é, pelo 14º ano consecutivo, o país que mais mata, ou ao menos o que mais registra assassinatos de pessoas transgêneras. Dentre esses números é necessário destacar que o maior quantitativo está entre a população de mulheres travestis e transexuais negras, nos fazendo reflexionar onde se localizam as pautas de mulheres negras transgêneras dentro da luta pelos Direitos Humanos, dada sua notável importância para mudança deste cenário de mortes naturalizadas de pessoas negras, travestis e transexuais.

Desde a morte de George Floyd nos Estados Unidos da América, em 25 de maio de 2020[1], o movimento internacional denominado *Vidas Negras Importam* tomou conta do mundo. Em todos os cantos e meios de comunicação vimos vozes gritarem repetidamente a emblemática frase, seguramente sem antes reflexionar *quais vidas negras importam.* Aos nossos ouvidos, de mulheres travestis e transexuais pretas, a frase nunca fez sentido completamente. Quantas travestis pretas foram mortas depois de George Floyd e nem mesmo um suspiro de lamento fora solto?

*"Ninguém solta a mão de ninguém"*, esta foi a frase[2] que ecoou após a eleição de um governo de direita e conservador para conduzir o país a partir de 2018. Criada inicialmente para homenagear a mãe da autora, a frase foi rapidamente incorporada aos ideais de união e resistência diante do cenário apocalíptico que estava por vir. Ativistas e movimentos sociais estamparam com a oração, a afirmativa de que, apesar de todas as opressões que se intensificavam, a partir daquele momento estávamos unidas, firmes e atentas para cuidar uma das outras, naquela que demonstrava ser a maior crise política, social e moral da história recente. *Não soltar a mão de ninguém*, analisando a semântica da frase, pressupõe que estas mãos já estavam dadas, já estavam seguradas e a estratégia de sobrevivência e resistência a partir daquele momento se basearia em não largar essas mãos, não deixar ruir tudo aquilo que foi construído durante séculos de luta.

Para nós, mulheres travestis e transexuais, as manifestações embasadas na famigerada frase de afeto, *'ninguém solta a mão de ninguém'*, deixaram ainda mais evidente como são seletivos os espaços que "acolhem" nossas pautas e nos estendem seus métodos e afetos, e como o imaginário cisheteronormativo, silenciosamente, mantém seus conceitos, gerando efeitos sutis até mesmo dentro dos próprios movimentos de luta em defesa dos Direitos Humanos. Se a mensagem que se quer

1 *Caso George Floyd: morte de homem negro filmado com policial branco com joelhos em seu pescoço causa indignação nos EUA. FBI investiga morte em Minneapolis; vídeo filmado por testemunha mostra George Floyd, de 40 anos, imobilizado no chão, dizendo 'não consigo respirar', enquanto policial mantém joelho sobre seu pescoço.* Por BBC | 27/05/2020 09h44 | O FBI não comentou o caso. Disponível em: https://g1.globo.com/mundo/noticia/2020/05/27/caso-george-floyd-morte-de-homem-negro-filmado-com-policial-branco-com-joelhos-em-seu-pescoco-causa-indignacao-nos-eua.ghtml. Acesso em: 13/08/2020.

2 Frase de Thereza Nardelli (2018). Descrição completa in: https://www.hypeness.com.br/2018/10/ninguem-solta-a-mao-de-ninguem-criadora-se-inspirou-na-mae-para-criar-frase/. Acesso em 04/08/2020.

passar é a de que estamos todas unidas e em resistência, primeiro temos que fazer o exercício subjetivo de reflexionar quais 'mãos' estão sendo seguradas e se há realmente diversidade, interseccionalidade e pluralidade de ideias no momento de decidir a que 'mãos' serão estendidas as práticas de afeto, resistência e cuidado.

Viver em uma sociedade com bases estabelecidas no colonialismo e baseada em fundamentos cisheteronormativos exige de todas as pessoas, ou pelo menos daquelas que se propõem a defender também mulheres travestis e transexuais, uma atenção constante a como este sistema se apropria dos nossos corpos, desejos e relações afetivas, nos empregando características ou atribuições que se refletem no momento de, sermos ou não, acolhidas pelas ações e métodos de defesa de direitos, e influenciam diretamente a decisão de quem vai 'segurar nossas mãos'.

De acordo com Marasciulo (2020)[3], *"do latim soror, que significa irmã, a palavra sororidade tem sido mais usada por seus contornos feministas e significa a união entre as mulheres. Mas o conceito vai além, e sustenta que sororidade trata de empatia e solidariedade real feminina. Isso inclui deixar de incitar a rivalidade entre o gênero"*. (MARASCIULO, 2020, p.1).

Partindo desse conceito, levanta-se a seguinte questão a toda sociedade: "sua sororidade também alcança mulheres transgêneras?" Essa pergunta é necessária, pois nós, mulheres transexuais e travestis, estamos há algum tempo ouvindo e vendo que este tema tem sido recorrente nas rodas de formação, autocuidado e bem-viver de movimentos feministas, e temos sentindo pouco, ou quase nada, este conceito se praticar em nossas vidas transgêneras. O conceito de sororidade parte do pressuposto de que mulheres podem (e devem) andar de mãos dadas, se cuidando, se amando, compartilhando afetos, cuidados e estratégias de defesa coletiva, rompendo com o condicionamento imposto pela estrutura cisheteronormativa e não mais se enxergando como rivais ou competidoras.

Sororidade, porém, é um conceito que está longe de ser materializado ou praticado, de fato, para com a vida das mulheres trans e

3 MARASCIULO, Marília. *O que é sororidade? Entenda a origem e o significado do termo.* Revista Galileu, Brasil: 2020. Disponível em: https://revistagalileu.globo.com/Sociedade/noticia/2020/03/o-que-e-sororidade-entenda-origem-e-o-significado-do-termo.html. Acesso em 12/08/2020.

travestis. Ainda somos enxergadas por esta sociedade como violentas, ladras, imorais, pedófilas, doentes, assassinas e toda a sorte de conceitos negativos que podem nos empregar. Enxergamos todos os dias, nos olhos de muitos, a lâmina do ódio pronta para nos ceifar a vida no primeiro momento de descuido. Percebemos como somos colocadas, de todas as formas, no papel de inimigas. Inimigas da moralidade, do respeito, das mulheres cis, do afeto e até mesmo de deus, sendo muitas vezes restritas a espaços como **a rua, o cárcere e o abandono**.

> O aspecto político mais evidente da ação coletiva relacionada às pessoas trans brasileiras tem sido o da visibilidade. Apesar de haver pessoas transexuais nos diferentes espaços sociais, políticos, técnicos ou acadêmicos, a sua visibilidade na sociedade, nos meios de comunicação em particular, **é concentrada no aspecto marginal ou criminal**, e pouco no seu cotidiano e demandas. (ALVES & JESUS, 2012, p.12).

Todos estes conceitos estão em nosso cotidiano e se materializam de muitas formas impedindo que a sororidade nos alcance de fato. Quando não somos contratadas para vagas de emprego, quando geramos desconforto ao entrar no banheiro feminino, quando somos despidas nas saídas de lojas, quando somos vistas como incapazes de cuidar (de uma criança, de um/a idosa/o ou de um lar), ali estão os conceitos revertidos em transfobia e exclusão de espaços.

> O conceito de gênero aplicado ao feminismo possibilitou a desconstrução da crença de que há um modelo universal de mulher, abrindo a possibilidade para a construção das identidades de gênero. A partir das novas ideias e comportamentos trazidos com o movimento feminista, a percepção sobre quem são as mulheres se ampliou, deixou de apenas se remeter à mulher branca, abastada, casada com filhos, e passou a acatar a humanidade e a feminilidade de mulheres outrora invisíveis: negras, indígenas, pobres, com necessidades especiais, idosas, lésbicas, bissexuais, solteiras, e mesmo as transexuais. (ALVES & JESUS, 2012, p.12).

Neste sentido, não vemos possibilidades reais de se praticar a sororidade de forma ampla e completa caso não se incluam as mulheres transexuais e travestis no rol de beneficiárias deste amparo mútuo. Não há como enxergar o movimento feminista como plenamente **sororidático**[4] se dentro deste movimento não há a presença ativa de mulheres transgêneras. Isso porque acreditamos fortemente que não há interseccionalidade completa sem nossas presenças, assim como é nosso direito também lutarmos aquilombadas, juntas, unidas e protegidas, pois na condição de mulheres, muitas de nossas dores e opressões se cruzam, sendo necessárias e vitais para mulheres transgêneras a atuação e a luta coletivas, e essa necessidade está ligada diretamente a nossas possiblidades de conquistar direitos. *"A construção da categoria das mulheres e a noção estável de gênero não servem mais para a premissa básica da política feminista"* (BUTLER *apud* ALVES, 2017, p.2)[5].

Quando analisamos a legislação brasileira, por exemplo, percebemos evidentemente a omissão do Estado em reconhecer a existência das mulheres transgêneras.

> As normas de reconhecimento não só regulam relações, mas articulam fantasias de normatividade. Logo, a atração pelo Estado é uma atração por uma fantasia já institucionalizada e uma saída da complexidade social existente para se tornar "socialmente coerente". Assim sendo, a defasagem existente entre o Estado e a vida social evidencia uma discrepância que deve ser recoberta pelos modelos imaginários retratados, para exercer autoridade e exemplificar o tipo de coerência que se espera de seus sujeitos. (BUTLER apud CRUZ & SOUSA, 2014, p.226)[6].

Não estamos amparadas expressamente pela legislação ordinária, sendo tratadas apenas como mulheres portadoras de direitos em julgados, resoluções, recomendações, portarias, conquistados literalmente ao custo de muito sangue, suor e solidão, pois diferentemente das mulheres cisgêneras, nós, pessoas transgêneras, nem sequer existimos

4 Neologismo: Que pratica a sororidade de forma ampla e inclusiva utilizando em suas metodologias as práticas de sororidade.

5 BUTLER, Judit. Problemas de gênero: feminismo e subversão da identidade. Rio de Janeiro: In: *Mulheres Cisgênero e Mulheres Transgênero: Existe um modelo legítimo de mulher?* Seminário Internacional Fazendo Gênero 11 & 13th Women's Worlds Congress (Anais Eletrônicos), Florianópolis, 2017, ISSN 2179-510X.

6 BUTLER, Judit. *Problemas de gênero: Feminismo e subversão de identidade.* In: CRUZ, Mônica Silva. SOUSA, Tuane Soeiro. *TRANSFOBIA MATA! HOMICÍDIO E VIOLÊNCIA NA EXPERIÊNCIA TRANS.* REVISTA DO CURSO DE DIREITO | UFMA, São Luís, Ano IV, n. 8, jul/dez 2014.

ao rigor da lei e desse sistema que nos permeia, o que corrobora a necessidade de aliança e sororidade.

> No que se refere às mulheres transexuais e às travestis, é patente que, em nossa sociedade, elas não recebem o mesmo tratamento dado às mulheres cisgênero, popularmente tidas como mulheres "de verdade", tampouco as mesmas oportunidades, de modo que as mulheres transexuais e as travestis, além de serem vitimadas pelo machismo, também o são por uma forma de sexismo, de base legal-biologizante, que lhes nega o estatuto da feminilidade ou da "mulheridade". (ALVES & JESUS, 2012)

A necessidade de praticar esta sororidade e o fato de as **metodologias sororidáticas** florescerem principalmente a partir dos movimentos sociais nos faz perceber a importância estratégica desses espaços para a manutenção da vida e dos direitos das mulheres transgêneras. Se queremos falar e defender protagonismo e ocupação de espaço de poder por mulheres, devemos necessariamente visualizar as mulheres transexuais e travestis nesses contextos, pensando métodos de conquista que levem em consideração a construção social destas, iniciando essa abertura de espaço dentro dos próprios movimentos, a partir de um processo de escuta ativa das mulheres transgêneras e de nossas pautas, encaminhando ações que intervenham diretamente na opressão e violência que recaem sobre nossas vidas, como se suas fossem, porque em realidade são, partindo do princípio que somos todas mulheres, afetadas de maneiras e intensidades diversas, mas antes de tudo mulheres!

# A AUTODECLARAÇÃO DE GÊNERO DE MULHERES TRANS É UMA AMEAÇA REAL ÀS MULHERES CIS?

Por Bruna Benevides

O direito à autodeterminação de gênero, de afirmar-se quem se é, e ter a liberdade de viver sem sofrer processos de desumanização e violência em decorrência da maneira como se reconhece em sociedade, deve ser garantido a todo e qualquer cidadão ou cidadã e é o mecanismo pelo qual operam os Estados a fim de assegurar o direito personalíssimo das pessoas trans de autodeclararem seu gênero. Acontece que durante muito tempo a livre expressão da identidade e de gênero tem sido negada àquelas pessoas que rompem com a imposição da cisgeneridade como única forma de existir no mundo.

Diversos tratados internacionais reconhecem e recomendam que os Estados signatários viabilizem formas de garantir a autodeterminação de gênero às pessoas trans, e em território nacional foram ratificados

pelo julgamento da Ação Direta da Inconstitucionalidade (ADI) 4.275 do Supremo Tribunal Federal (STF)[1], que não apenas garantiu o direito à retificação registral sem a necessidade de tutela de terceiros, apresentação de qualquer tipo de comprovação através da exigência de atestados, pareceres, laudos ou cirurgias, como reconheceu que o direito à autodeterminação de gênero pelas pessoas trans é um direito humano inalienável. Decisão que foi regulamentada pelo Provimento 73, de 2018, do Conselho Nacional de Justiça (CNJ).

A autodeclaração de gênero pode facilmente ser vista como um direito já garantido a pessoas cisgêneras[2], e pelo qual as pessoas trans têm lutado a fim de terem seu gênero legitimado, na busca de cidadania

1 https://www.conjur.com.br/2018-ago-15/stf-define-tese-autorizando-pessoa-trans-mudar-nome-cirurgia

2 Cisgênero/a é o termo usado para se referir as pessoas que se identificam e vivenciam os papéis de gênero que lhes foi imposto no nascimento. Cis é a forma comprimida de uso do termo cisgênero.

e acesso a direitos sociais, econômicos e políticos. Pessoas cis têm seu gênero aceito sem qualquer questionamento, necessidade de comprovação e/ou negativa de direitos devido ao gênero com que se identificam. Nesse sentido, o tratamento diferenciado e desproporcional a que pessoas trans têm sido submetidas ao vivenciar o gênero que reivindicam para si se torna grave violação de seus direitos humanos.

Fica nítido o motivo pelo qual a autodeterminação se trata de um privilégio cis: pessoas cisgêneras não têm que preocupar com essa questão, tampouco precisaram ter que recorrer a processos judiciais, não tiveram suas identidades tuteladas, patologizadas[3] e/ou criminalizadas, nem foram submetidas a inspeções físicas e de saúde compulsórias para provar aquilo que diziam ser, ou ainda ter que realizar cirurgias de modificações corporais, incluindo a de redesignação sexual em muitos casos, para ter o devido reconhecimento de seu gênero e, consequentemente, o acesso à cidadania que está instituída em nossa sociedade, mas que ainda segue cisgenerificada, hetero-identificada e binária.

A discussão em torno da autodeclaração de gênero das pessoas trans como uma ameaça aos direitos das mulheres cisgêneras pode facilmente ser denunciada como um cavalo de Tróia disseminado por uma agenda antitrans. O objetivo é promover a manipulação da opinião púbica com a utilização da política do pânico/medo e terror que vem sendo difundida pela falaciosa "ideologia de gênero", assumida desde grupos da extrema direita anti-direitos LGBTQIA+, fundamentalistas religiosos, grupos autointitulados como *gender critical*[4] e/ou feministas radicais transexcludentes (RADFEM/TERF), que afirmam que "a transgeneridade seria um plano advindo de um suposto *lobby trans* para transformar pessoas cis em trans" ou "que avançar em direitos trans colocaria em risco ou faria retroceder os direitos das mulheres"(sic).

Os processos de autodeclaração de gênero existem em muitos países ao redor do mundo há anos e estão em consonância com os princípios

---

3 A Transgeneridade era vista como transtorno mental na Classificação Estatística Internacional de Doenças e Problemas Relacionados à Saúde 10ª edição (CID 10), e mesmo tendo sido lançado em 2018 com prazo de implementação ate 1 de janeiro de 2023, a atualização para o CID-11 ainda não foi efetivada no Brasil até a escrita deste artigo.

4 Movimento *Gender Critical*: Pessoas que se autodeclaram como "Críticos de gênero", em tradução livre.

de Yogyakarta, o Pacto de São Jose da Costa Rica e a Comissão Interamericana de Direitos Humanos (CIDH). Hoje, estima-se que pelo menos 2 bilhões de pessoas vivem sob leis/políticas de autoidentificação de gênero para pessoas trans ao redor do mundo. Brasil, Irlanda, Dinamarca, Argentina, Espanha, Noruega, Portugal, Bélgica, Índia, Malta, Suécia, Irlanda, Finlândia, França, Uruguai, Colômbia, Bolívia, Equador e Peru, estados nos Estados Unidos e províncias canadenses, entre outros, são exemplos de Estados que têm alguma forma de autoidentificação. No anos de 2012, a Argentina foi pioneira no mundo ao autorizar a mudança de gênero no registro civil com apenas uma declaração.

Em nenhum desses países/estados foi percebida qualquer relação entre o aumento no número de agressões sexuais, feminicídios ou violência contra as mulheres cis atribuído a pessoas trans em espaços femininos ou em decorrência do direito à autodeclaração gênero dessa população. Este direito é assegurado no Brasil desde 2018, mesmo que haja um descompasso entre essa conquista e a materialidade do reconhecimento na esfera pública, sobretudo nos órgãos do Estado, incluindo na segurança pública e nos órgãos de justiça.

Ora, se o Estado brasileiro garante que uma pessoa trans pode, de forma legal, se reivindicar como uma mulher, homem ou pessoa não binária, tendo o devido reconhecimento de seu direito à autodeclaração de gênero, o mesmo Estado não pode ser aquele que irá promover tratamento diferenciado ou criar diferenciações entre as garantias constitucionais a mulheres cis e trans. E foi exatamente a partir desse entendimento que, no ano de 2022, a 6ª Turma do Superior Tribunal de Justiça (STJ) reconheceu que a Lei Maria da Penha deve proteger mulheres trans e travestis[5], assim como há decisões em relação a que se aplique o mesmo entendimento à lei do feminicídio, embora ainda não haja um entendimento consolidado que reconheça o assassinato sistemático de mulheres trans e travestis – *transfeminicídio*[6] – como uma

5 STJ reconhece que lei Maria da Penha deve proteger mulheres trans. https://www.stj.jus.br/sites/portalp/Paginas/Comunicacao/Noticias/05042022-Lei-Maria-da-Penha-e-aplicavel-a-violencia-contra-mulher-trans--decide-Sexta-Turma.aspx

6 O Brasil é o país que mais assassina pessoas trans do mundo. Cerca de 95% delas são pessoas transfemininas (travestis e mulheres trans), de acordo com levantamento da Associação Nacional de Travestis e Transexuais (ANTRA. https://noticias.uol.com.br/cotidiano/ultimas-noticias/2023/01/26/mortes-pessoas-trans-brasil-2022.htm

forma de feminicídio. E aqui vale mencionar que em nenhum dos casos foram identificados impactos negativos, aumento de violências ou enfraquecimento das políticas de proteção das mulheres cis no país.

Assim, fica nítido que garantir o direito à autodeclaração de gênero às pessoas trans não faz retroceder em nada os direitos das pessoas cis, especialmente das mulheres. E que não há qualquer indício de que haja relação entre a cultura do estupro ou de casos envolvendo violência sexual contra mulheres cis e o avanço da luta trans. Esse tipo de argumento, embora muitas vezes tente parecer outra coisa, tem uma intenção muito bem definida para quem se aprofunda nessa discussão: negar o direito à identidade de gênero das pessoas trans e o seu devido reconhecimento legal, e consequentemente negar o acesso de mulheres trans a espaços segregados por gênero, aos direitos existentes para as demais mulheres e investir em tentativas de institucionalizar a transfobia. Somente nos primeiros meses de 2023 foi apresentado pelo menos um projeto de lei por dia contra os direitos trans[7].

Para entendermos o que está em perspectiva quando analisamos a discussão sobre a autodeclaração proposta por esses grupos que têm se organizado e atuado politicamente para deslegitimar vivências e as experiências das pessoas trans, e mantê-las no lugar subalternizado a que foram *(e ainda são)* relegadas, é necessário observar o contexto em que pessoas trans têm sido colocadas, seja como perigosas, criminosas ou como uma ameaça aos direitos das mulheres. E, vejam só, são as pessoas trans que precisam de proteção urgente quando em espaços públicos.

Embora a retificação registral seja uma realidade no país e tenha sido retirada a necessidade de um processo judicial, passando a ser realizada na esfera administrativa, ela continua extremamente burocrática, fazendo com que muitas pessoas não consigam realizar a retificação ou sejam excluídas dessa possibilidade[8]. No Brasil, a retificação

7 Pelo menos um projeto antitrans foi apresentado por dia no Brasil. https://www1.folha.uol.com.br/poder/2023/03/brasil-tem-um-novo-projeto-de-lei-antitrans-por-dia-e-efeito-nikolas-preocupa.shtml

8 Exigir a retificação como condicionante para um tratamento adequado, humano e respeitoso se torna um grande problema quando o acesso a esse direito ainda é distante para a maioria das pessoas trans, e é exatamente por isso que o respeito a autodeclaração, independente do que constar nos documentos deve ser a premissa do acesso a garantia de direitos às pessoas trans com dignidade e respeito. O direito a retificação não deve ser imposto como um dever, mas como uma possibilidade. Sem que isso se torne condicionante para que a pessoa seja recebida nos espaços a partir da forma como ela se identifica.

registral de pessoas trans por autodeclaração é um processo ainda pouco acessível, burocrático e caro.

A Associação Nacional de Travestis e Transexuais (ANTRA) realizou uma pesquisa onde monitorou o acesso ao processo de retificação de pessoas trans a partir da decisão do STF, e chegou ao infeliz dado de que 64% das pessoas trans ainda não tiveram acesso à retificação registral[9], mesmo cinco anos depois da conquista desse direito. E os principais fatores que dificultam o acesso variam entre a falta de documentos de identificação (registro civil, identidade, CPF e outros), os custos do processo e negativas de acesso a isenção por hipossuficiência, dificuldade para emissão de certidões necessárias, desinformação para a organização do processo, e a transfobia institucional ou descaso no tratamento por parte dos órgãos cartorários.

Dentro desse cenário, tem sido percebido por ativistas e pesquisadores trans que no mesmo instante em que algum direito é discutido, proposto ou conquistado por pessoas trans a fim de enfrentar as injustiças e corrigir a falta de amparo legal dessa parcela da população, uma perspectiva de fraude ou suposto risco a terceiros é colocada como argumento para tentar inviabilizar esse direito. O que é totalmente desproporcional, visto que o processo de retificação documental das pessoas trans por autodeclaração é um processo pessoal e traz impactos reais no dia a dia dessas pessoas. Além do fato que é propositalmente ignorado sobre a necessidade de proteção legal das pessoas trans e os efeitos positivos da retificação em suas vidas, em detrimento de uma suposta proteção de outras pessoas.

## Riscos reais e riscos fictícios

O falso argumento de que permitir que pessoas trans alterem suas certidões de nascimento "poderia" permitir que predadores sexuais entrassem nos espaços segregados por gênero do país (ou do mundo) se sustenta unicamente na ideia falaciosamente transfóbica de que *homens cisgêneros* iriam mudar sua documentação para acessá-los, sendo que

9 ANTRA lança diagnóstico sobre o acesso a retificação por pessoas trans. https://agenciapatriciagalvao.org.br/violencia/lgbt/antra-lanca-diagnostico-sobre-o-acesso-a-retificacao-de-nome-e-genero-de-travestis-e-demais-pessoas-trans-no-brasil/

esses espaços não têm qualquer dispositivo de controle sobre seu acesso – e seria inaceitável uma proposta nesse sentido a fim de limitar o acesso das pessoas trans, que poderia ser vista como uma proposta flagrantemente transexcludente e desproporcional em um cenário onde não há elementos para embasar tal decisão.

E, como desdobramento, ainda exporia mulheres cisgêneras, sobretudo negras, lésbicas e outras que não expressam um tipo específico de feminilidade, a regras cada vez mais rígidas de gênero para o controle de seus corpos e do acesso a esses espaços. Colocando mulheres que tenham expressão de gênero não normativa em risco de serem "confundidas" com mulheres trans e sofrerem humilhações, assim como terem o risco aumentado de se tornar alvos da patrulha de gênero através de violências transfóbicas e dos impactos da transfobia – há diversos casos relatados em canais de mídia[10].

As principais tentativas de argumentar contra os direitos trans muitas vezes utilizam uma suposta proteção das mulheres cis em detrimento da proteção às mulheres trans, sustentada na ideia flagrantemente transfóbica de que mulheres trans seriam "predadores sexuais pervertidos" que "estariam transicionando para estuprar mulheres e meninas cis"(sic), mesmo não havendo indícios de aumento de casos de estupros ou qualquer violência sexual praticadas por mulheres trans contra mulheres cis em espaços segregados por gênero ou aqueles utilizados conjuntamente.

A possibilidade de existência de fraudes/fraudadores, ou de quem se utiliza do direito das pessoas trans para cometer crimes, deve ter o tratamento legal devido. E não pode ser aceita como argumento capaz de negar direitos à população trans, ou ser usada como justificativa para atravancar o processo de cidadanização dessas pessoas. Pessoas trans não podem ser penalizadas ou criminalizadas por esse tipo de conduta advinda de pessoas cisgêneras, caso venha a existir. Na maioria das vezes, essa tentativa de utilizar argumentos contrários aos direitos trans

10 Alguns exemplos: i) Atriz revela sofrer violência constante por ser confundida como trans. https://spdiario.com.br/noticias/entretenimento/atriz-de-travessia-revela-que-recebe-ameacas-frequentemente-por-ser-confundida-com-trans.html ii) Confundida com trans, mulher (cis) sofre violência no metro. https://oglobo.globo.com/brasil/noticia/2023/03/confundida-com-mulher-trans-atriz-conta-ter-sofrido-ofensa-transfobica-em-metro-de-sp-video.ghtml iii) Mulher agredida ao ser confundida com trans. https://g1.globo.com/am/amazonas/noticia/2018/10/14/empresaria-e-agredida-e-confundida-com-travesti-me-chamou-de-escoria-da-humanidade-veja-video.ghtml

acaba por demonstrar a face real que pretende tratar a exceção como regra, colocando todas as pessoas trans como fraudadoras e criminosas em potencial, ignorando o principio do benefício da dúvida e negando a presunção de inocência – uma gravíssima violação de direitos humanos.

Nesse sentido, é pouco provável – e até fantasioso – acreditar que um homem *cis-hetero* iria passar por todo esse processo com o intuito de estuprar mulheres. Como se ele precisasse se submeter a alguma artimanha burocrática para estuprar ou violar mulheres e/ou crianças, quando temos uma sociedade que favorece a cultura do estupro, incentiva o assédio e silencia diante da violência sexual. Sabendo ainda que o estupro é um crime cometido por conhecidos e/ou dentro de casa em mais de 80% dos casos. Casos de estupros cometidos por pessoas trans são excepcionalíssimos e, embora devam ter o mesmo tratamento legal, não devem ser generalizantes.

Muitas mulheres trans são vítimas de estupro corretivo e outras são vitimas de predadores sexuais – inclusive as profissionais do sexo enfrentam essa violência, onde os casos são ignorados por serem pessoas trans e se tratar de pessoas que foram *designadas homens ao nascer (AMAB)*. É comum que mulher trans tenham seus casos deslegitimados devido a sua condição, sem que qualquer discussão tenha sido feita para a proteção dessas mulheres quando falamos sobre violência sexual. Inexistem dados sobre estupros ou violência doméstica contra pessoas trans nos meios comuns de divulgação e pesquisa dessas práticas. Não podemos deixar de mencionar os casos de estupros (inclusive corretivos[11]) contra mulheres trans.

Fica nítido que o processo de criminalização das mulheres trans na utilização dos espaços femininos parte da ideia de que estas seriam homens(sic), em um ataque direto a sua identidade de gênero e com a intenção de associar mulheres trans a crimes sexuais cometidos por homens cis violadores de mulheres cis, em um processo extremamente violento, desonesto e desumanizante.

---

11 Estupro corretivo é um tipo de estupro específico, normalmente contra pessoas LGBTQIA+, impetrada por aquelas pessoas – geralmente homens cis - que pretendem, através da violência sexual gerar algum trauma no sentido de "corrigir" a orientação sexual e/ou a identidade de gênero das pessoas LGBTQIA+. Tornando o estupro uma ferramenta de coerção da liberdade sexual e/ou de gênero dessas pessoas.

Cabe ressaltar que – onde são permitidas – travestis e mulheres trans utilizam o banheiro feminino há bastante tempo, sem que se perceba qualquer incidência de casos envolvendo importunação e/ou violência sexual contra mulheres cis, especialmente depois da aprovação do direito à autodeclaração de gênero das pessoas trans no país. Aliás, precisamos discutir sobre como tornar espaços femininos para todas as mulheres.

Citei o exemplo do banheiro, mas acredito que muito dos pontos apresentados podem facilmente ser usados para qualquer espaço destinado a pessoas do mesmo gênero – como o sistema prisional, por exemplo, e para afirmar que ao dividir esses espaços com pessoas trans **não foram encontrados indícios de que haja risco de violência às demais pessoas.** Já o contrário sempre ganha espaço na mídia. É comum a expulsão recorrente de mulheres trans dos banheiros femininos, incitada por mulheres cis que se sentem ofendidas(sic) em dividir o seu espaço conosco — não exatamente por medo de violência sexual, mas por pura transfobia *cissexista* que vem sendo disseminada publicamente, nas redes sociais e é passada de geração para geração.

Na verdade, podemos refletir a partir desses mesmos casos, que seriam as mulheres trans aquelas que mais estariam em perigo ao dividir os espaços com pessoas cis. Para isso, precisamos pensar em estratégias para garantir segurança às pessoas trans ao dividir os espaços com pessoas cis que têm violentando corpos trans *sistematicamente,* com casos concretos e públicos, sem que tenha sido tomada qualquer medida para a proteção dessas mulheres trans que vêm sendo humilhadas e tendo sua intimidade violada.

Desde 2015 encontra-se sem previsão de julgamento no Supremo Tribunal Federal, o julgamento do Recurso Extraordinário 845.779[12], sobre a "possibilidade de uma pessoa, considerados os direitos da personalidade e a dignidade da pessoa humana, ser tratada socialmente como se pertencesse a sexo diverso do qual se identifica e se apresenta publicamente". Tema já bastante maduro, que dialoga diretamente com o direito à autodeclaração e com o debate sobre como a violação

12 RE845779. https://portal.stf.jus.br/jurisprudenciaRepercussao/verAndamentoProcesso.asp?incidente=4657292&numeroProcesso=845779&classeProcesso=RE&numeroTema=778

do direito de acesso aos espaços femininos por mulheres trans se torna uma violação do direito fundamental à autodeclaração de gênero, já mencionado aqui, reconhecido pela mesma Corte.

## A transfobia é, antes de tudo, um desvio moral

Pessoas trans sempre existiram e, embora ao longo da história possam ter sido nomeadas de outras formas, sempre soubemos da (re)existência de pessoas que rompem com a designação imposta e que não atendem às expectativas de gênero que são lançadas sobre todos os corpos. O que não existia, de forma tão odiosa, sorrateira, explícita e vil era a politização em torno de uma agenda antitrans para radicalizar uma guerra cultural que posiciona as pessoas trans como uma ameaça, como inimigas e/ou perigosas.

Ideais violentos que tentam afirmar que travestis e mulheres trans seriam perigosas são diariamente alimentados por esse tipo de narrativa. Discursos de ódio produzem e alimentam ideais violentos. E diante dos atos golpistas e antidemocráticos ocorridos em 8 de janeiro de 2023[13], aprendemos a importância de ser observada e nomeada a *responsabilidade intelectual* por crimes que ocorrem em decorrência da incitação feita por figuras públicas. Esses discursos alimentam as mais perigosas teorias da conspiração que vêm sendo disseminadas em relação às pessoas trans. E utilizam do pânico antitrans para intensificar uma campanha falaciosa de que devem ser combatidas por supostamente "ameaçar os direitos das mulheres e meninas cisgêneras"(sic).

A publicação e divulgação constante desse tipo de pensamento, seja por políticos de extrema direita ou por feministas transfóbicas, ou ainda por fundamentalistas religiosos, acaba por assumir um ideal supremacista e eminentemente racista vindo de pessoas cisgêneras em relação a identidades trans. A transfobia pode facilmente ser identificada a partir desses mesmos ideais que compartilham a ideia de inferiorização de um grupo devido a suas características, seja por religião, raça, etnia, cor, gênero, entre outras.

13 https://www.conjur.com.br/2023-jan-12/janeiro-2023-triste-dia-democracia

Políticos cisgêneros, em determinado momento, começaram a usar pessoas trans para parecerem progressistas, mas sem compromisso real com as questões trans. E antes que a luta trans "se tornasse um problema para eles" passaram a recuar diante do levante de uma política antitrans na agenda política global. Jornalistas cis de veículos transfóbicos há anos usaram questões trans para criar um pânico moral a fim de ganhar atenção em seus veículos. E, nesse meio tempo, grupos radicais antitrans foram potencializados para auxiliar no espetáculo. Parte da mídia está fazendo a mesma coisa que fez nos anos 70, 80 e 90 no processo de manutenção da imagem da travesti que não deve ser socialmente aceita nos espaços públicos.

E, assim como os pânicos morais jogados em grupos que sofrem processos de políticas e discursos de ódio, isso vem influenciando a política como um todo e dando poder a grupos de ódio, fanáticos que exploram essa narrativa com sucesso para potencialmente negar direitos e arriscar a vida de milhares de pessoas trans no Brasil.

O resultado disso temos visto no dia a dia: aumento da violência contra pessoas trans em todas as esferas, sejam elas institucionais, governamentais, nas relações com a sociedade e inclusive nas relações intrafamiliares. Mesmo vendo pais acolhedores de filhos trans, proporcionalmente ainda vemos casos de expulsões de casa tomarem o espaço público.

## A ameaça trans

Nos últimos tempos temos observado uma imensa movimentação em torno de pessoas trans no debate público. Jornais, revistas, filmes, novelas e outras produções têm cada vez mais jogado luz sobre essas existências. E quanto mais a "diferença" que essa parcela da população traz se torna aparente nas esferas sociais, diversos incômodos passam a sair do armário para reafirmar posições problemáticas que antes eram até bem aceitas, mas que hoje já enfrentam resistência e a produção de contranarrativas que pretendem delinear um caminho bem menos violento e árduo que outrora, embora ainda cercado por violências.

A violência contra nós se fez ainda mais presente no mesmo momento em que os discursos de ódio passaram a ocupar de forma mais frequente as redes sociais, o ambiente político e o próprio Estado de forma mais incisiva, e seguimos sem respostas efetivas para erradicar a violência contra pessoas trans. São inúmeras as mobilizações de grupos que, de alguma forma, se sentem ameaçados pelo avanço e pela conquista de direitos por parte da população de travestis e demais pessoas trans, organizando um levante contra a própria existência desses corpos dissidentes. E temos nos perguntado: quem realmente acredita que um grupo tão pequeno numericamente seria capaz de fazer frente a um grupo majoritário e muito maior como o de mulheres ou homens que não são trans? A quem ameaça a cidadania de pessoas trans? Quais os reais interesses em manter pessoas trans marginalizadas?

Ainda não chegamos a respostas, mas já identificamos que são pessoas que têm se empenhado em gerar um ambiente propício para tensionar os limites da liberdade de expressão a fim de criar e publicar confusões e falsas-polêmicas fundadas em informações sem qualquer relevância cientifica ou materialidade na vida *off-line*. Exatamente porque a defesa de seus pontos requer uma dinâmica muito rebuscada e organizada para bombardear o ambiente virtual de *fake news* e criar um labirinto de falsas teorias dignas de filmes de ficção para que fique parecendo que aquilo que estão dizendo é uma realidade e que, por isso, deveria haver maior engajamento da sociedade. Sabemos que a desinformação é uma crise humanitária global e as redes sociais têm se tornado um campo muito fértil para a disseminação e perpetuação de mitos.

Entendemos que essa articulação parte de um número pequeno de pessoas, que tem sido responsável pela disseminação de uma quantidade enorme de narrativas antitrans e que ganhou muito espaço, especialmente no Twitter. Um grupo de pessoas aberta e publicamente antitrans, altamente coordenadas e profundamente conectadas, tem tido permissão para criar muita transfobia online e disseminar uma quantidade enorme de ódio contra pessoas trans sem qualquer consequência.

Chamamos a atenção para o fato de que não se trata de um grupo qualquer, mas um grupo que se organiza e discute de forma orgânica as narrativas que serão levantadas, determinando quais imagens e mídia irão publicar e apoiar suas narrativas – como no caso da BBC, que publicou um artigo completamente não verificado e absurdo sobre a mentira de que mulheres trans estariam obrigando mulheres cisgêneras a fazer sexo com elas[14](sic), e contando com o apoio de pessoas muito influentes para fazer esse conteúdo chegar a mais usuários.

E fazem isso com o intuito de recrutar cada vez mais pessoas, fazendo com que essas pessoas criem novas contas pra replicar esses comentários, assim como usam diversas VPN's (Virtual Private Network), redes privadas virtuais para ocultar o IP, para que não sejam suspensas. O que é completamente insano.

Isso tem sido feito não apenas pelos típicos *trolls* da internet, mas tem incluído parte considerável do campo progressista, e algumas mulheres que defendem os direitos das mulheres, mas que passaram a acreditar que os seus direitos estariam em real risco. São pessoas ativas na rede, influenciadoras, donas de casa, pesquisadoras e jovens criando e replicando ataques constantes com a replicação de casos anedóticos e muitas vezes inventados, mas que quando reafirmados por essas figuras púbicas ganham certa legitimidade.

Afinal, se antes nos informávamos através de pesquisa, historiadores, especialistas e experts nos assuntos, hoje somos bombardeados com *opinadores profissionais* que ganharam espaço na mídia hegemônica para escreverem colunas livremente sobre o que quiserem, mesmo que sejam posicionamentos problemáticos e que muitas vezes ultrapassam os limites da liberdade de expressão e flertam ideais fascistas que promovem violações de direitos humanos.

Outro ponto que chama atenção é o fato de vermos diversos jornalistas que têm colunas na imprensa interagindo com esse conteúdo violento, muitas vezes não verificado e partindo de *fofocas de Twitter* como fontes, amplificando o ódio e contribuindo para legitimar, perpetuar e aumentar o alcance dessas falácias. Sabemos o impacto de quando uma mentira se espalha rapidamente nas redes sociais e quão perigosa ela pode ser. Quando jornalistas ou editores dão credibilidade a essa mesma *fake news*, além de antiético, vemos nitidamente o abuso de poder ao

14 Lésbicas cis estariam sendo obrigadas a fazer sexo com mulheres trans? Disponível em: https://brunabenevidex.medium.com/l%C3%A9sbicas-cis-estariam-sendo-pressionadas-a-fazer-sexo-com-mulheres-trans-ee4a0edcd9b8

escolher publicar esse tipo de conteúdo que irá trazer prejuízos e implicações reais para pessoas trans. Para os disseminadores primários desse tipo de narrativa o objetivo muito específico é retroagir o avanço dos direitos trans, mas as contas secundárias de pessoas comuns acabaram se tornando veículos para aumentar o alcance do ódio e das violências.

É super comum, por exemplo, a repetição da narrativa que associa ou faz aproximações entre mulheres trans e estupradores ou pedófilos. E isso é fácil de identificar pelo uso recorrente desse termos em diversos posts e textos nas redes sociais, gerando uma grande rede que cria mitos, produz a narrativa e reproduz a transfobia, gerando mais ódio como uma grande reação em cadeia – com impactos na saúde mental e gerando violência física para pessoas trans fora das redes sociais.

O policiamento de pessoas trans tem sido um problema grave que precisa ser enfrentado. Hoje em dia, muitas pessoas antitrans se organizam para realizar buscas e monitoramentos específicos feitos nas redes sociais que procuram identificar perfis de pessoas supostamente trans através de características físicas para determinar o "sexo" de uma pessoa, e assim a expor a perseguição e violência.

Posicionar pessoas trans como suspeitas por serem trans, embora não seja exatamente uma novidade, é altamente violento e deveria ser rechaçado imediatamente por qualquer pessoa, sob o risco de haver a criminalização de todo um grupo social historicamente vulnerabilizado. Essa mesma forma de ver pessoas trans, principalmente travestis e mulheres trans, já foi vista em nossa história ao ser usada por policiais durante as operações realizadas na ditadura, que colocavam mulheres trans e travestis como suspeitas e perigosas, justificando assim suas prisões e até mesmo os diversos desaparecimentos naquele período.

> Amparados por uma ideologia cristã de família e moral, os governos municipais e estaduais realizaram verdadeira caça a homossexuais e travestis no Brasil, como nos conta o relatório da Comissão Nacional da Verdade – CNV, em capítulo destinado à violência contra a população LGBT. O processo de limpeza e higienização era feito através de "rondões", nas palavras do relatório da CNV, escrito por Renan Quinalha: "em 1º de abril de 1980, *O Estado de S.Paulo* publicou

matéria intitulada 'Polícia já tem plano conjunto contra travestis', na qual registra a proposta das polícias civil e militar de "tirar os travestis das ruas(...)". Ainda segundo o mesmo relatório, foram estabelecidas formas de "medir" o corpo das travestis, recolher suas imagens para "averiguação" a fim de determinar o quanto perigosas elas poderiam ser. O risco que ofereciam, nas palavras da polícia, era de perverter e incentivar a juventude, além de propagar tais "abomináveis" práticas. Foi estabelecida uma associação direta entre os desvios sexo-gênero e a ideologia comunista. De modo que a prisão de homossexuais e travestis deveria ser feita de forma prioritária, como uma das formas de combate à perversão perpetrada por "comunistas".[15]

Não é razoável atribuir crimes não cometidos baseado em *fake news* ou na patrulha de gênero. Ou, ainda, explorar um crime cometido por uma pessoa trans para usar como suposta "evidência" de que "todas as mulheres trans são perigosas". Esse é mais um tipo de argumento inaceitável e a mais nítida demonstração de como opera o uso político da propagação do pânico moral vindo de grupos antitrans.

Nos primeiros dias de janeiro de 2023 vimos o caso horrível de uma mulher trans que foi executada no corredor da morte nos Estados Unidos. Isso foi o suficiente para surgir uma avalanche de posts sobre o quanto estariam certos em apontar os riscos que mulheres trans oferecem às demais mulheres(sic). Embora sejamos totalmente contra penas de morte, acreditamos que crimes devam ser julgados e que as pessoas devem ser responsabilizadas pelos seus atos. Nesse caso específico, nos chamou a atenção o fato de que, de acordo com o Centro de Informações sobre Penas de Morte (Death Penalty Information Center – DPIC) dos EUA[16], de 1608 até 31 de dezembro de 2022 houve 16.047 execuções totais nos Estados Unidos. Dessas execuções, 576 eram de mulheres cis. Ou seja, 3,6% total. E apenas em 2023 tivemos a primeira execução de uma mulher trans[17]. Diante dos números, como sustentar narrativas transfóbicas de que mulheres trans são realmente perigosas?

15 Artigo: Onde estavam as travestis na ditadura? Disponível em: https://dialogospoliticos.wordpress.com/2015/04/06/onde-estavam-as-travestis-durante-a-ditadura/

16 Death Penalty Information Center. Disponível em: https://deathpenaltyinfo.org/death-row/women/executions-of-women

17 Mulher executada nos EUA. Disponível em: https://oglobo.globo.com/mundo/epoca/noticia/2023/01/corredor-da-morte-eua-devem-executar-hoje-a-primeira-mulher-transgenero.ghtml

Esse tipo de narrativa existe e é aceita porque existem pessoas empenhadas em fazer com que pessoas trans deixem de existir ou que tenham suas existências postas como um inimigo que precisa ser combatido até o fim. Uma forma bem análoga à eugenia e ao fascismo, que subalterniza corpos, tira sua humanidade a fim de que todo e qualquer tipo de ação possa ser direcionada como medida de proteção da norma sem sofrer retaliação por isso. E é a partir disso que temos pensado que, muito provavelmente, a prova mais contundente de que a norma (ou o que está normatizado) não é algo natural é a necessidade de sua constante patrulha e defesa, assim como a perseguição e a punição de quem se contrapõe a ela.

Muitas dessas narrativas têm sido usadas para direcionar ódio, gerar violência, perpetuar a negação de acesso a direitos básicos ou levar pessoas trans a serem suicidadas – autoextermínio como consequência de um ambiente social tolerante à discriminação contra as pessoas trans. Temos alertado ainda sobre o fato de que o objetivo em curso pelo movimento antitrans é proibir todos os cuidados de afirmação de gênero e efetivamente criminalizar as existências trans"[18].

> A violência transfóbica, o discurso de ódio e uma ideologia antitrans tem crescido e ganhado muita força nas redes sociais desde 2014, e fez-se mais presente em 2020 e em 2021, diante da crise política, econômica e humanitária em que nos encontramos. Aliado a cena caótica, houve à disseminação de *fake news* e o recorrente uso do *trans panic*[19] como forma de ter alcance (e, muitas vezes, relevância sobre a pejorativização dos grupos) na internet, angariando adeptos e aproximando grupos antagônicos para a unificação e fortalecimento de uma disputa cissexista. Dentre eles, diversos ataques organizados pela aliança entre grupos historicamente LGBTIfóbicos, políticos de extrema-direita, milícias paramilitares e grupos neonazistas que ganharam força desde a eleição do atual governo, líderes religiosos fundamentalistas,

---

18 Senador apresenta projeto de lei para proibir acesso a cuidados em saúde. Disponível em: https://thehill.com/homenews/state-watch/3800710-oklahoma-millstone-act-seeks-to-ban-gender-affirming-care-under-age-of-26/

19 Disseminar *trans panic* é uma estratégia adotada por grupos antitrans, RADFEM/TERF, fundamentalistas religiosos e outros, especialmente nas redes sociais, através de meias verdades ou a manipulação de dados pouco confiáveis ou difíceis de verificar/comprovar, para criar medo e disseminar mitos, estigmas e tabus contra pessoas trans a fim de desumanizar, ridicularizar, negar acesso a espaços e a direitos, assim como criminalizar pessoas trans através do medo de uma convivência social com pessoas trans <Lee, Cynthia. "The Trans Panic Defense Revisited." *Am. Crim. L. Rev.* 57 (2020): 1411.>.

> diversos grupos que compõem as redes *bolsonaristas*, grupos de Lésbicas, Gays e Bissexuais cisgêneros antitrans e do feminismo radical trans excludente (RADFEM/TERF)[20] têm se mobilizado em torno de construir, fortalecer e disseminar narrativas antitrans que incitam o ódio, o medo e a desumanização de travestis e demais pessoas trans. (Dossiê ANTRA, 2021).

Observando e acompanhando a forma como operam esses grupos, podemos identificar formas de como opera a lógica antitrans no sentido de i) publicar espantalhos que criem pânico e medo (ex. *Direitos trans ameaçam os direitos das meninas e mulheres*), que ii) incluam informações de fontes de difícil acesso, não verificadas ou falsas para embasar seu ponto e, com isso, iii) atrair simpatizantes para o assunto. E em caso de respostas por parte de grupos e pessoas trans, esses grupos e pessoas têm uma forte tendência de iv) se fazerem de vítimas ou afirmarem que estariam sendo perseguidos, o que acaba por atrair v) apoio de outros grupos/agentes antitrans unidos por um "bem comum" – a exclusão de pessoas trans. Inclua ainda a mobilização de vi) conhecidos e amigos pra defender esses pontos, vii) mobilizando mais perfis secundários que têm contato com as redes antitrans e passam a viii) perseguir e expor pessoas e instituições de defesa dos direitos trans, incluindo a publicação do nome anterior (*deadname*) das pessoas trans, de fotos pré-transição, telefone, contatos pessoais, endereço e localização, etc, que são comumente usadas como estratégias intimidatórias para tentar humilhar e expor as pessoas, ou depreciar suas realidades. E, como prêmio, ix) acabam sendo alçadas a celebridades entre aqueles que atuam contra direitos trans.

Essa dinâmica, por mais absurda que pareça, tem funcionado de forma bem eficaz, exatamente porque foram os discursos de pessoas que não são trans que criaram esses mitos sobre pessoas trans. E o que nós, enquanto ativistas e pesquisadoras, temos feito é lutar para desfazer as tentativas que se alternam entre a patologização, a demonização e criminalização de nossas identidades, às vezes operando conjuntamente no

20 A epidemia crescente de transfobia nos feminismos (BENEVIDES, 2021). Disponível em: https://brunabenevidex.medium.com/a-epidemia-crescente-de-transfobia-nos-feminismos-bbb0a40ea8d0

sentido de desumanizar ou posicionar pessoas trans como uma ameaça real, ignorando o fato de que é a população trans um dos grupos que enfrenta processos de desumanização e violência em nossa sociedade.

O corpo travesti/trans ainda é visto como criminoso, culpado, perigoso, violento, agressivo, antissocial, selvagem, marginal e, devido a isso, **"precisa ser combatido a todo custo"**, principalmente corpos trans racializados. Essas narrativas reforçam a ideia de que pessoas como nós não estão preparadas para viver o ambiente público, como se fôssemos incapazes de uma convivência social harmoniosa, ou ainda que estaríamos fingindo ser aquilo que não somos.

Pesquisas recentes demonstram que jovens trans estão menos otimistas sobre o futuro[21]. Cabe a nós, a mim e a você que agora me lê, mudar essa realidade, diariamente e em todos os lugares, para que tenhamos um país em que as pessoas trans possam viver, ser livres e ter dignidade. Nós, como sociedade, precisamos reajustar nossa ideia de gênero baseada apenas nas experiências de pessoas cisgêneras, para sermos verdadeiramente inclusivos, não exclusivos/excludentes.

Precisamos adotar uma abordagem inclusiva porque, se não houver mais categorias cristalizadas de gênero binário (masculino e feminino), ninguém pode ser prejudicado por esses rótulos, suas tecnologias e exclusões. A igualdade de gênero para incluir pessoas transgêneras não é uma tentativa de apagar o binário. A ideia não é se livrar do masculino e do feminino, mas sim ampliá-los para incluir outras identidades que vão além dessas categorias e fazer com que sejam igualmente válidas e tenham os mesmos direitos.

Se destinássemos o mesmo tempo e energia para apoiar a criação e a destinação de recursos específicos para um sistema de saúde que funcione e atenda as necessidades das pessoas trans em relação ao tempo que gastamos discutindo as opiniões de pessoas cisgêneras sobre a validade ou legitimidade dos direitos das pessoas trans, poderíamos mudar a realidade do país e do cuidado. Precisamos parar de policiar os corpos e as identidades uns dos outros, porque isso é o que realmente

21 Jovens trans estão menos otimistas sobre o futuro. https://revistahibrida.com.br/mundo/jovens-trans-estao-menos-otimistas-sobre-o-futuro/

coloca as pessoas em risco. E precisamos parar de debater sobre regras sociais antiquadas quando o argumento é simplesmente um veículo para perpetuar a transfobia e o ódio. Se você olhar para os problemas como eles são, e deixar de lado o medo, você verá pessoas reais que só querem viver em paz, ter sua liberdade e a garantia de direitos básicos assegurados, além de fazer xixi sem serem vítimas de violência.

Para desnecropolitizar-nos, é necessário fazer um trabalho coletivo de despatriarcalização e descolonização, e também um trabalho intensivo antipunitivista, promover a descristianização e a desneoliberalização que já se realizam em diferentes cantos do planeta por pessoas e grupos comprometidos com a sustentabilidade da vida sem a naturalização de discursos violentos, regressivos e sectários, e que baseiam suas lutas em identidades segmentadas ou na essencialização biológica ou geopolítica de determinados sujeitos como superiores a outros.

Nosso compromisso como povo é o de encarar, com coragem e profundidade, os abismos que as desigualdades sistematizadas organizaram entre nosso povo. E esse trabalho seguirá nas intersecções, buscando radicalizar a democracia através da atuação ampliada e conjunta com parlamentares, ativistas, militantes, demais agentes do espaço público e instituições, governamentais ou não.

# O HUMANO É RADIANTE

Por Marina Pinhão
Coelho Araújo

O reconhecimento pelo Supremo Tribunal Federal (STF) do estado inconstitucional de coisas no sistema penitenciário brasileiro é não apenas um grave alerta ao poder público, em suas diversas esferas. É – deve ser – um chamado a toda a sociedade, para não ser indiferente, para aproximar-se do cárcere, para conhecer a real situação das pessoas presas, para conscientizar-se do drama humano existente, para sensibilizar-se com as condições inconstitucionais que lá vigoram, para lutar por uma atuação estatal menos desumana e menos indigna.

No Brasil, pessoas presas são abandonadas em espaços indignos de serem ocupados por seres humanos. Pouco se trata de ressocialização, formação de pessoas. Menos de 20% dos cidadãos encarcerados têm a possibilidade de trabalhar[1]. Presos não perderam sua condição humana. O Estado não tem legitimidade para tratá-los como coisas, como animais, como seres humanos de segunda categoria. A humanidade persiste.

Ao Estado é imposto o dever de executar penas legítimas. Não é válida qualquer reação, qualquer forma de execução de pena. A restrição à liberdade do indivíduo deve se dar na justa medida da proporcionalidade em todos os seus espectros – quantidade, qualidade e estrutura de execução. O estado distópico do nosso sistema penitenciário não configura ação legítima do Estado.

No Estado Democrático de Direito, não há pena de desumanização. E a sociedade não pode ser indiferente se o poder público abusa do seu poder com suas omissões, com seus maus tratos, com seu racismo, com sua seletividade, com suas torturas. É preciso reagir. E, para reagir, antes é preciso ver, é preciso sentir, é preciso deixar-se tocar pela realidade do cárcere.

1 Dados de outubro de 2022, pelo serviço de Estadual de Informações ao Cidadão – SIC – de São Paulo.

As fotos do ministro Sebastião Reis são muito mais do que registros de uma realidade a que habitualmente não temos acesso. Elas trazem um mundo desconhecido, um mundo com outras regras, outras dinâmicas, outros tempos, outros cheiros, outras sensibilidades. As fotos mostram a incrível capacidade de resistência do fenômeno humano. Ele pode ser desprezado, vilipendiado, esquecido, odiado, triturado, mas continua lá. Continua a explicitar sua dignidade, sua criatividade, sua humanidade. E continua a pedir nossa atenção, nosso olhar, nosso cuidado. Não nos cabe virar as costas.

Não há sociedade pacífica onde reina a indiferença com algum ser humano. O cárcere e os presos são parte do tecido social, integram a sociedade. Tratar as pessoas presas desumanamente não é "mero" desvio de finalidade do sistema penal ou desrespeito a direitos fundamentais. Esse abuso, ao deslegitimar inteiramente a ação estatal, implode as condições mínimas de convivência pacífica.

Não há outro caminho de cidadania. A sociedade tem de se reconhecer nas pessoas presas, cidadãos exatamente iguais aos outros. A pena que lhes foi imposta não os privou de sua condição humana, por mais que o Estado os trate de forma tão desumana. Não é uma opção. Uma sociedade realmente democrática preocupa-se, importa-se, com todas as pessoas. Mais do que refletir quem está lá dentro, as condições dos cárceres revelam quem está fora.

Visitar, olhar, entender, humanizar – romper simbólica e afetivamente os muros do cárcere – é caminho para vencer o estado inconstitucional de coisas do sistema penitenciário brasileiro. A paz é fruto do reconhecimento da dignidade humana do outro. Só reconhecendo-se no outro, também nos que estão na prisão, na periferia, nos cantos, é possível vislumbrar a possibilidade de uma mudança, de uma transformação da sociedade – e do sistema de justiça criminal.

# A MUDANÇA QUE TRANSFORMA

## O DIREITO À ALTERAÇÃO DO PRENOME E DO SEXO NO REGISTRO CIVIL

Por

Ana Carolina A. Caputo Bastos

Ana Carolina Reis Magalhães

Bárbara Mendes Lôbo Amaral

Cristina Maria Neves da Silva

Gisele dos Reis Silva

Julia de Baére C. d'Albuquerque

Manuela Simões Falcão A. de Oliveira

## Antes de tudo, um parêntese

Empatia e gratidão. Antes de avançar no tema sobre o qual nos dispusemos a tratar, não poderíamos começar este artigo sem explicitar, desde o início, dois sentimentos que permearam todas as nossas reflexões. O primeiro deles é a empatia. Infelizmente, pessoas trans ainda são invisibilizadas, marginalizadas e precisam do apoio de toda a sociedade. A luta feminista, tão cara para nós, jamais será completa se deixarmos alguma mulher para trás. Registramos, assim, o nosso desejo de continuar aprendendo e lutando pelos direitos das pessoas trans.

O segundo sentimento que nos tomou por completo foi o de profundo agradecimento ao ministro Sebastião Reis Junior, magistrado exemplar, homem admirável e verdadeiro amigo da causa feminina. A ele, toda a nossa gratidão por estender a nós – da associação Elas Pedem Vista – o convite para fazer parte desta obra. Os registros fotográficos feitos durante a visita ao Centro de Detenção Provisória II de Pinheiros (São Paulo) nos emocionaram pela sensibilidade com que conseguiram capturar a realidade dessas pessoas encarceradas. Um legado provocativo e inspirador de mudanças.

## E por que as mudanças são urgentes?

*"Cada um sabe a dor e a delícia de ser o que é"*. As pessoas trans que vemos na foto são marcadas por uma dor que talvez jamais consigamos dimensionar. De acordo com a Associação Nacional de Travestis e Transexuais (ANTRA), o Brasil segue sendo o país que mais as assassinou pelo 14º ano consecutivo. Não fosse suficiente ostentarmos essa lamentável posição no ranking mundial, é vergonhoso saber que estamos muito distantes do México, que fica em segundo lugar.[1]

A maior parte das vítimas é jovem (entre 13 e 29 anos), negra, empobrecida, costuma ter a prostituição como fonte de renda e reivindica ou expressa publicamente o gênero feminino. A regra é que haja uso excessivo de violência e requintes de crueldade, sendo que os suspeitos,

1 BENEVIDES, Bruna G. Dossiê: assassinatos e violências contra travestis e transexuais brasileiras em 2022. ANTRA (Associação Nacional de Travestis e Transexuais). Brasília, DF: Distrito Drag; ANTRA, 2023, pp. 109. Disponível em <https://antrabrasil.files.wordpress.com/2023/01/dossieantra2023.pdf>. Acesso em 01 abr. 2023.

em geral, não possuem relação direta, social ou afetiva com a vítima. São dados e informações extraídos do "Dossiê: assassinatos e violências contra travestis e transexuais brasileiras em 2022" e divulgados anualmente pela ANTRA, no intuito de jogar luzes ao tema.

Além de servir como alerta sobre a absoluta ausência de políticas públicas e da devida atenção estatal no que tange à população trans, o dossiê atua de forma propositiva, trazendo recomendações para a mudança dessa triste realidade brasileira. Um dos pontos é a destinação de vagas específicas para pessoas trans em programas de geração de emprego e renda, bem como a criação de incentivos fiscais para empresas que têm vínculo com o Estado para a contratação especialmente de travestis e mulheres trans. Iniciativas como essa certamente ajudariam a reduzir a transfobia. Afinal, a mudança é mais do que urgente.

## A foto que nos escolheu

Mesmo diante de tanta dor e medo, vemos que há a alegria de serem quem são. E de quem são esses sorrisos e esses abraços que logo nos envolveram? Ao nos debruçarmos sobre a foto que inspira o nosso texto, essa pergunta foi inevitável. Até agora, contudo, não sabemos os nomes dessas pessoas, mas isso não seria o mais importante. O importante é saber que atualmente podem escolher a forma como querem ser chamadas socialmente, bem como podem alterar o seu nome e gênero no registro civil, a fim de que sua verdadeira identidade seja refletida nas relações pessoais e profissionais, o que é uma grande conquista do movimento LGBTQIA+.

A seleção deste registro, cheio de vida e significado, acabou sendo tão natural que não sabemos ao certo se o escolhemos ou se fomos escolhidas por ele. Fato é que nos trouxe para esse tema de todo instigante sobre direito da personalidade, especificamente quanto à adoção do nome social e alteração do prenome e sexo no registro civil. Graças a um longo processo de afirmação desse direito, hoje é amplamente reconhecido no Brasil e pode ser exercido sem a necessidade de cirurgia de transgenitalização e de processo judicial. Vejamos, então, os aspectos que julgamos principais dessa importante conquista.

## A experiência e o Direito Internacional

A discriminação a pessoas trans é rechaçada internacionalmente, sendo objeto de diversas convenções e tratados dos quais o Brasil é signatário. O Pacto Internacional sobre Direitos Civis e Políticos prescreve no art. 2º, 1[2], e no art. 26º[3] a proibição de qualquer forma de discriminação e a garantia a todas as pessoas de proteção igual e eficaz contra qualquer discriminação por motivo de raça, cor e sexo, dentro outros.

No mesmo sentindo, o art. 1º[4] da Convenção Americana sobre Direitos Humanos (CADH), também conhecida como Pacto de São José da Costa Rica, afasta qualquer tipo de discriminação, seja por motivo de raça, cor, sexo, idioma, religião, opiniões políticas ou de qualquer outra natureza, origem nacional e social, posição econômica, nascimento ou qualquer outra condição social. A CADH, em seu art. 18[5], também reconhece o direito ao nome como um direito autônomo, diante da sua íntima vinculação com o direito à identidade.

Como se extrai do julgamento da Ação Direta de Inconstitucionalidade (ADI) 4.275, a Corte Europeia de Direitos Humanos, instada a se manifestar a respeito no caso AFFAIRE A.P., GARÇON ET NICOT c. FRANCE, firmou o entendimento de que *"(...) a exigência de submissão das pessoas transexuais ao procedimento cirúrgico de esterilização, como premissa fática necessária para o reconhecimento da identidade de gênero nos registros públicos, é medida contrária à Convenção Europeia de Direitos Humanos (...)"*[6].

Cumpre registrar, ainda, que o Princípio 3º de Yogyakarta determina que *"(...) nenhuma pessoa deverá ser forçada a se submeter a procedimentos*

---

2 *"ARTIGO 2. 1. Os Estados Partes do presente Pacto comprometem-se a respeitar e a garantir a todos os indivíduos que se achem em seu território e que estejam sujeitos a sua jurisdição os direitos reconhecidos no presente Pacto, sem discriminação alguma por motivo de raça, cor, sexo, língua, religião, opinião política ou de outra natureza, origem nacional ou social, situação econômica, nascimento ou qualquer outra condição".*

3 *"ARTIGO 26. Todas as pessoas são iguais perante a lei e têm direito, sem discriminação alguma, a igual proteção da Lei. A este respeito, a lei deverá proibir qualquer forma de discriminação e garantir a todas as pessoas proteção igual e eficaz contra qualquer discriminação por motivo de raça, cor, sexo, língua, religião, opinião política ou de outra natureza, origem nacional ou social, situação econômica, nascimento ou qualquer outra situação".*

4 *"ARTIGO 1. Obrigação de Respeitar os Direitos. 1. Os Estados-Partes nesta Convenção comprometem-se a respeitar os direitos e liberdades nela reconhecidos e a garantir seu livre e pleno exercício a toda pessoa que esteja sujeita à sua jurisdição, sem discriminação alguma por motivo de raça, cor, sexo, idioma, religião, opiniões políticas ou de qualquer outra natureza, origem nacional ou social, posição econômica, nascimento ou qualquer outra condição social. 2. Para os efeitos desta Convenção, pessoa é todo ser humano".*

5 *"ARTIGO 18. Direito ao Nome. Toda pessoa tem direito a um prenome e aos nomes de seus pais ou ao de um destes. A lei deve regular a forma de assegurar a todos esses direito, mediante nomes fictícios, se for necessário".*

6 STF, Tribunal Pleno, ADI 4275, Relator Ministro MARCO AURÉLIO, Redator do acórdão Ministro EDSON FACHIN, DJe 07/03/2019.

*médicos, inclusive cirurgia de mudança de sexo, esterilização ou terapia hormonal, como requisito para o reconhecimento legal de sua identidade de gênero. (...)"*. No bojo desses conceitos sobre "autodeterminação" e "autodefinição", os princípios trazem balizas importantes sobre direitos e garantias a pessoas autodeclaradas LGBTQIA+[7].

## A jurisprudência do Superior Tribunal de Justiça

> *"Nós, mulheres trans, não alcançamos ainda a categoria de humanidade. A categoria de humanidade no Brasil nunca foi dada, sempre foi conquistada. Nós, pessoas trans, não somos reconhecidas como humanas. Tanto é que se você perguntar qual é a maior pauta do movimento trans na América latina, a nossa maior pauta ainda é nome"*.[8]

A fala é da Duda Salabert, ativista e uma das primeiras deputadas federais trans eleitas na história do nosso país (juntamente com Erika Hilton). A parlamentar nos chama a atenção para o fato de que a possibilidade de alteração do nome e do gênero no registro civil, sem a necessidade de ação judicial ou realização de cirurgia de transgenitalização, é conquista recente.

O primeiro julgado do STJ a autorizar a alteração do prenome e do designativo de sexo no registro civil de transexual, sem que a alteração ficasse averbada, foi em 2009. No Recurso Especial (REsp) 1.008.398/SP[9], a transexual teve o seu pleito deferido, pois havia realizado a cirurgia de transgenitalização, o que foi destacado na fundamentação da relatora, ministra Nancy Andrighi:

> Conservar o 'sexo masculino' no assento de nascimento do recorrente, em favor da realidade biológica e em detrimento das realidades psicológica e social, bem como morfológica, pois a aparência do transexual redesignado, em tudo se assemelha ao sexo feminino, equivaleria a manter o recorrente em estado de anomalia, deixando de reconhecer o seu direito de viver dignamente.

---

7 Disponível <https://www.cnj.jus.br/wp-content/uploads/2021/06/manual_resolucao348_LGBTI.pdf>. Acesso em 8 abr. 2023.

8 Fala da Deputada Federal Duda Salabert, no seminário Mulheres em ação: contra o preconceito e a desigualdade de gênero, promovido pelo IEJA - Instituto de Estudos Jurídicos Aplicados, realizado no dia 29.03.2023.

9 STJ, Terceira Turma, REsp n. 1.008.398/SP, relatora Ministra Nancy Andrighi, julgado em 15/10/2009, DJe de 18/11/2009.

Apesar de reconhecer a necessidade de alteração do sexo no registro civil para que a transexual pudesse manifestar a sua verdadeira identidade, o julgado condiciona tal possibilidade à cirurgia de transgenitalização, o que jamais poderia estar vinculado à identidade de gênero.

Passaram-se quase 10 anos para o STJ rever sua posição, no sentido de afastar a necessidade de transgenitalização para alteração do registro civil de pessoas trans. O REsp 1.626.739/RS[10] foi julgado em 2017 e considerado um marco para a criação das posteriores políticas públicas em prol da afirmação da dignidade humana de pessoas trans.

Referido julgado destacou quão arriscada é a cirurgia de redesignação sexual e o prolongado tempo de espera para que seja realizada pelo SUS, em média 12 anos. Ainda, ressaltou que países como Reino Unido, Espanha, Portugal e Argentina permitem que transexuais retifiquem nome e sexo em seu registro civil sem a necessidade de cirurgia de transgenitalização, este último sem a necessidade de diagnósticos médicos e/ou psiquiátricos. O voto condutor do julgado, da lavra do ministro Luis Felipe Salomão, enfatizou que:

> O Estado não pode, portanto, adentrar a esfera da vida íntima da pessoa transexual, impondo-lhe a realização de uma cirurgia, que poderá trazer incomensuráveis prejuízos ao exercício de uma vida digna e plena, sendo muitas vezes inatingível em razão dos custos para a sua realização. Tal exigência não encontra qualquer justificativa voltada ao bem comum, pois a identidade do ser é algo personalíssimo, não dizendo respeito a mais ninguém, ao passo que a falta de conformação registral com a realidade psicossocial implica flagrante violação ao direito do transexual de não explicitar a sua condição em uma sociedade ainda maculada pelo desrespeito às diferenças.

O trecho colacionado demonstra a vontade do julgador em conformar o Direito ao fato social, garantindo às pessoas trans a escolha de manifestar sua verdadeira identidade e evitando a sua submissão a constrangimentos e humilhações no exercício de sua cidadania.

10 STJ, Quarta Turma, REsp n. 1.626.739/RS, relator Ministro Luis Felipe Salomão, julgado em 9/5/2017, DJe de 1/8/2017.

A insustentável humilhação de ter a sua verdadeira identidade negada não pode ser justificada por argumentos de fraude ou má-fé quanto a retificação registral. O ordenamento jurídico brasileiro prestigia os princípios gerais da dignidade da pessoa humana e a presunção de boa-fé, devendo se pautar neles para questões que envolvam direitos humanos.

Sendo assim, o STJ assegurou o respeito à decisão individual da pessoa transexual de não se submeter ao procedimento de transgenitalização para que possa ter o seu registro civil retificado, de acordo com a sua personalidade, o que foi chancelado pelo Supremo Tribunal Federal (STF), conforme será demonstrado a seguir.

## A jurisprudência do Supremo Tribunal Federal

No mesmo ano do referido julgado do STJ, o STF julgou o Recurso Extraordinário (RE) 670.422, de relatoria do ministro Dias Toffoli, inscrito como Tema 761 e com a seguinte descrição *"possibilidade de alteração de gênero no assento de registro civil de transexual – como masculino ou feminino – mesmo sem a realização de procedimento cirúrgico"*. No julgamento, foram firmadas as seguintes teses em sede de repercussão geral:

> i) o transgênero tem direito fundamental subjetivo à alteração de seu prenome e de sua classificação de gênero no registro civil, não se exigindo, para tanto, nada além da manifestação da vontade do indivíduo, o qual poderá exercer tal faculdade tanto pela via judicial como diretamente pela via administrativa;
>
> ii) essa alteração deve ser averbada à margem no assento nascimento, sendo vedada a inclusão do termo "transexual";
>
> iii) nas certidões do registro não constará nenhuma observação sobre a origem do ato, sendo vedada a expedição de certidão de inteiro teor, salvo a requerimento do próprio interessado ou por determinação judicial;
>
> iv) efetuando-se o procedimento pela via judicial, caberá ao magistrado determinar, de ofício, ou a requerimento do interessado, a expedição de mandados específicos para a alteração dos demais registros nos órgãos públicos ou privados pertinentes, os quais deverão preservar o sigilo sobre a origem dos atos.

A ADI 4.275, apresentada pela Procuradoria-Geral da República, foi julgada procedente para *"dar interpretação conforme à Constituição e ao Pacto de São José da Costa Rica ao artigo 58 da Lei 6.015/73, de modo a reconhecer aos transgêneros, que assim o desejarem, independentemente de cirurgia de transgenitalização, ou da realização de tratamento hormonais ou patologizantes, o direito à substituição de prenome e sexo diretamente no registro civil"*[11].

Em ambos os julgamentos históricos, o STF reconheceu que um Estado Constitucional *"não pode conviver com ações estatais desafinadas com o respeito do indivíduo e a promoção indistinta do bem de todos"*. Os acórdãos assentaram que o preâmbulo da Constituição registra a intenção do povo brasileiro de instituir um Estado Democrático destinado a assegurar, dentre diversos bens jurídicos, o bem-estar, a igualdade e a justiça como valores supremos de uma sociedade, que se espera seja fraterna, pluralista e sem preconceitos.

Afinal, uma sociedade livre, justa e solidária deve promover o bem de todos, sem preconceito de origem, raça, cor, sexo, idade e quaisquer outras formas de discriminação (art. 3º I e IV da CF), o que se deve realizar com o resguardo a valores fundamentais como a igualdade (art. 5º, *caput*, CF) e a privacidade (art. 5º, inc. X, da CF).

Nesses *leading cases*, o direito à busca pela felicidade também foi a base legal para reconhecimento do direito de alteração de registro civil, independentemente de laudo ou cirurgia. Nas palavras do professor Saul Tourinho Leal, a busca da felicidade é *"um importante vetor hermenêutico relativo a temas de direitos fundamentais"*.[12] No julgamento do RE, o ministro Dias Toffoli consignou que, embora seja um princípio implícito na Constituição, seu conteúdo pode ser extraído do texto do art. 3º, que dispõe sobre a promoção do bem de todos e a construção de uma sociedade livre e solidária.

Por isso, torna-se imperioso que se afaste qualquer óbice jurídico e administrativo que represente limitação ao exercício pleno da liberdade da escolha de identidade, orientação e vida sexual pelo cidadão.

---

11 STF, Tribunal Pleno, ADI 4275, Relator Ministro MARCO AURÉLIO, Redator do acórdão Ministro EDSON FACHIN, DJe 07/03/2019.

12 LEAL, Saul Tourinho. Direito a Felicidade. 2018. Almedina.

Tanto que no julgamento do RE, o ministro Toffoli ressaltou a necessidade de ultrapassar *"a classificação binária, tradicional e estática, das pessoas em sexo masculino ou feminino"*.

O debate ocorrido na ADI 4.275 reconheceu o direito pretendido não apenas aos transexuais, mas também a todos os transgêneros, onde se consignou que o direito subjetivo da pessoa que se identifica como transgênero não depende de nada além da própria manifestação de vontade do indivíduo. Quanto a este tema, o professor Paulo Iotti[13], referência na defesa dos direitos do grupo LGBTQIA+, leciona que:

> O sexo não se limita a uma questão puramente genética/biológica sendo igualmente determinado por aspectos psicológicos e sociais. É preciso combater essa verdadeira genitalização da pessoa humana [...]. Não se pode afirmar a genitália como elemento preponderante na definição do sexo da pessoa, já que o preponderante é sexo psicológico e social, ou seja, a forma como a pessoa se compreende e é conhecida socialmente.

Tanto é assim que na ADI foram acolhidos os fundamentos da Corte Interamericana de Direitos Humanos (CIDH) – Opinião Consultiva 24/2017 – que afirmou que a identidade de gênero não se prova, por ser algo percebido pelo indivíduo. A CIDH atestou que a exigência de cirurgia viria por impor uma esterilização compulsória da pessoa e que a exigência de laudos de terceiro violaria o direito à liberdade e autonomia moral da pessoa transgênero na definição de sua identidade de gênero.

Diante dessas colocações, conclui-se que a mera declaração de vontade da pessoa transgênero seria suficiente para que o Estado respeitasse a sua identidade. Portanto, o posicionamento do STF sobre o tema estancou qualquer dúvida sobre a sua constitucionalidade, o que foi crucial para a adoção das medidas levadas a cabo pelo Conselho Nacional de Justiça (CNJ) e que culminaram na edição da Lei 14.382/2022[14].

---

13 VECCHIATTI, Paulo Roberto Iotti. A Constituição de 1988 e a evolução dos direitos da população LGBTI+. In Revista de Direito da Faculdade Guanambi, Guanambi, v. 6, n. 01, e247, jan./jun. 2019.
14 Disponível <http://www.planalto.gov.br/ccivil_03/_ato2019-2022/2022/lei/L14382.htm>. Acesso em 5 abr. 2023.

## Avanços normativos até a Lei 14.382/2022

O reconhecimento do direito ao uso do nome social já percorreu um longo caminho na legislação brasileira. No sistema penitenciário, a matéria foi inicialmente trazida na Resolução Conjunta nº 1, de 15 de abril de 2014, do Conselho Nacional de Política Criminal e Penitenciária (CNPCP) e do Conselho Nacional de Combate à Discriminação e Promoção dos Direitos de LGBT (CNCD/LGBT)[15].

O texto normativo trata das diretrizes sobre o uso do nome social, de acordo com a identidade de gênero, espaços de vivências específicos e visita íntima. O art. 2º da referida Resolução Conjunta estabelece, por exemplo, que *"a pessoa travesti ou transexual em privação de liberdade tem o direito de ser chamada pelo seu nome social, de acordo com o seu gênero"*. O parágrafo único, por sua vez, prevê que "o registro de admissão no estabelecimento prisional deverá conter o nome social da pessoa presa".

Pouco tempo mais tarde, o Decreto 8.727/2016[16] passou a regulamentar a questão no âmbito da Administração Pública Federal Direta, Autárquica e Fundacional. A legislação garantiu à pessoa transgênero o direito de ser chamada pelo nome com o qual se identifica. Um avanço significativo para esse grupo que há muitos anos lutava para ser chamado pelo nome que é reconhecido socialmente.

Em 2018, o CNJ, em consonância com o que decidido no julgamento da ADI 4.275 pelo STF, editou o Provimento 73[17] que possibilitou que a mudança do prenome e do gênero (ou de ambos) fosse realizada diretamente perante os Oficiais de Registro Civil das Pessoas Naturais nos assentos de nascimento e de casamento de pessoas transgênero, sem a necessidade de cirurgia prévia de mudança de sexo e de ação judicial.

Ainda em 2018, o CNJ também editou a Resolução 270, que dispõe sobre o uso do nome social pelas pessoas trans, travestis e transexuais

15 Disponível em <https://www.gov.br/depen/pt-br/composicao/cnpcp/resolucoes/2014/resolucao-conjunta-no-1-de-15-de-abril-de-2014.pdf/view>. Acesso em 5 abr. 2023.

16 Disponível em <https://legislacao.presidencia.gov.br/atos/?tipo=DEC&numero=8727&ano=2016&ato=16aAzYU1EeZpWT47c>. Acesso em 5 abr. 2023.

17 Disponível em <https://atos.cnj.jus.br/atos/detalhar/2623>. Acesso em 5 abr. 2023.

usuárias dos serviços judiciários, membros, servidores, estagiários e trabalhadores terceirizados dos tribunais brasileiros.[18]

A Resolução 348[19], de 13/10/2020, do CNJ trouxe novas diretrizes e procedimentos a serem observados pelo Poder Judiciário, no âmbito criminal, com relação ao tratamento da população lésbica, gay, bissexual, transexual, travesti ou intersexo que seja custodiada, acusada, ré, condenada, privada de liberdade, em cumprimento de alternativas penais ou monitorada eletronicamente. O art. 6º da Resolução assim estabelece:

> Art. 6º Pessoas autodeclaradas parte da população LGBTI submetidas à persecução penal têm o direito de ser tratadas pelo nome social, de acordo com sua identidade de gênero, mesmo que distinto do nome que conste de seu registro civil, como previsto na Resolução CNJ 270/2018.
>
> Parágrafo único. Caberá ao magistrado, quando solicitado pela pessoa autodeclarada parte da população LGBTI ou pela defesa, com autorização expressa da pessoa interessada, diligenciar pela emissão de documentos, nos termos do artigo 6º da Resolução CNJ 306/2019, ou pela retificação da documentação civil da pessoa.

A iniciativa demonstra que os Tribunais estão atentos ao direito das pessoas trans quanto à utilização do nome social, pois é através dele, frise-se, que se apresentam para o mundo, consistindo na consolidação da cidadania deste grupo social ainda tão marginalizado em nossa sociedade.

Em 27 de junho de 2022, a Medida Provisória (MP) 1.085/2021 foi convertida na Lei 14.382/2022, que alterou, dentre outras, o art. 56 da Lei 6.015/1973, possibilitando finalmente a alteração do prenome da pessoa registrada após ter atingido a maioridade. Agora, basta apresentar um requerimento, sem a necessidade de decisão judicial ou motivação.

Essa mudança tem por fundamento, além do princípio da dignidade da pessoa humana, a evolução jurisprudencial brasileira. Como assentado no voto do ministro Dias Toffoli no RE 670.422, o afastamento

---

18 Disponível em <https://atos.cnj.jus.br/atos/detalhar/2779#:~:text=1%C2%BA%20Fica%20assegurada%20a%20possibilidade,documentos%2C%20na%20forma%20disciplinada%20por>. Acesso em 5 abr. 2023.

19 Disponível em <https://atos.cnj.jus.br/atos/detalhar/3519#:~:text=6%C2%BA%20Pessoas%20autodeclaradas%20parte%20da,Resolu%C3%A7%C3%A3o%20CNJ%20n%C2%BA%20270%2F2018>. Acesso em 5 abr. 2023.

da regra da imutabilidade do prenome decorre da *"situação fática posta no dia a dia das pessoas transexuais, pois ficará evidente sua exposição ao ridículo caso seus pleitos de reassentamento não sejam concedidos, violando-se, na espécie a dignidade da pessoa humana"*.

Todavia, mesmo tendo a Lei 14.382/2022 inovado quanto à ausência de motivação para alteração do nome e diminuição do lapso temporal, o § 2º do art. 56 determinou que "a averbação de alteração de prenome conterá, obrigatoriamente, o prenome anterior, os números de documento de identidade, de inscrição no Cadastro de Pessoas Físicas (CPF) da Secretaria Especial da Receita Federal do Brasil, de passaporte e de título de eleitor do registrado, dados esses que deverão constar expressamente de todas as certidões solicitadas".

O referido parágrafo, contudo, encontra-se em desconformidade com a tese de repercussão geral estabelecida no julgamento do RE que determinou "que nas certidões do registro não constará nenhuma observação sobre a origem do ato, sendo vedada a expedição de certidão de inteiro teor, salvo a requerimento do próprio interessado".

É inegável que o sigilo da averbação do registro civil é necessário para que se evite qualquer tipo de constrangimento das pessoas trans. Entretanto, para que não haja prejuízo à segurança jurídica e a terceiros, o STF determinou que no registro conste apenas que houve averbação, o que impede que Cartórios de Registros Civis forneçam certidões ou prestem quaisquer informações sobre os dados sem autorização judicial.

## Os aspectos eleitorais do nome social

Em 2018, o Tribunal Superior Eleitoral (TSE) editou a Portaria Conjunta TSE nº 1[20], de 17.04.2018, incluindo o nome social no cadastro eleitoral, apontando, inicialmente, que *"nome social é a designação pela qual a pessoa travesti ou transexual se identifica e é socialmente reconhecida e não se confunde com apelidos"*. Foi o início da utilização do nome social no cadastro de eleitores perante a Justiça Eleitoral.

20 Disponível em <https://www.tse.jus.br/legislacao/compilada/prtc/2018/portaria-conjunta-no-1-de-17-de-abril-de-2018>. Acesso em 8 abr. 2023.

A edição da Portaria Conjunta decorre do julgamento da Consulta (11551) 0604054-58.2017.6.00.0000[21], em que o TSE definiu que *"o nome social poderá ser utilizado tanto nas candidaturas proporcionais como nas majoritárias, haja vista que o art. 11 da Lei 9.504/97, ao estabelecer o rol de dados e documentos que devem instruir o pedido de registro, não faz nenhuma distinção nesse sentido"* (item 5 da ementa).

O pressuposto da decisão é a mitigação do princípio da imutabilidade do nome pela jurisprudência do STF e do STJ, apontando a possibilidade, inclusive, de alteração do registro civil independentemente de prévia autorização judicial, frise-se, conforme discutido na ADI 4.275.

O sistema eleitoral tem suas particularidades e, desde antes, já aceitava a utilização de um nome político (o nome que vai às urnas) diverso do nome próprio do candidato ou da candidata. Segundo o art. 25 da Resolução 23.609, de 18 de dezembro de 2019, do TSE, o nome para constar da urna eletrônica *"terá no máximo 30 (trinta) caracteres, incluindo-se o espaço entre os nomes, podendo ser o prenome, sobrenome, cognome, nome abreviado, apelido ou nome pelo qual a candidata ou o candidato é mais conhecida(o), desde que não se estabeleça dúvida quanto a sua identidade, não atente contra o pudor e não seja ridículo ou irreverente"*[22].

É dizer, toda candidatura pode se utilizar de um nome que não seja o prenome e sobrenome da candidata ou do candidato, podendo fazer campanha e se submeter ao crivo popular com o nome que é mais conhecida ou conhecido, com uma ressalva clara: *"desde que não se estabeleça dúvida quanto a sua identidade, não atente contra o pudor e não seja ridículo ou irreverente"*.

Ainda que se pudesse, antes de 2018, utilizar um nome diverso para fins de concorrer a cargo político, somente a partir de então é que se passou a identificar com maior clareza as candidaturas de pessoas trans. Os números obtidos até aqui ainda são incipientes, eis que

21 TSE, Pleno, CTA 0604054-58.2017.6.00.0000, Relator Ministro TARCISIO VIEIRA DE CARVALHO NETO, DJe 03/04/2018.

22 Disponível em <https://www.tse.jus.br/legislacao/compilada/res/2019/resolucao-no-23-609-de-18-de-dezembro-de-2019>. Acesso em 8 abr. 2023.

somente nos últimos três pleitos foram oficialmente colhidos os dados de nome social. Fora isso, a prática ainda demonstra que o nome social não é utilizado por todas as pessoas transgênero que participam ativamente do processo político; algumas já fizeram alteração do nome no registro civil, por exemplo.

A ANTRA faz levantamento das candidaturas de pessoas trans desde as eleições de 2014, quando nenhuma das candidaturas identificadas foi eleita. Quanto ao último pleito de 2022, aponta *"um novo recorde da participação de travestis e demais pessoas trans nessa disputa"*. Houve ao menos 79 candidaturas, um aumento expressivo de 49% em relação a 2018, ano em que foram computadas 53 candidaturas.[23]

Segundo o TSE, *"desde 2018, a pessoa transgênero já pode incluir o nome social no cadastro. Em comparação com as últimas eleições, em 2020, o número de pessoas que fizeram essa alteração praticamente triplicou. Foram 10.450 naquele ano e 37.646 agora em 2022"*[24]. Importante notar que os dados oficiais colhidos pela Justiça Eleitoral diferem dos dados obtidos pela ANTRA. Isso comprova que o nome social não é o único mecanismo para contagem de candidaturas de pessoas trans.

A possibilidade de utilização de nome social de candidatas e candidatos nas urnas é, sem dúvida, um louvável avanço na representatividade de pessoas trans e na consolidação da cidadania deste grupo social tão reprimido e muitas vezes marginalizado. Há mais nuances, mas nessa breve reflexão é importante destacar o avanço na representatividade e na inclusão de mulheres trans como detentoras dos mesmos direitos e prerrogativas de mulheres cis.

Quando o TSE definiu a utilização de nome social nos autos da Consulta (11551) 0604054-58.2017.6.00.0000, deu outro passo relevante, no que tange ao reconhecimento de direitos de pessoas trans. O Tribunal definiu que homens e mulheres trans podem ser contabilizados nas respectivas cotas de candidatura masculina e feminina. Basta figurarem como tal nos requerimentos de alistamento eleitoral, a teor

23 Disponível em <https://antrabrasil.org/eleicoes2022/>. Acesso em 8 abr. 2023.

24 Disponível em <https://www.tse.jus.br/comunicacao/noticias/2022/Novembro/cadastro-eleitoral-permite-identificacao-de-genero-raca-ou-cor-e-etnia>. Acesso em 8 abr. 2023.

do art. 91 da Lei das Eleições[25]. A autodeclaração, portanto, é o marco para a conformação do gênero para fins eleitorais.

Nesse contexto, merecem destaque as reflexões de Judith Butler[26] que reforçam a importância desta coletânea, publicada a partir do valioso olhar do ministro Sebastião Reis Junior:

> (...) ser um ator político é uma função, uma característica de agir em termos de igualdade com outros humanos – essa importante formulação arendtiana permanece relevante para as lutas democráticas contemporâneas. (...).
>
> Então aparentemente precisamos pensar sobre o tipo de reinvindicação que a transexualidade está fazendo, uma reinvindicação que está ligada ao direito de aparecer em público, de exercer esse tipo de liberdade e que está implicitamente ligada a todas as outras lutas para aparecer nas ruas sem a ameaça de violência.

No viés eleitoral, essa questão é relevante porquanto se tem na legislação incentivos à participação feminina na política. E as mulheres trans devem, da mesma forma, ser beneficiadas com os incentivos normativos. A luta feminina por mais mulheres nos espaços de poder não pode deixar de acolher a luta das mulheres trans.

## Transgênero e raça: interseccionalidades

A foto que nos escolheu e inspira este artigo também nos leva a refletir sobre um quadro bastante evidente na nossa sociedade: a dura realidade das mulheres trans, negras, periféricas e a sobreposição de opressões, discriminações e preconceitos.

O Brasil carrega uma história de 300 anos de escravidão. Dentre os países da América, o nosso foi o último a abolir formalmente a escravidão negra em 1888. Ao longo desses anos, a estrutura social construída marginalizou e subjugou a população negra, condenando-a a transitar nas camadas socioeconômicas mais baixas da sociedade.

25 Disponível em <https://www.tse.jus.br/comunicacao/noticias/2018/Marco/tse-aprova-uso-do-nome-social-de-candidatos-na-urna>. Acesso em 8 abr. 2023.

26 BUTLER, Judith. Corpos em aliança e a política nas ruas: notas para uma teoria performativa de assembleia. Tradução Fernanda Siqueira Miguens. 1ª edição. Rio de Janeiro: Civilização brasileira, 2018, fls. 59 a 62.

A concepção de um estereótipo "ideal" vai na contramão de um país tão diverso e colorido. Infelizmente, em pleno século XXI, grande parcela da sociedade brasileira ainda busca impor a hegemonia do corpo branco, cisgênero e heterossexual. Quando estamos diante de mulheres transgêneros e negras, a incidência de múltiplas formas de exclusão atuam de modo interdependente, por estarem relacionadas de forma interseccional.

Essas mulheres trans sofrem duplo preconceito por onde passam com seus corpos. Normalmente, são rejeitadas pela família, no ambiente acadêmico, encontram dificuldade no mercado de trabalho e não contam com o apoio do Estado. É uma vida marcada por negações.

O grau maior de vulnerabilidade decorre de uma multiplicidade de fatores tais como gênero, sexualidade e cor da pele. São opressões sobrepostas que não podem ser compreendidas e examinadas de forma isolada. De igual modo, as estratégias para o enfrentamento das violências contra mulheres negras trans demandam uma postura sistêmica da sociedade e do Estado na tutela dos direitos fundamentais desse segmento da coletividade.

Dentro dessa realidade, fato inegável é que a transfobia acaba sendo potencializada pelo fator raça. Os números, inclusive, apontam que – dentro do grupo de mulheres trans – as negras, lamentavelmente, são mais vítimas de homicídio. Diariamente, os corpos dessas mulheres são alvos frequentes de diferentes ações preconceituosas (explícitas e veladas), onde a identidade de gênero e a cor da pele são marcadores que influenciam na escolha das vítimas e na forma como os ilícitos são cometidos.

Numa sociedade machista, misógina, patriarcal e racista, a mulher trans e negra enfrenta toda sorte de violências física, moral e psicológica. Por não viver sob o manto do endosso social, tem sua legitimidade humana questionada de tal modo que ser reconhecida como pessoa, sujeito de direitos, é uma reivindicação constante, mas sobreviver é uma tarefa muito mais desafiadora.

Desde 2019, atento a este desafio, o plenário do STF julgou duas ações emblemáticas em que se discutia a criminalização da homofobia.

Trata-se da Ação Direta de Inconstitucionalidade por Omissão (ADO) 26[27] e do Mandado de Injunção (MI) 4.733[28]. A Corte deu um importante passo na proteção dos direitos dos transgêneros ao enquadrar a transfobia como crime de racismo, até que o Congresso Nacional edite lei sobre a matéria.

Numa decisão histórica, os ministros da Suprema Corte, por maioria, reconheceram a omissão legislativa do Congresso Nacional para incriminar atos atentatórios a direitos fundamentais dos integrantes da comunidade LGBTQIA+. Deste julgamento – que é um dos marcos da proteção dos direitos das pessoas trans – vale reproduzir aqui dois trechos do voto da ministra Cármen Lúcia que retratam bem os dilemas dos corpos divergentes:

> Numa sociedade discriminatória como a que vivemos, a mulher é diferente, o negro é diferente, o homossexual é diferente, o transexual é diferente. Diferente de quem traçou o modelo, porque tinha poder para ser o espelho e não o retratado. Preconceito tem a ver com poder e comando. Todo preconceito é violência, toda discriminação é causa de sofrimento[29].

Ao olharmos para trás é inegável reconhecer que houve conquistas, mas elas ainda precisam seguir avançando, porque não há democracia plena sem respeito à diversidade e sem políticas de inclusão. A solução está longe de ser encontrada, mas passa pelo diálogo constante entre a sociedade e o Estado e necessita de uma abordagem conjunta e transversal, focada nesse segmento, ainda mais estigmatizado quando o corpo é negro.

É inadmissível que a individualidade de cada ser humano seja palco e pretexto para discriminações. A pauta da agenda das mulheres trans e negras deve levar em consideração suas peculiaridades interseccionais, o silenciamento e a invisibilidade que recaem sobre elas, a violação constante dos seus direitos e dos seus espaços (ou a falta deles) na sociedade.

---

27 STF, Tribunal Pleno, ADO 26, Relator Ministro CELSO DE MELLO, DJe 06/10/2020.
28 STF, Tribunal Pleno, MI 4733, Relator Ministro EDSON FACHIN, DJe 29/09/2020.
29 Disponível em <https://ibdfam.org.br/noticias/6971/STF+criminaliza+homofobia+e+transfobia+com+aplica%C3%A7%C3%A3o+por+analogia+%C3%A0+Lei+do+Racismo>. Acesso em 5 abr. 2023.

## Considerações finais

A identidade de gênero e a orientação sexual constituem dimensões essenciais da dignidade, da personalidade, da autonomia, da privacidade e da liberdade humana. O reconhecimento do direito à adoção do nome social, assim, é uma conquista mais do que celebrada. A partir dela, acolhemos a autodefinição do indivíduo e a forma como pretende se apresentar à sociedade.

O arcabouço normativo sobre o tema foi editado diante do dever do Estado de assegurar a igualdade e o respeito pleno às pessoas, independentemente de gênero, evoluindo-se de um cenário de imutabilidade para mutabilidade do nome. Ampara-se, de modo especial, no princípio da dignidade da pessoa humana e decisões judiciais e administrativas proferidas sob a ótica de respeito à diversidade.

Tais avanços representam importantes degraus na efetivação do compromisso republicano de "constituir uma sociedade livre, justa e solidária, além da promoção do bem de todos, sem preconceitos de origem, raça, sexo, cor, idade e quaisquer outras formas de discriminação". Sigamos firmes quanto a isso, para que possamos continuar escrevendo um novo capítulo da história do nosso país.

# O BANHEIRO

Por Alberto Pavie Ribeiro

Uma sala de aula com seus alunos, mas alunos especiais: transgêneros em um presídio. Essa a foto que escolhi para comentar, dentre tantas outras, porque me fez lembrar o lugar onde parcela relevante dessas pessoas começou a sofrer uma discriminação mais severa em razão da sua própria natureza, que não dependeu de escolha pessoal de qualquer deles. Afinal, são mulheres que nasceram em um corpo de homem ou homens que nasceram em um corpo de mulher.

Se é certo que boa parte delas já enfrenta a rejeição dentro de suas famílias, mais certo ainda que é nas escolas que enfrentam a rejeição maior, pública, com risco à saúde e à segurança.

Um lugar especial chama a atenção. Os banheiros públicos das escolas, porque nelas as crianças não têm seus pais para lhes dar proteção, como têm em outros ambientes.

Ali começa a batalha da sobrevivência em uma sociedade que tem dificuldade de aceitar suas minorias.

Pois bem. Estávamos em 2014 quando o Supremo Tribunal Federal entendeu reconhecer a repercussão geral de um Recurso Extraordinário que tratava de uma alegada violação à dignidade da pessoa humana e aos direitos da personalidade de um cidadão, identificado como transexual, que fora proibido por determinado centro comercial de utilizar o banheiro destinado às mulheres. A decisão tinha a seguinte ementa:

> Ementa: TRANSEXUAL. PROIBIÇÃO DE USO DE BANHEIRO FEMININO EM SHOPPING CENTER. ALEGADA VIOLAÇÃO À DIGNIDADE DA PESSOA HUMANA E A DIREITOS DA PERSONALIDADE. PRESENÇA DE REPERCUSSÃO GERAL. 1. O recurso busca discutir o enquadramento jurídico de fatos incontroversos: afastamento da Súmula 279/STF. Precedentes. 2. Constitui questão constitucional saber se uma pessoa pode ou não ser tratada socialmente como se pertencesse a sexo diverso do qual se identifica e se apresenta publicamente, pois a identidade sexual está diretamente ligada à dignidade da pessoa humana e a direitos da personalidade. 3. Repercussão geral configurada, por envolver discussão sobre o

> alcance de direitos fundamentais de minorias – uma das missões precípuas das Cortes Constitucionais contemporâneas –, bem como por não se tratar de caso isolado.

Nos ambientes sociais ou jurídicos, essa decisão do STF chegou a ser alvo de brincadeiras, chacotas e outras esquisitices típicas da sociedade em que vivemos.

E aí não faço crítica à sociedade brasileira porque, ao que parece, há um problema mundial para tratar das questões que envolvem a discriminação das pessoas, de qualquer natureza. O problema não tem fronteiras. Alcança todos os países e nacionalidades, em maior ou menor grau.

Passou o tempo e, por obra do acaso ou do destino, me deparei com a situação de participar de encontros no laboratório transdisciplinar de identidade de gênero e orientação sexual do Hospital das Clínicas da Universidade de São Paulo.

Falo do Ambulatório denominado AMTIGOS, que resolveu olhar não mais para o adulto que lá chegava para tratamento depois de muita dor e sofrimento. Passou a receber as crianças para o devido acompanhamento médico multidisciplinar visando a reduzir os problemas que teriam ao longo da vida.

E aí tive a oportunidade de presenciar depoimentos impactantes de pais de crianças e adolescentes transgêneros, revelando que o uso do banheiro público por aquelas pessoas era uma das questões mais delicadas, aflitivas e preocupantes que poderia haver.

Ouvi relatos de inúmeros casos de agressões verbais e físicas de crianças, especialmente em suas escolas. Um local que deveria ser acolhedor e seguro, mostrando-se uma indústria de problemas físicos e psíquicos.

Realmente, se pensarmos que até mesmo a indústria cinematográfica explora, com profusão, a violência que ocorre nesse ambiente – sendo difícil imaginar um filme que não mostre cenas de violência em banheiros públicos –, é porque se trata de um ambiente de extrema vulnerabilidade para qualquer pessoa. Um ambiente que exige privacidade, mas para o qual não se consegue dar a contrapartida da segurança.

Se assim é com uma pessoa que, por sua aparência ou característica, não haveria de temer o uso de um banheiro público, considerada a segurança para o uso, imagine a pessoa que, em uma escala social, vem a ser uma das mais vulneráveis: o transgênero.

Pode-se afirmar que o pavor ou medo do uso do banheiro público, pelo transgênero, começa cedo, desde a infância, ao ingressar na escola. A menina que se considera menino, gostaria de usar o banheiro masculino, mas não pode. O menino que se considera menina, da mesma forma, gostaria de usar o banheiro feminino, mas é proibido.

Tais crianças, mesmo já apresentando aparência do gênero pretendido, e exatamente por isso, não são bem aceitas no banheiro público, principalmente de suas escolas. Sofrem *bullying*, agressões verbais e físicas, pelo simples fato de serem como são.

Dependem muito da sorte para escapar dos perigos que se apresentam naquele local, onde dificilmente se consegue dar segurança para o usuário comum.

É interessante lembrar que nas civilizações passadas, como as dos gregos, persas, egípcios, bizantinos, árabes, turcos e romanos, o comum e ordinário era a utilização de banhos públicos e de latrinas coletivas, sem diferenciação de gênero. Era local de interação entre as pessoas.

Tudo indica que a partir da queda do império romano e da ascensão do moralismo cristão, assim como do sistema feudal, é que a concepção do uso coletivo regrediu, passando a ser até mesmo proibido. Surgiu o uso privado como decorrência da concepção de que a higiene pessoal seria quase pecaminosa, a ser feita de forma isolada.

A prática desse uso privativo do banheiro é que fez surgir o problema da segurança no uso dos banheiros públicos.

E aí, quando se trata do uso do banheiro público pelo transgênero, o problema da segurança alcança dimensões muito maiores do que se possa imaginar.

Essas pessoas, diante do medo ou receio da violência, passam a conter a necessidade biológica para poder encontrar um local seguro destinado a satisfazê-la.

Trabalho publicado pelo médico Dráuzio Varella explicita que *"Deixar de ir ao banheiro é um dos fatores de risco de infecção urinária, que pode afetar bexiga, ureteres, uretra e rins. Causada em geral pela bactéria Escherichia coli, que vive normalmente no intestino, mas é danosa quando migra para o trato urinário, a infecção é mais recorrente em mulheres cisgênero (pessoas que se identificam com o gênero que lhe foi atribuído ao nascer) e homens trans que não passaram por cirurgia de redesignação sexual (procedimento pelo qual as características sexual e genital de nascença são modificadas para se adequarem ao gênero com o qual a pessoa se identifica). O motivo é o mesmo: o tamanho da uretra dessa população é mais curta (cerca de 4 centímetros), o que facilita a invasão de bactérias. Já homens cisgênero e mulheres transexuais que não fizeram a cirurgia possuem uretra com cerca de 16 centímetros. No caso de pessoas que fizeram a cirurgia de redesignação sexual esse quadro se altera, pois a uretra é readequada de acordo com o órgão genital."*

A gravidade do problema foi identificada nesse trabalho ao se referir a *"uma pesquisa realizada pela Universidade da Califórnia que identificou que 54% das pessoas transgênero entrevistadas tiveram problemas de saúde relacionados à falta de acesso a banheiros públicos, incluindo infecção urinária. Aproximadamente 70% tiveram dificuldade para utilizar os banheiros ou sofreram ofensas e ataques físicos nesses locais."*

Não é por outra razão que no I Fórum de Debates Sobre Transexualidade e Travestilidade, ocorrido na Unifesp, houve severo debate sobre o uso de banheiros públicos que resultou em trabalho intitulado "O Núcleo TransUnifesp e a necessidade do debate sobre os banheiros".

Foram inúmeras as questões postas por técnicos de múltiplas áreas para tentar chegar a algum consenso sobre o que seria melhor e mais seguro.

O problema é passar da teoria para a prática. Como implementar as mudanças necessárias para conferir maior segurança na utilização dos banheiros público por essa minoria? É preciso ter vontade política e orçamento. Até lá, as minorias estarão à mercê do que existe.

Crianças, adolescentes e adultos transgêneros continuarão sendo submetidos a situações de risco apenas para poderem satisfazer suas necessidades biológicas.

Penso, agora, nessas alunas transgêneros de um presídio, da foto escolhida para ilustrar esse texto, e vejo pessoas que devem ter se deparado ao longo de suas vidas com muita violência e preconceito.

É difícil imaginar que não tenham passado pela situação de perigo objeto desse texto. É bem provável que estejam onde estão como resultado da violência que a sociedade lhes impôs. E o banheiro público, aposto, fez parte dessa história.

Que os juízes da nossa Suprema Corte estejam iluminados quando se reunirem para decidir, em definitivo, o processo que trata do uso de banheiro público por transgêneros.

# DA DEVASTAÇÃO À ESPERANÇA: RECONSTRUIR O BRASIL COM POLÍTICAS PÚBLICAS

Por Marivaldo Pereira e Maria Gabrielli Andrade

Ao me deparar com essa foto de Sebastião Reis Junior, logo pensei que um olhar pode dizer mais do que muitas palavras – seja sobre a pessoa que o ostenta, seja sobre a sociedade e o momento histórico em que ela está inserida. Na imagem, vemos o olhar forte de quem nunca teve outra opção na vida a não ser lutar e manter a esperança. A vida é assim para aquelas pessoas que vêm ao mundo no seio de famílias que, ao longo de gerações, enfrentam a chaga da exclusão social. Essas pessoas dependem única e exclusivamente de sua força de trabalho para sobreviver e precisam se desdobrar para encontrar emprego e ter o que comer. Essas pessoas assistem atônitas a seus direitos trabalhistas serem consumidos a cada reforma legislativa, enquanto a tecnologia aumenta a produtividade e os ganhos daqueles que já são muito ricos.

Como se não bastassem as dificuldades materiais para seu sustento, essas mesmas pessoas são obrigadas a lutar pelo simples direito de existir. Deveria parecer estranho, mas infelizmente não é. O ódio ainda é

muito presente em nossa sociedade e em nosso país, tentando calar a voz daqueles que são historicamente excluídos. É necessário lutar contra o racismo, a LGBTfobia, o capacitismo, a misoginia, a aporofobia, entre outros problemas presentes em uma sociedade com raízes escravocratas e nascida do extermínio de povos indígenas.

Nos últimos quatro anos, vivemos um dos momentos mais difíceis de nossa história para aqueles que lutam pelo direito de existir. Nunca o ódio foi disseminado de forma tão aberta e franca nos palácios e gabinetes do governo como vimos nesse período. Presidente, ministros e secretários destilavam discursos de ódio sem qualquer pudor, enquanto destruíam as políticas públicas que haviam sido construídas para a inclusão daqueles que nunca tiveram vez. Uma vivência dolorosa, que nos afetou em todas as dimensões de nossas existências individuais e coletivas.

O país assistiu ao desmonte das políticas de promoção da igualdade racial e ao desmonte dos órgãos destinados a proteger os direitos dos povos originários – enquanto o presidente da República incentivava o avanço do crime organizado sobre suas terras. A mesma estratégia foi utilizada para a perseguição da população LGBTQIA+ e dos povos e comunidades de terreiro em todo o país, duramente perseguidos e discriminados por mercadores da fé que distorcem a Bíblia para fundamentar o seu ódio.

A violência de gênero não apenas deixou de ser uma preocupação do governo, como o termo "gênero" foi banido sob o argumento de que faria parte de uma suposta "ideologia de gênero", criada pelas alucinações de extremistas, dignas de um período pré-iluminista. O debate sobre inclusão social perdeu totalmente seu espaço, dando lugar a discursos de ódio e a políticas de disseminação de armas, de legitimação do racismo, da violência de gênero e da LGBTfobia. A grande maioria da população brasileira viu serem negadas todas as possibilidades de cuidado, proteção e segurança – negaram existências e exaltaram a morte em suas dimensões concretas e simbólicas.

Concomitante a isso, assistimos ao desmonte dos órgãos de fiscalização em diversas áreas, como meio ambiente, combate à tortura e ao trabalho escravo. Servidores passaram a ser perseguidos por suas opiniões políticas ou simplesmente por ousarem fazer o seu trabalho. Os conselhos de participação social foram extintos com uma canetada e as portas do governo foram fechadas para o diálogo com a sociedade civil. O resultado foi devastador. O crime organizado saiu extremamente fortalecido desse processo, a sociedade tornou-se mais armada e a exploração do garimpo e da madeira ilegal aumentou consideravelmente. As milícias se fortaleceram e se infiltraram de vez na política, coagindo eleitores em territórios sob seu domínio, onde candidatos adversários não podem fazer campanha.

A destruição é evidente no genocídio do povo Yanomami, nos rios mortos pelo garimpo ou contaminados pelo mercúrio. Pode ser constatada na banalização da violência de Estado contra comunidades e pessoas privadas de liberdade. Pode ser vista na massa de trabalhadores sem direitos, que hoje dependem da exploração de sua mão de obra por grandes empresas de aplicativos para sobreviver, ou nos casos de trabalho escravo que começam a vir à tona, imediatamente após a retomada da pauta pelo novo governo.

E é nesse contexto que o olhar capturado pela fotografia nos leva a uma nova reflexão. Mesmo sendo um momento muito difícil, os principais atingidos pela disseminação do ódio jamais abaixaram a cabeça. Seguimos lutando, nos organizando, debatendo, discutindo o futuro e buscando novos horizontes. Essa organização e mobilização são as grandes responsáveis não apenas pela derrota do projeto político baseado no ódio, mas também pelo enorme avanço da sociedade civil no debate sobre políticas públicas capazes de assegurar o direito de existir e de proporcionar a inclusão social daqueles que nunca tiveram vez.

Tivemos o privilégio de retornar ao Ministério da Justiça neste momento de reconstrução, após todo esse período de devastação. E nesses poucos meses, nos chamou muito a atenção o quanto a sociedade civil evoluiu no debate sobre políticas públicas. É evidente que, enquanto o governo anterior deixava um rastro de destruição, nosso povo seguia com esperança e tomando as rédeas do seu futuro. Não há uma área em que a sociedade civil não tenha evoluído significativamente nos últimos quatro anos e isso demonstra a força do povo brasileiro na busca pelos seus direitos, a força que temos juntos, principalmente como comunidade.

Daí a importância da retomada dos espaços de diálogo que foram extintos na gestão anterior!

Não há processo efetivo de reconstrução do país sem a reabertura dos palácios e gabinetes para negras e negros, para os povos indígenas, para a população em situação de rua, para pessoas trans, mulheres, quilombolas, comunidades tradicionais e tantos outros que, nos últimos quatro anos, foram excluídos das políticas públicas para se tornarem alvo – tanto dos discursos de ódio como das armas disseminadas em massa em nossa sociedade.

A imagem capturada na fotografia reflete um olhar forte, sofrido, mas ao mesmo tempo esperançoso. Temos a tarefa histórica de fazer jus a essa esperança. É nosso dever garantir que aqueles que foram transformados em alvo dos discursos de ódio, das armas e da violência propagados pelo governo anterior voltem a ser alvo de políticas públicas que promovam a inclusão social e o combate ao ódio.

# BREVES REFLEXÕES SOBRE O DIREITO À IDENTIDADE DE GÊNERO E USO DO NOME PELAS PESSOAS TRANSGÊNERO E O NOVO DOCUMENTO DE IDENTIFICAÇÃO

Por Daniele Maranhão Costa

## Resumo

O trabalho analisa o direito à identidade de gênero e uso do nome pelas pessoas transgênero e o regramento previsto no Decreto 10.977, de 23 de fevereiro de 2022[1], que, ao regulamentar a Lei 7.116, de 29 de agosto de 1983, estabelece os procedimentos e requisitos para a expedição da Carteira de Identidade por órgãos de identificação dos estados e do Distrito Federal. Para tanto, far-se-á uma breve análise dos diplomas normativos nacionais e internacionais a respeito da proteção dos direitos da comunidade LGBTQIA+[2] para ao final traçar algumas linhas sobre o direito à autoidentificação e ao uso do nome em cotejo com as disposições do novo decreto e dos precedentes judiciais relevantes ao tema.

Palavras-chave: transgênero, nome, identidade, documento

## Introdução

Os paradigmas, concepções e teorias a respeito da sexualidade e gênero têm sofrido grandes transformações nas últimas décadas. Comportamentos e práticas considerados "anormais" passam a se encaixar dentro dos padrões de "normalidade" e vice-versa, a depender do contexto cultural, geográfico, histórico, político e religioso (ARÁN; MURTA; LIONÇO, 2009, p. 1142)[3].

As sociedades, na maior parte do mundo, no entanto, ainda registram a lógica binária de que existem somente dois sexos, o masculino e o feminino, entendendo como "normais" apenas os indivíduos que identificam seu gênero com o respectivo órgão genital de nascimento e que adotam comportamento sexual heteronormativo (BUTLER, 2003, p. 39). Por esse prisma, qualquer comportamento que não siga

1 Após a conclusão e remessa do artigo para publicação, o Ministério da Gestão e da Inovação em Serviços Públicos (MGI) anunciou que a nova carteira de identidade não apresentará mais o campo referente ao sexo nem fará diferenciação entre nome social e de registro civil. "O decreto que regulamentará a emissão da CIN com as alterações tem previsão de ser publicado no final de junho", e vai ao encontro da ideia central do trabalho. Disponível em: https://www.gov.br/gestao/pt-br/assuntos/noticias/2023/maio/governo-anuncia-mudancas-para-tornar-carteira-de-identidade-mais-inclusiva. Acesso em 20/05/2023.

2 Esta sigla será utilizada de forma indistinta, sem que isso implique ignorar outras designações de expressão de gênero, identidade de gênero ou orientação sexual.

3 "Antigamente, convivíamos mais livremente com a possibilidade da mistura dos sexos. Somente a partir do século XVII é que as teorias biológicas da sexualidade e as condições jurídicas impostas aos indivíduos conduziram pouco a pouco à refutação da ideia da mistura de dois sexos em um só corpo e restringiram 'a livre escolha dos indivíduos incertos'".

o binarismo preestabelecido é estigmatizado e excluído, e até pouco tempo considerado patológico pela Organização Mundial da Saúde[4].

E é a partir desse contexto cultural que as pessoas transgênero têm enfrentado inúmeras dificuldades e preconceitos em seu direito à identidade de gênero, à autodeterminação, à retificação e ao uso do nome, à aceitação no mercado de trabalho, nos esportes, na saúde, e em outras tantas situações inimagináveis[5], afetando diretamente sua dignidade, bem-estar e autoestima[6][7]. Essas dificuldades não se limitam a uma simples repulsa ao não-binário, mas, ao contrário, agregam ações e sentimentos negativos. Além da rejeição social, aqueles que não se identificam com o sexo biológico de nascimento podem se sentir desadequados, e em situação de ansiedade e sofrimento.

Este trabalho pretende trazer algumas reflexões sobre a implementação e a garantia do direito à identidade de gênero e uso do nome, reconhecidos aos transgêneros por emblemáticas decisões judiciais, e o regramento imposto pelo Decreto 10.977, de 23 de fevereiro de 2022, que, ao regulamentar a Lei 7.116[8], de 29 de agosto de 1983, estabeleceu os procedimentos e requisitos para a expedição da Carteira de Identidade por órgãos de identificação dos estados e do Distrito Federal.

---

4 Organização Mundial da Saúde retira transexualidade da lista de doenças mentais. Organização das Nações Unidas, 2019. Disponível em: https://brasil.un.org/pt-br/83343-oms-retira-transexualidade-dalista-de-doen%C3%A7as-mentais. Acesso em: 13 de mar.2023.

5 "Reconhecer a existência de uma normatividade cisgênera, que impõe a identidade de gênero como algo a-histórico, puramente biológico e imutável, coloca as identidades transgêneras e não cisgêneras em posições marginais e de resistência à dominação colonial cisgênera, a qual busca normalizar experiências de gênero e corporalidade que não reproduzem os modos de seus modos de vida, conforme argumenta Viviane Vergueiro (2012)". NASCIMENTO, R. B. CARVALHO, J. L e SILVA, D. C. P Autonomia reprodutiva da população trans: Discursos de Direitos Humanos, Cisnormatividade e Biopolítica. Rev. Direito e Práx. Rio de Janeiro, Vol. 12, n .04, 2021, p. 2658-2688. DOI: 10.1590/21798966/2020/47944| ISSN: 2179-8966.

6 Cássia Frankenthal Quinlan, psicóloga especialista na linha junguiana, diz existir "uma dificuldade quase que intrínseca na questão da autoestima da comunidade LGBTQ pelo espaço que lhe é dado na sociedade", pois ainda que a sociedade tenha, em tese, superado alguns pré-conceitos, a rejeição ao não "binarismo" alcança proporções importantes. QUINLAN, C. F. Por que a representatividade é tão importante para a autoestima LGBTQ? Zenklub, 2017. Disponível em: https://zenklub.com.br/blog/autoconhecimento/representatividade-atoestima-lgbtq/. Acesso em 11 de mar de 2023.

7 A Teoria junguiana tem como principal objetivo auxiliar o paciente a resgatar a sua essência, a ser ele mesmo. "Para Samuels, Shorter e Plaut (1988), individuação é um processo em que a pessoa se torna si mesma, inteira, indivisível e distinta de outras pessoas ou da psique coletiva. Os autores consideram que individuação é um conceito chave da teoria de Jung que trata do desenvolvimento da personalidade". VERGUEIRO, P. V. Jung, entrelinhas: Reflexões sobre os fundamentos da teoria junguiana com base no estudo do tema individuação em Cartas. Psicol. teor. prat., São Paulo, v. 10, n. 1, p. 125-143, jun. 2008. Disponível em: http://pepsic.bvsalud.org/scielo.php?script=sci_arttext&pid=S1516-36872008000100010&lng=pt&nrm=iso. Acesso em 08 mar. 2023.

8 BRASIL. LEI 7.116, DE 29 DE AGOSTO DE 1983. Assegura a validade nacional das Carteiras de Identidade e regula sua expedição e dá outras providências. Brasília, DF. Disponível em: https://www.planalto.gov.br/ccivil_03/leis/1980-1988/l7116.htm#:~:text=LEI%20N%C2%BA%207.116%2C%20DE%2029%20DE%20AGOSTO%20D E%201983.&text=Assegura%20validade%20nacional%20as%20Carteiras,expedi%C3%A7%C3%A3o% 20e%20d%C3%A1%20outras%20provid%C3%AAncias Acesso em: 22 mar. 2023.

Para tanto, importa analisar os diplomas normativos nacionais e internacionais a respeito da proteção aos direitos dos indivíduos transgêneros para ao final traçar algumas linhas sobre o direito à autoidentificação e ao uso do nome em cotejo com as disposições do novo decreto e dos precedentes judiciais relevantes ao tema.

## Panorama normativo dos direitos dos indivíduos transgênero

Ainda que inexistente diploma normativo em sentido formal que proteja especificamente as situações de vulnerabilidade, violência e preconceito pelas quais está submetida a comunidade LGBTQIA+[9], a completude e abrangência do texto constitucional brasileiro e dos tratados de direitos humanos[10], sobretudo dos quais o país é signatário, permite-nos o raciocínio de que todos os seres humanos têm o direito de ter as suas subjetividades legitimamente reconhecidas, sem a necessidade de submissão ao binarismo até então vigente.

No âmbito interno, a Constituição de 1988 consagrou "*a dignidade da pessoa humana como valor central do ordenamento jurídico e como um dos fundamentos da República brasileira (art. 1°, III, CF/1988)*". De igual teor é o artigo primeiro da Declaração Universal dos Direitos do Homem, ao consagrar que "*todos os seres humanos nascem livres e iguais em dignidade e em direitos*"[11].

Na academia, Rabenhorst (2001, p. 14) sustenta que "*[a] dignidade da pessoa humana é, acima de tudo, uma categoria moral; significa a qualidade ou valor particular que atribuímos aos seres humanos em função da posição que ocupam na escala dos seres*". Para Novelino, sua positivação converte o valor moral em um valor tipicamente jurídico, revestido de normatividade.

9 "35. A esse respeito, em diversas Resoluções desde 2008, a Assembleia Geral da OEA afirma que as pessoas LGBTI estão sujeitas a diversas formas de violência e discriminação com base na percepção de sua orientação sexual e identidade e expressão de gênero e resolveu condenar os atos de violência, as violações dos direitos humanos e todas as formas de discriminação, em decorrência ou por razões de orientação sexual e identidade ou expressão de gênero". Ibidem, p. 21.

10 A expressão "direitos humanos", de caráter supranacional e resultado de reivindicações geradas por situações de grande injustiça ou agressão ao longo tempo, refere-se "àquelas posições jurídicas que se reconhecem ao ser humano como tal, independentemente de sua vinculação com determinada ordem constitucional, e que, portanto, aspiram à validade universal, para todos os povos e tempos" (SARLET, 2010, p. 29)

11 ORGANIZAÇÃO DAS NAÇÕES UNIDAS. Declaração Universal dos Direitos Humanos, 1948. Disponível em: https://www.unicef.org Acesso em: 8 ago 2022.

Trata-se de qualidade intrínseca do ser humano que o faz merecedor de um complexo de direitos e deveres fundamentais que lhe assegurem um mínimo existencial, protegendo-o contra *"todo e qualquer ato de cunho degradante ou desumano"* (SARLET, 2001, p. 32).

Não se olvida, também, que a dignidade da pessoa humana guarda intrínseca relação com o direito da personalidade tratado em diversos dispositivos do Código Civil[12] de 2002, que podem ser considerados como cláusulas infraconstitucionais de proteção à personalidade.

Inevitavelmente, trata-se de um pilar, valor supremo, na proteção das pessoas que não se identificam com o sexo biológico, respaldando a compreensão de que todos devem ser tratados como sujeitos de direitos para além das violações e estigmatizações a que têm sido submetidos.

Entre os objetivos fundamentais da República brasileira, destacam-se a construção de uma *"sociedade livre, justa e solidária"* (art. 3º, I) e a promoção *"do bem de todos, sem preconceitos de origem, raça, sexo, cor, idade e quaisquer outras formas de discriminação"* (art. 3º, IV), dispositivos esses que refletem, igualmente, o prescrito no art. 2º da Declaração Universal dos Direitos do Homem, de que

> [t]odos os seres humanos podem invocar os direitos e as liberdades proclamados na presente Declaração, sem distinção alguma, nomeadamente de raça, de cor, de sexo, de língua, de religião, de opinião política ou outra, de origem nacional ou social, de fortuna, de nascimento ou de qualquer outra situação [...]

Nos direitos e garantias fundamentais sobreleva notar o direito à isonomia, no sentido de que todos são iguais perante a lei, na medida de suas desigualdades, à vida, à segurança pessoal, à intimidade e vida

---

12 De que são exemplos: "Art. 12. Pode-se exigir que cesse a ameaça, ou a lesão, a direito da personalidade, e reclamar perdas e danos, sem prejuízo de outras sanções previstas em lei. Parágrafo único. Em se tratando de morto, terá legitimação para requerer a medida prevista neste artigo o cônjuge sobrevivente, ou qualquer parente em linha reta, ou colateral até o quarto grau"; "Art. 15. Ninguém pode ser constrangido a submeter-se, com risco de vida, a tratamento médico ou a intervenção cirúrgica"; "Art. 16. Toda pessoa tem direito ao nome, nele compreendidos o prenome e o sobrenome"; e "Art. 21. A vida privada da pessoa natural é inviolável, e o juiz, a requerimento do interessado, adotará as providências necessárias para impedir ou fazer cessar ato contrário a esta norma". BRASIL. Código Civil. Brasília, DF: Planalto: Disponível em: https://www.planalto.gov.br/ccivil_03/leis/2002/l10406compilada.htm. Acesso em 22 mar. 2023.

privada e à proteção dos dados pessoais (art. 5º, *caput*, X e LXXIX)[13], conteúdo previsto, também, nos artigos 1º e 7º do referido tratado.

A Convenção Americana sobre Direitos Humanos[14] – Pacto de São José da Costa Rica, da qual o Brasil também é signatário, baseada nos princípios consagrados na Carta da Organização dos Estados Americanos, na Declaração Americana dos Direitos e Deveres do Homem e na Declaração Universal dos Direitos do Homem[15], já em seu artigo 1º, prevê a obrigação dos Estados-Partes de se comprometerem a respeitar e a garantir o exercício dos direitos e liberdades nela reconhecidos sem discriminação *"por motivo de raça, cor, sexo, idioma, religião, opiniões políticas ou de qualquer outra natureza, origem nacional ou social, posição econômica, nascimento ou qualquer outra condição social"*. O ato multilateral dispõe ainda que os Estados devem se comprometer a adotar as medidas legislativas ou de outra natureza que forem necessárias ao exercício de tais direitos (art. 2º).

Em um extenso rol, destacam-se, principalmente, porque inseridos no objeto deste estudo, o direito ao reconhecimento da personalidade jurídica (art. 3º); o direito à proteção à honra e dignidade, no sentido de que nenhum indivíduo pode sofrer *"ingerências arbitrárias ou abusivas em sua vida privada, na de sua família, em seu domicílio ou em sua correspondência, nem de ofensas ilegais à sua honra ou reputação"* (art.11); direito ao nome, devendo a lei regular *"a forma de assegurar a todos esses direito, mediante nomes fictícios, se for necessário"* (art. 18); direito de igualdade perante a lei *"sem*

---

13 "Art. 5º Todos são iguais perante a lei, sem distinção de qualquer natureza, garantindo-se aos brasileiros e aos estrangeiros residentes no País a inviolabilidade do direito à vida, à liberdade, à igualdade, à segurança e à propriedade, nos termos seguintes: [...] X - são invioláveis a intimidade, a vida privada, a honra e a imagem das pessoas, assegurado o direito a indenização pelo dano material ou moral decorrente de sua violação [...] LXXIX - é assegurado, nos termos da lei, o direito à proteção dos dados pessoais, inclusive nos meios digitais". BRASIL. Constituição da República Federativa do Brasil. Brasília, DF: Planalto. Disponível em: https://www.planalto.gov.br/ccivil_03/constituicao/constituicao.htm. Acesso em 09 mar. 2023.

14 BRASIL. Decreto 678, de 06 de novembro de 1992. Promulga a Convenção Americana sobre Direitos Humanos, de 22 de novembro de 1969. Brasília, DF: Planalto. Disponível em: https://www.planalto.gov.br/ccivil_03/decreto/d0678.htm. Acesso em 15 mar. 2023.

15 Das quais se destacam os seguintes dispositivos: "Artigo 2: Todo ser humano tem capacidade para gozar os direitos e as liberdades estabelecidos nesta Declaração, sem distinção de qualquer espécie, seja de raça, cor, sexo, idioma, religião, opinião política ou de outra natureza, origem nacional ou social, riqueza, nascimento, ou qualquer outra condição"; "Artigo 7: Todas as pessoas são iguais perante a lei e têm direito, sem qualquer distinção, a igual proteção desta. Todos e todas têm direito a igual proteção contra qualquer discriminação que viole a presente Declaração e contra qualquer incitamento a tal discriminação"; e "Artigo 12: Ninguém será sujeito a interferências em sua vida privada, em sua família, em seu lar ou em sua correspondência, nem a ataques a sua honra e reputação". BRASIL. Declaração Universal dos Direitos do Homem. Brasília, DF: Planalto. Disponível em: https://www.planalto.gov.br/ccivil_03/decreto/1930-1949/d19841.htm. Acesso em 18 de mar. 2023

*discriminação*" (art. 24). Também resguarda os direitos da comunidade LGBTQIA+ o Pacto Internacional sobre Direitos Civis e Políticos, promulgado pelo Decreto 592, de 06 de julho de 1992[16].

Ao interpretar os preceitos da Convenção quanto aos direitos à igualdade e à não discriminação das pessoas LGBTQIA+, em relação às obrigações de respeito e garantia dos direitos humanos nela estabelecidas, a Corte Interamericana de Direitos Humanos (Corte IDH) na paradigmática Opinião Consultiva 24[17]consignou que tais direitos se encontram intimamente ligados ao conceito de liberdade, autodeterminação e dignidade da pessoa humana.

Entendeu a Corte IDH que a mudança de nome, a retificação do gênero nos registros e nos documentos de identidade e a adequação da imagem ao sexo, à luz da identidade de gênero autopercebida, são direitos protegidos pelos artigos 18 (Direito ao nome), 13 (Direito ao reconhecimento da personalidade jurídica), 7.1 (Direito à liberdade), 11.2 (Direito à vida privada) da CADH, estando os Estados-parte da OEA obrigados não só a se absterem de coibi-los, mas também, a reconhecê-los, estabelecendo os procedimentos necessários a sua efetivação.

O documento faz referência a outras 9 (nove) importantíssimas resoluções aprovadas pela Assembleia Geral da Organização dos Estados Americanos sobre a proteção de pessoas contra tratamentos discriminatórios baseados na sua orientação sexual e identidade de gênero

> No âmbito do Sistema Universal de Proteção dos Direitos Humanos, em 22 de dezembro de 2008, a Assembleia Geral das Nações Unidas adotou a 'Declaração sobre Direitos Humanos, Orientação Sexual e Identidade de Gênero', reafirmando o 'princípio da não discriminação', que exige que os direitos humanos sejam aplicados igualmente a

---

16 "Os Estados Partes do presente Pacto comprometem-se a respeitar e a garantir a todos os indivíduos que se achem em seu território e que estejam sujeitos a sua jurisdição os direitos reconhecidos no presente Pacto, sem discriminação alguma por motivo de raça, cor, sexo, língua, religião, opinião política ou de outra natureza, origem nacional ou social, situação econômica, nascimento ou qualquer outra condição". BRASIL. Pacto Internacional sobre Direitos Civis e Políticos. Brasília, DF: Planalto. Disponível em: http://www.planalto.gov.br/ccivil_03/decreto/1990-1994/d0592.htm. Acesso em 24 mar. 2023.

17 "O propósito central da função consultiva é obter uma interpretação judicial sobre uma ou várias disposições da Convenção ou de outros tratados relativos à proteção dos direitos humanos nos Estados Americanos" CORTE INTERAMERICANA DE DIREITOS HUMANOS. Opinião Consultiva da Corte Interamericana de Direitos Humanos OC-24/17, de 24 de novembro de 2017. Disponível em: https://www.corteidh.or.cr/docs/opiniones/seriea_24_esp.pdf. Acesso em: 16 de mar. 2023, pág. 28.

todos os seres humanos, independentemente da sua orientação sexual ou identidade de gênero. Por sua vez, em 22 de março de 2011, foi apresentada ao Conselho dos Direitos Humanos das Nações Unidas a 'Declaração conjunta para deter os atos de violência e as violações de Direitos Humanos relacionadas, dirigidos contra as pessoas em razão de sua orientação sexual e identidade de gênero'. Em 17 de junho de 2011, o mesmo Conselho aprovou uma resolução sobre 'direitos humanos, orientação sexual e identidade de gênero', na qual expressou a 'séria preocupação com atos de violência e discriminação, em todas as regiões do mundo, [...] [cometidos] contra pessoas em detrimento de sua orientação sexual e identidade de gênero'. O que precede foi reiterado pelas resoluções 27/32 de 26 de setembro de 2014 e 32/2 de 30 de junho de 2016. A proibição da discriminação baseada na orientação sexual, identidade de gênero e expressão de gênero, também foi destacada em numerosos informes dos relatores especiais das Nações Unidas, bem como pelo Alto Comissariado das Nações Unidas para os Direitos Humanos.

Os Princípios de Yogyakarta[18], que *"tratam de um amplo espectro de normas de direitos humanos e de sua aplicação a questões de orientação sexual e identidade de gênero"*, articulado com o intuito de coibir a violência, o assédio, a discriminação, a exclusão, a estigmatização e o preconceito contra as pessoas LGBTQIA+[19], com muita propriedade, elencou alguns dos direitos básicos das pessoas transgênero, como o direito à igualdade e a não discriminação (Princípio 2) no sentido de que

> *Todas as pessoas têm o direito de desfrutar de todos os direitos humanos livre*s de discriminação por sua orientação sexual ou identidade de gênero. Todos e todas têm direito à igualdade perante à lei e à proteção da lei sem qualquer discriminação, seja ou não também afetado o gozo de outro direito humano. A lei deve proibir qualquer dessas discriminações e garantir a todas as pessoas proteção igual e eficaz contra qualquer uma dessas discriminações.

18 PRINCÍPIOS DE YOGYAKARTA. Princípios sobre a aplicação da legislação internacional de direitos humanos em relação à orientação sexual e identidade de gênero. Disponível em: http://www.dhnet.org.br/direitos/sos/gays/principios_de_yogyakarta.pdf. Acesso em: 17 mar. 2023.

19 "Lésbicas, Gays, Bissexuais, Travestis/Transexuais/Transgêneros, Queer, Intersexo, Assexuado, +/Outras orientações de gênero e/ou sexual". ALMEIDA, L. E. et al. Produção científica em saúde da população LGBTQIA+: uma análise crítica do conteúdo da literatura. Saúde Soc. São Paulo, v.31, n.4, e210836pt, 2022. Disponível em: https://scielosp.org/article/sausoc/2022.v31n4/e210836pt/. DOI 10.1590/S0104-12902022210836pt. Acesso em 26 mar. 2023.

O texto previu, ainda, o direito ao reconhecimento perante a lei da "*orientação sexual e identidade de gênero autodefinidas por cada pessoa*", uma vez que "*constituem parte essencial de sua personalidade e um dos aspectos mais básicos de sua autodeterminação, dignidade e liberdade*" (Princípio 3), e principalmente, seu direito à privacidade, cabendo-lhe a decisão de revelar ou não a terceiros sua orientação sexual ou identidade de gênero (Princípio 6).

Também merecedora de destaque a "*Convenção Interamericana contra o Racismo, a Discriminação Racial e Formas Correlatas de Intolerância*", promulgada pelo Decreto 10.932, de 10 de janeiro de 2022[20], e internalizada como emenda constitucional, ao dispor que

> [t]odo ser humano tem direito ao reconhecimento, gozo, exercício e proteção, em condições de igualdade, tanto no plano individual como no coletivo, de todos os direitos humanos e liberdades fundamentais consagrados na legislação interna e nos instrumentos internacionais aplicáveis aos Estados Partes.

Apesar de se referir ao racismo, a interpretação que se extrai de todo o diploma internacional, é a de que seu espectro de proteção não se limitou às pessoas negras ou indígenas, mas a toda pessoa que, por suas diferenças, seja tratada com desigualdade, desrespeito ou desprezo, aí incluídos os indivíduos que não se enquadram na visão bipartida de gênero.

Outro não foi o entendimento do Supremo Tribunal Federal, por ocasião do julgamento do Ação Direta de Inconstitucionalidade por Omissão (ADO) 26[21][22] e do Mandado de Injunção (MI) 4733[23], ao reconhecer a mora do Poder Legislativo em tipificar os

---

20 BRASIL. Convenção Interamericana contra o Racismo, a Discriminação Racial e Formas Correlatas de Intolerância. Brasília, DF: Planalto. Disponível em: https://www.planalto.gov.br/ccivil_03/_Ato2019-2022/2022/Decreto/D10932.htm. Acesso em: 22 mar. 2023.

21 BRASIL. Supremo Tribunal Federal. Ação Direta de Inconstitucionalidade por Omissão (ADO) 26, Relator Ministro Celso de Mello, Tribunal Pleno, julgado em 13/06/2019, DJe 06/10/2020.

22 "Até que sobrevenha lei emanada do Congresso Nacional destinada a implementar os mandados de criminalização definidos nos incisos XLI e XLII do art. 5º da Constituição da República, as condutas homofóbicas e transfóbicas, reais ou supostas, que envolvem aversão odiosa à orientação sexual ou à identidade de gênero de alguém, por traduzirem expressões de racismo, compreendido este em sua dimensão social, ajustam-se, por identidade de razão e mediante adequação típica, aos preceitos primários de incriminação definidos na Lei 7.716, de 08/01/1989, constituindo, também, na hipótese de homicídio doloso, circunstância que o qualifica, por configurar motivo torpe (Código Penal, art. 121, § 2º, I, in fine)".

23 BRASIL. Supremo Tribunal Federal. Mandado de Injunção (MI) 4733, Relator Ministro Edson Fachin, Tribunal Pleno, julgado em 13/06/2019. Data de Publicação DJE 29/09/2020 - Ata 163/2020. DJE n. 238, divulgado em 28/09/2020. Disponível em: https://jurisprudencia.stf.jus.br/pages/search?classeNumeroIncidente=%22MI%204733%22&base=acord

atos atentatórios aos direitos fundamentais dos integrantes da comunidade LGBTQIA+, passando a considerar a homofobia e a transfobia como tipo penal definido na Lei do Racismo (7.716/89), até que o Congresso Nacional edite lei sobre a matéria.

Vale mencionar, ainda, os projetos de lei relativos ao tema em trâmite no Congresso Nacional, de que são exemplos: Projeto de Lei 2.232/2020[24] e 4.870/2016[25], sobre o direito à mudança de nome e sexo no registro civil, independentemente da cirurgia de transgenitalização e da realização de tratamentos hormonais; Projeto de Lei 5.008/2020[26], prevendo a proibição da discriminação em razão da identidade de gênero em banheiros e vestiários públicos, estabelecimentos comerciais e ambientes de trabalho; Projeto de Lei 8.032/2014[27], que trata da extensão das garantias da Lei Maria da Penha à comunidade LGBTQIA+; Projeto de Lei 6.350/2019[28], a respeito dos espaços exclusivos para travestis e transexuais em presídios[29]; Projeto de Lei 7.292/2017[30], tipificando o LGBTcídio como crime qualificado e hediondo, inafiançável e que não admita perdão, dentre outros.

24 CÂMARA DOS DEPUTADOS. Projeto de Lei. 2232/2020. Acrescenta o art. 58A à Lei 6.015, de 31 de dezembro de 1973, que dispõe sobre os registros públicos. Disponível em: https://www.camara.leg.br/propostas-legislativas/2250740. Acesso em 20 mar. 2023.

25 CÂMARA DOS DEPUTADOS. Projeto de Lei. 4870/2016. Acresce dispositivo à Lei no 6.015, de 31 de dezembro de 1973, para dispor sobre substituição de prenome e alteração de sexo no registro civil de nascimento de transexuais e travestis. Disponível em: https://www.camara.leg.br/propostas-legislativas/2080815. Acesso em 20 mar. 2023.

26 CÂMARA DOS DEPUTADOS. Projeto de Lei. 5008/2020. Modifica as Leis N°s 13.460, de 26 de junho de 2017; 8.078, de 11 de setembro de 1990, e 9.029, de 13 de abril de 1995, para vedar expressamente discriminação baseada na orientação sexual ou identidade de gênero em banheiros, vestiários e assemelhados, nos espaços públicos, estabelecimentos comerciais e demais ambientes de trabalho. Disponível em: https://www.camara.leg.br/propostas-legislativas/2264620. Acesso em 20 mar. 2023.

27 CÂMARA DOS DEPUTADOS. Projeto de Lei. 8032/2014. Amplia a proteção de que trata a Lei 11.340, de 7 de agosto de 2006 - Lei Maria da Penha - às pessoas transexuais e transgêneros. Disponível em: https://www.camara.leg.br/propostas-legislativas/623761 Acesso em 20 mar. 2023

28 CÂMARA DOS DEPUTADOS. Projeto de Lei. 6350/2019. Altera o §1° do art. 82 da Lei 7.210, de 11 de julho de 1984 - Lei de Execução Penal. Disponível em: https://www.camara.leg.br/propostaslegislativas/2233105#:~:text=PL%206350%2F2019%20Inteiro%20teor,Projeto%20de%20Lei&text=Altera%20o%20%C2%A71%C2%BA%20do,1984%20%2D%20Lei%20de%20Execu%C3%A7%C3%A3o%20Penal.&text=Altera%C3%A7%C3%A3o%2C%20Lei%20de%20Execu%C3%A7%C3%A3o%20Penal,transexual%2C%20respeito%2C%20diversidade%20sexual. Acesso em 20 mar. 2023.

29 De igual relevância os atos normativos editados pelo Conselho Nacional de Justiça, estabelecendo diretrizes e procedimentos a serem adotados pelo Poder Judiciário, no âmbito criminal, quanto ao tratamento da população LGBTQIA+, que esteja custodiada, acusada, ré, condenada, privada de liberdade, ou em cumprimento de penas alternativas ou monitoradas eletronicamente, representada em processo de apuração de ato infracional ou em cumprimento de medida socioeducativa. BRASIL. Conselho Nacional de Justiça. Resolução n. 348 de 13 de out. de 2020, DJe/CNJ 335/2020, de 15/10/2020, p. 12-17. Disponível em https://atos.cnj.jus.br/atos/detalhar/3519. Acesso em 26 mar. 2023.

30 CÂMARA DOS DEPUTADOS. Projetos de Lei. 7292/2017. Altera o art. 121 do Decreto-Lei no 2.848, de 7 de dezembro de 1940 - Código Penal, para prever o LGBTcídio como circunstância qualificadora do crime de homicídio, e o art. 1o da Lei no 8.072, de 25 de julho de 1990, para incluir o LGBTcídio no rol dos crimes hediondos. Disponível em: https://www.camara.leg.br/propostas-legislativas/2128135. Acesso em: 25 mar. 2023.

O panorama legislativo, nacional e internacional, a toda evidência, torna forçoso o raciocínio de que a identidade de gênero e o direito ao uso do nome social constituem elementos essenciais da personalidade do indivíduo, imprescindíveis a seu livre desenvolvimento existencial à luz do princípio da dignidade da pessoa humana.

No próximo tópico, será feito o cotejo entre o direito subjetivo de autoidentificação, alteração do prenome e do sexo de nascimento no registro civil, marcado pelo papel transformador do Poder Judiciário brasileiro, e o novo regramento imposto pelo Decreto 10.977, de 23 de fevereiro de 2022, que estipula os requisitos do novo documento de identificação pessoal.

## Identidade autopercebida e uso do nome social

## Pseudodireitos à luz do Decreto 10.977 de 23 de fevereiro de 2022

*"O nome individualiza as pessoas, as distingue durante a vida e é um elemento da personalidade que sobrevive à morte"* (DIAS, 2015, p. 113). Venosa (2012, p. 190), no mesmo sentido, destaca que se trata *"da manifestação mais expressiva da personalidade"*.

O uso do nome social é uma das conquistas mais importantes para as pessoas trans, consistindo na forma pela qual preferem ser identificadas socialmente, assegurando-se assim a preservação da autodeterminação identitária, amparado no princípio da dignidade da pessoa humana.

O Decreto Federal 8.727, de abril de 2016, evolui ao dispor que a administração pública federal, direta e indireta, *"em seus atos e procedimentos, deverão adotar o nome social da pessoa travesti ou transexual, de acordo com seu requerimento"*, sendo proibida a utilização de *"expressões pejorativas e discriminatórias para referir-se a pessoas travestis ou transexuais"* (art. 2°), bem como que os registros dos sistemas públicos devem *"conter o campo 'nome social' em destaque, acompanhado do nome civil, que será utilizado apenas para fins administrativos internos"*.

Na mesma linha, era a redação do Decreto 9.278, de 05 de fevereiro de 2018[31], atualmente revogado pelo Decreto 10.977, de 23 de fevereiro de 2022, objeto deste estudo, que regulamentava a Lei 7.116, de 29 de agosto de 1983, assegurando o uso do nome social no anverso do documento, ainda que no verso constasse o nome civil.

Ainda no âmbito infralegal, vários atos foram editados a fim de resguardar o direito ao uso do nome social, como, por exemplo, a Resolução CNE/CP 1, de 19 de janeiro de 2018[32], do Ministério da Educação, que previu o uso do nome social de travestis e transexuais nos registros escolares, minimizando a evasão escolar e atenuando os constrangimentos e *bullyings*, manifestados muitas vezes por meio de violência física; a Resolução 23.562, de 22 de março de 2018[33], do Tribunal Superior Eleitoral, garantindo aos eleitores transgêneros o direito de utilizar no título eleitoral seu nome social e a sua identidade de gênero; e, em especial, a Resolução do Conselho Nacional de Justiça (CNJ) 270, de 11 de dezembro de 2018[34], assegurando a utilização do "*nome social às pessoas trans, travestis e transexuais usuárias dos serviços judiciários, aos magistrados, aos estagiários, aos servidores e aos trabalhadores terceirizados do Poder Judiciário*", em documentos, sistemas e registros funcionais, a Resolução do Conselho Nacional de Justiça (CNJ) 73, de 28 de junho de 2018[35], que *dispõe "sobre a averbação da alteração do prenome e do gênero nos assentos de nascimento e casamento de pessoa* transgênero *no Registro Civil das Pessoas Naturais (RCPN)"*, e o Provimento do Conselho Nacional de Justiça

31 "Art. 8º Será incluído na Carteira de Identidade, mediante requerimento: [...] XI - o nome social. [...] § 4º O nome social de que trata o inciso XI do caput : I - será incluído: a) mediante requerimento escrito do interessado; b) com a expressão "nome social"; c) sem prejuízo da menção ao nome do registro civil no verso da Carteira de Identidade; e d) sem a exigência de documentação comprobatória; e II - poderá ser excluído por meio de requerimento escrito do interessado. § 5º O requerimento de que trata a alínea "a" do inciso I do § 4º será arquivado no órgão de identificação, juntamente com o histórico de alterações do nome social". BRASIL. Decreto 9.278, de 05 de fevereiro de 2018. Brasília, DF: Planalto. Disponível em: https://www.planalto.gov.br/ccivil_03/_ato2015-2018/2018/decreto/d9278.htm. Acesso em 23 de mar. 2023.

32 BRASIL. Ministério da Educação. Resolução CNE/CP 1, de 19 de janeiro de 2018, que estabelece o uso do nome social de travestis e transexuais nos registros escolares. Brasília, DF. Disponível em: http://portal.mec.gov.br/index.php?option=-com_docman&view=download&alias=81001-rcp001-18pdf&category_slug=janeiro-2018-pdf&Itemid=30192 . Acesso em 24 mar. 2023.

33 BRASIL. Tribunal Superior Eleitoral. Resolução 23.562, de 22 de março de 2018. Acrescenta e altera dispositivos da Res.-TSE 21.538, de 14 de outubro de 2003, para inclusão do nome social no cadastro e atualização do modelo de título eleitoral. Brasília, DF. Disponível em: https://www.tse.jus.br/legislacao/compilada/res/2018/resolucao-no-23-562-de--22-de-marco-de-2018 Acesso em 23 de mar de 2023.

34 BRASIL. Conselho Nacional de Justiça. Resolução 270 de 11 de dez. 2018, DJe/CNJ 240/2018, em 12/12/2018, p. 10-12. Disponível em: https://atos.cnj.jus.br/atos/detalhar/2779 Acesso em 26 mar. 2023.

35 BRASIL. Conselho Nacional de Justiça. Resolução 73 de 28 de jun. de 2018, DJe/CNJ n. 119/2018, de 29/06/2018, p. 8. Disponível em https://atos.cnj.jus.br/atos/detalhar/3519. Acesso em 26 mar. 2023.

(CNJ) 122[36], de 13 de agosto de 2021, que permitiu às pessoas intersexo o direito de fazer constar em seus assentamentos "*sexo ignorado*", assegurando o direito à própria identidade e à inclusão social.

Garantindo o direito à isonomia e a um tratamento despido de discriminações aos transgêneros, o Supremo Tribunal Federal, em precedente histórico (ADI 4275, DJE 07/03/2019)[37], interpretando os dispositivos constitucionais, os tratados de direitos humanos e os Princípios de Yogyakarta, assentou que o direito à igualdade abrange a liberdade de autoidentificação dos indivíduos, competindo ao Estado não somente reconhecê-la, mas protegê-la, abstendo-se da tentativa arbitrária de constituí-la, dispondo a pessoa transgênero

> [...] do direito fundamental subjetivo à alteração do prenome e da classificação de gênero no registro civil pela via administrativa ou judicial, independentemente de procedimento cirúrgico e laudos de terceiro, uma vez abrangido pelo 'direito fundamental ao livre desenvolvimento da personalidade'

De igual importância, foi o julgamento, em regime de repercussão geral, do Recurso Extraordinário (RE) 670.422-RS (DJE 10/03/2020)[38], no qual aquela Corte, ao interpretar o disposto no art. 58 da Lei de Registros Públicos[39], assentou, entre outras teses, que a alteração no registro civil "*deve ser averbada à margem no assento de nascimento, sendo vedada*

36 BRASIL. Conselho Nacional de Justiça. Provimento 122, de 13 de agosto de 2021. Dispõe sobre o assento de nascimento no Registro Civil das Pessoas Naturais nos casos em que o campo sexo da Declaração de Nascido Vivo (DNV) ou na Declaração de Óbito (DO) fetal tenha sido preenchido "ignorado". DJe/CNJ nº 210, de 20 de agosto de 2021, p. 44-46. Disponível em: https://atos.cnj.jus.br/atos/detalhar/4066. Acesso em 26 mar. 2023.

37 "O direito à igualdade sem discriminações abrange a identidade ou expressão de gênero. 2. A identidade de gênero é manifestação da própria personalidade da pessoa humana e, como tal, cabe ao Estado apenas o papel de reconhecê-la, nunca de constituí-la. 3. A pessoa transgênero que comprove sua identidade de gênero dissonante daquela que lhe foi designada ao nascer por autoidentificação firmada em declaração escrita desta sua vontade dispõe do direito fundamental subjetivo à alteração do prenome e da classificação de gênero no registro civil pela via administrativa ou judicial, independentemente de procedimento cirúrgico e laudos de terceiros, por se tratar de tema relativo ao direito fundamental ao livre desenvolvimento da personalidade. 4. Ação direta julgada procedente". BRASIL. Supremo Tribunal Federal. Ação Direta de Inconstitucionalidade (ADI) 4275, Relator Ministro Marco Aurélio, Relator p/ Acórdão Edson Fachin, Tribunal Pleno, julgado em 01/03/2018. Data de Publicação DJE 07/03/2019. Ata 23/2019. DJE n. 45, divulgado em 06/03/2019. Disponível em: https://jurisprudencia.stf.jus.br/pages/search?classeNumeroIncidente=%22ADI%204275%22&base=acor daos&sinonimo=true&plural=true&page=1&pageSize=10&sort=_score&sortBy=desc&isAdvanced=true Acesso em 15 mar. 2023.

38 BRASIL. Supremo Tribunal Federal. Recurso Extraordinário (RE) 670.422, Repercussão Geral, Relator Ministro Dias Toffoli, Tribunal Pleno, julgado em 15/08/2018. Data de Publicação DJE 10/03/2020. Ata n. 25/2020. DJE n. 51, divulgado em 09/03/2020. Disponível em: https://jurisprudencia.stf.jus.br/pages/search?classeNumeroIncidente=%22RE%20 670422%22&base=acordaos&sinonimo=true&plural=true&page=1&pageSize=10&sort=_score&sortBy=desc&isAdvanced=true Acesso em 15 mar. 2023.

39 "Art. 58. O prenome será definitivo, admitindo-se, todavia, a sua substituição por apelidos públicos notórios" - Lei n. 6.015, de 31 de dezembro de 1973. Disponível em: https://www.planalto.gov.br/ccivil_03/leis/l6015compilada.htm. Acesso em 20 de mar. 2023.

*a inclusão do termo 'transexual'"*, bem assim que nas "*certidões do registro não constará nenhuma observação sobre a origem do ato, sendo vedada a expedição de certidão de inteiro teor, salvo a requerimento do próprio interessado ou por determinação judicial*, garantindo, assim o sigilo do procedimento.

É nesse contexto normativo e jurisprudencial que as disposições do Decreto 10.977, de 23 de fevereiro de 2022, suscitam dúvidas sobremaneira importantes relacionadas ao direito subjetivo dessa minoria à liberdade de autoidentificação, à alteração do prenome e do sexo de nascimento no registro civil para adequá-los à identidade de gênero.

Isso porque o novo diploma, ao regulamentar a Lei 7.116[40], de 29 de agosto de 1983, estabeleceu como "informações essenciais" a constar do novo modelo da Carteira de Identidade *"o nome, a filiação, o sexo, a nacionalidade, o local e a data de nascimento do titular"* (art. 11), devendo o interessado, caso assim deseje, requerer a inclusão do seu nome social, que geograficamente, constará abaixo do nome de registro civil no documento. O nome civil e o sexo serão considerados informações essenciais (artigo 11, inciso V), enquanto o nome social será incluído facultativamente a pedido, nos termos do artigo 13:

> Art. 13. O nome social será incluído mediante requerimento, nos termos do disposto no Decreto 8.727, de 28 de abril de 2016.
> § 1º A inclusão do nome social ocorrerá:
> - mediante requerimento escrito e assinado do interessado;
> - com a expressão "nome social";
> - sem prejuízo da menção ao nome do registro civil da Carteira de Identidade; e
> - sem a exigência de documentação comprobatória.
> § 2º O nome social poderá ser excluído por meio de requerimento escrito do interessado.
> § 3º Os requerimentos de que tratam o inciso I do § 1º e o § 2º serão arquivados no órgão expedidor, juntamente com o histórico de alterações do nome social.

40 BRASIL. Lei 7.116, de 29 de agosto de 1983. Assegura a validade nacional das Carteiras de Identidade e regula sua expedição e dá outras providências. Brasília, DF: Planalto. Disponível em: https://www.planalto.gov.br/ccivil_03/leis/1980-1988/l7116.htm#:~:text=LEI%20N%C2%BA%207.116%2C%20DE%2029%20DE%20AGOSTO%20DE%201983.&text=Assegura%20validade%20nacional%20as%20Carteiras,expedi%C3%A7%C3%A3o%20e%20d%C3%A1%20outras%20provid%C3%AAnciasAcesso em 05 mar. 2023.

Desses dispositivos, verifica-se que haverá a aposição, primeiramente, do "nome civil", e logo abaixo do "nome social" na mesma face do documento, além de um campo específico para indicação do "sexo".

É certo que os artigos 4º, *caput* e § 6º[41] e 11, VI e § 3º[42], do diploma, vinculam os dados constantes na Carteira de Identidade àqueles contidos nos documentos expedidos pelo Cartório de Registro Civil de Pessoas Naturais, sendo possível presumir que todos os indivíduos que realizaram o procedimento de retificação de nome terão seus dados automaticamente transpostos para a nova carteira.

Ocorre que, conforme pesquisa realizada pela Associação Nacional de Travestis e Transexuais (ANTRA)[43] a respeito do acesso à retificação de nome e gênero de travestis e demais pessoas trans no Brasil, "o pleno acesso ao direito de retificação de prenome e gênero por via cartorial ainda não é uma realidade no Brasil", sobretudo para os indivíduos transgêneros hipossuficientes, tanto financeira como culturalmente. Cenário que obsta inevitavelmente o acesso à retificação dos seus registros de nascimento, fazendo com que no anverso do novo documento de identificação – ao invés de constar o seu novo nome civil e gênero escolhido – conste seu nome civil, logo abaixo o nome social e o sexo de nascimento, o que contraria seu direito subjetivo à liberdade de autoidentificação, de proteção ao nome e à própria cidadania.

Em outras palavras, se a pessoa trans não retificar seu nome e gênero no cartório de registro civil, seu novo documento de identificação, obrigatoriamente, conterá o seu nome e sexo de nascimento, sendo facultativa a aposição do seu nome social logo abaixo ao de registro. Não se pode perder de vista que a retificação do nome e gênero é um direito e não uma obrigação. De modo que aqueles que não o fizerem,

41 "Art. 4º Para a expedição da Carteira de Identidade, somente será exigida do requerente a apresentação da certidão de nascimento ou de casamento em formato físico ou digital. [...] § 6º A documentação apresentada pelo requerente será registrada pelo órgão expedidor da Carteira de Identidade".

42 "Art. 11. A Carteira de Identidade conterá: [...] VI - o número único da matrícula de nascimento ou de casamento do titular ou, se não houver, de forma resumida, a comarca, o cartório, o livro, a folha e o número do registro de nascimento ou casamento; [...] § 3º A matrícula de nascimento ou de casamento de que trata o inciso VI do caput adotará os modelos constantes de provimento editado pelo Conselho Nacional de Justiça".

43 ANTRA (Associação Nacional de Travestis e Transexuais). Diagnóstico sobre o acesso à retificação de nome e gênero de travestis e demais pessoas trans no Brasil /ANTRA (Associação Nacional de Travestis e Transexuais) – Brasília, DF: Distrito Drag, 2022.

seja por qualquer razão, devem ter respeitada sua identidade de gênero, sendo-lhes assegurado o direito ao uso do nome social, independentemente do que constar em seus documentos.

Conclusão em sentido contrário violaria não só o arcabouço legislativo e principiológico referido, como também iria de encontro às razões de decidir de inúmeros julgados do Supremo Tribunal Federal, que reconheceram o direito de viver de acordo com sua identidade de gênero e de receber o tratamento social que lhe seja compatível, despido de qualquer espécie de intolerância ou preconceito.

Esse regramento, sem sombra de dúvidas, causará inegável exposição vexatória aos indivíduos transgêneros, anulando toda a própria razão de existência e do reconhecimento às pessoas não-binárias ao uso do nome social, em flagrante ofensa ao princípio da dignidade da pessoa humana, nele incluídos os direitos da personalidade, da autoidentificação, da intimidade e da isonomia.

## REFERÊNCIAS


ALMEIDA, Luiz Eduardo et al. Produção científica em saúde da população LGBTQIA+: uma análise crítica do conteúdo da literatura. Saúde Soc. v.31, n.4, e210836pt. São Paulo: 2022. Disponível em: https://scielosp.org/article/sausoc/2022.v31n4/e210836pt/. DOI 10.1590/S0104129020222210836pt. Acesso em 26 mar. 2023.

ANTRA (Associação Nacional de Travestis e Transexuais). Diagnóstico sobre o acesso à retificação de nome e gênero de travestis e demais pessoas trans no Brasil. Brasília, DF: Distrito Drag, 2022.

ARÁN, M., MURTA, D., LIONÇO, T. Transexualidade e saúde pública no Brasil. Ciência e Saúde Coletiva, vol.14, n. 4, p. 1141-1149, jun/ago. Rio de Janeiro: 2009.

BRASIL. Constituição da República Federativa do Brasil. Brasília, DF: Planalto. Disponível em: https://www.planalto.gov.br/ccivil_03/constituicao/constituicao.htm. Acesso em 09 mar. 2023.

BRASIL. Código Civil. Brasília, DF: Planalto: Disponível em: https://www.planalto.gov.br/ccivil_03/leis/2002/l10406compilada.htm. Acesso em 22 mar. 2023.

BRASIL. Decreto 592, de 06 de julho de 1992. Promulga o Pacto Internacional sobre Direitos Civil e Políticos. Brasília, DF: Planalto. Disponível em: http://www.planalto.gov.br/ccivil_03/decreto/1990-1994/d0592.htm. Acesso em 24 mar. 2023.

BRASIL. Decreto 678, de 06 de novembro de 1992. Promulga a Convenção Americana sobre Direitos Humanos (Pacto de São José da Costa Rica), de 22 de novembro de 1969. Brasília, DF: Planalto. Disponível em: https://www.planalto.gov.br/ccivil_03/decreto/d0678.htm. Acesso em 15 mar. 2023.

BRASIL. Decreto 9.278, de 05 de fevereiro de 2018. Regulamenta a Lei 7.116, de 29 de agosto de 1983, que assegura validade nacional às carteiras de identidade e regula sua expedição. Brasília, DF. Planalto. Disponível em: https://www.planalto.gov.br/ccivil_03/_ato20152018/2018/decreto/d9278.htm. Acesso em 23 de mar. 2023.

BRASIL. Decreto 10.932, de 10 de janeiro de 2022. Promulga a Convenção Interamericana contra o Racismo, a Discriminação Racial e Formas Correlatas de Intolerância, firmado pela República Federativa do Brasil, na Guatemala, em 5 de junho de 2013. Brasília, DF: Planalto. Disponível em: https://www.planalto.gov.br/ccivil_03/_Ato2019-2022/2022/Decreto/D10932.htm. Acesso em: 22 mar. 2023.

BRASIL. Lei 6.015, de 31 de dezembro de 1973. Dispõe sobre os registros públicos, e dá outras providências. Brasília, DF: Planalto. Disponível em: https://www.planalto.gov.br/ccivil_03/leis/l6015compilada.htm Acesso em 20 de mar. 2023

BRASIL. Lei 7.116, de 29 de agosto de 1983. Assegura a validade nacional das Carteiras de Identidade e regula sua expedição e dá outras providências. Brasília, DF: Planalto. Disponível em: https://www.planalto.gov.br/ccivil_03/leis/1980-1988/l7116.htm#:~:text=LEI%20N%C2%BA%207.116%2C%20DE%2029%20DE%20AGOSTO%20DE%201983.&text=Assegura%20validade%20nacional%20as%20Carteiras,expedi%C3%A7%C3%A3o%20e%20d%C3%A1%20outras%20provid%C3%AAncias.Acesso em 05 mar. 2023.

BRASIL. Ministério da Educação. Resolução CNE/CP 1, de 19 de janeiro de 2018.
Estabelece o uso do nome social de travestis e transexuais nos registros escolares. Brasília, DF. Disponível em: http://portal.mec.gov.br/index.php?option=com_docman&view=download&alias=81001rcp001-18-pdf&category_slug=janeiro-2018-pdf&Itemid=30192 . Acesso em 24 mar. 2023.

BRASIL. Conselho Nacional de Justiça. Provimento 122, de 13 de agosto de 2021. Dispõe sobre o assento de nascimento no Registro Civil das Pessoas Naturais nos casos em que o campo sexo da Declaração de Nascido Vivo (DNV) ou na Declaração de Óbito (DO) fetal tenha sido preenchido "ignorado". DJe/CNJ n° 210, de 20 de agosto de 2021, p. 44-46. Disponível em: https://atos.cnj.jus.br/atos/detalhar/4066. Acesso em 26 mar. 2023.

BRASIL. Tribunal Superior Eleitoral. Resolução 23.562, de 22 de março de 2018. Acrescenta e altera dispositivos da Res.-TSE 21.538, de 14 de outubro de 2003, para inclusão do nome social no cadastro e atualização do modelo de título eleitoral. Brasília, DF. Disponível em: https://www.tse.jus.br/legislacao/compilada/res/2018/resolucao-no-23-562-de--22-demarco-de-2018. Acesso em 23 de mar de 2023.

BRASIL. Supremo Tribunal Federal. Ação Direta de Inconstitucionalidade (ADI) 4275, Relator Ministro Marco Aurélio, Relator p/ Acórdão: Edson Fachin, Tribunal Pleno, julgado em 01/03/2018, DJe 07/03/2019.

BRASIL. Supremo Tribunal Federal. Ação Direta de Inconstitucionalidade por Omissão (ADO) 26, Relator Ministro Celso de Mello, Tribunal Pleno, julgado em 13/06/2019, DJe 06/10/2020.

BRASIL. Supremo Tribunal Federal. Mandado de Injunção (MI) 4733, Relator Ministro Edson Fachin, Tribunal Pleno, julgado em 13/06/2019, DJe 29/09/2020.

BRASIL. Supremo Tribunal Federal. Recurso Extraordinário (RE) 670.422, Relator: Dias Toffoli, Tribunal Pleno, julgado em 15/08/2018, Processo Eletrônico Repercussão Geral, DJe de 10/03/2020.

BUTLER, JUDITH P. Problemas de gênero: feminismo e subversão da identidade. Judith Butler; tradução, Renato Aguiar. Rio de Janeiro: Civilização Brasileira, 2003. ISBN: 85-2000611-6.

CÂMARA DOS DEPUTADOS. Projeto de Lei. 2232/2020. Acrescenta o art. 58-A à Lei 6.015, de 31 de dezembro de 1973, que dispõe sobre os registros públicos. Disponível em: https://www.camara.leg.br/propostas-legislativas/2250740. Acesso em 20 mar. 2023

CÂMARA DOS DEPUTADOS. Projeto de Lei. 4870/2016. Acresce dispositivo à Lei 6.015, de 31 de dezembro de 1973, para dispor sobre substituição de prenome e alteração de sexo no registro civil de nascimento de transexuais e travestis. Disponível em: https://www.camara.leg.br/propostas-legislativas/2080815. Acesso em 20 mar. 2023

CÂMARA DOS DEPUTADOS. Projeto de Lei. 5008/2020. Modifica as Leis ns 13.460, de 26 de junho de 2017; 8.078, de 11 de setembro de 1990, e 9.029, de 13 de abril de 1995, para vedar expressamente discriminação baseada na orientação sexual ou identidade de gênero em banheiros, vestiários e assemelhados, nos espaços públicos, estabelecimentos comerciais e demais ambientes de trabalho. Disponível em: https://www.camara.leg.br/propostaslegislativas/2264620. Acesso em 20 mar. 2023

CÂMARA DOS DEPUTADOS. Projeto de Lei. 6350/2019. Altera o §1º do art. 82 da Lei 7.210, de 11 de julho de 1984 - Lei de Execução Penal. Disponível em: https://www.camara.leg.br/propostas-legislativas/2233105. Acesso em 20 mar. 2023

CÂMARA DOS DEPUTADOS. Projeto de Lei. 8032/2014. Amplia a proteção de que trata a Lei 11.340, de 7 de agosto de 2006 - Lei Maria da Penha - às pessoas transexuais e transgêneros. Disponível em: https://www.camara.leg.br/propostas-legislativas/623761 Acesso em 20 mar. 2023.

CORTE INTERAMERICANA DE DIREITOS HUMANOS. Opinião Consultiva da Corte Interamericana de Direitos Humanos OC-24/17, de 24 de novembro de 2017. Disponível em: https://www.corteidh.or.cr/docs/opiniones/seriea_24_esp.pdf. Acesso em: 16 de mar. 2023.

DIAS, Maria Berenice. Manual de direito das famílias. Revista dos Tribunais. 10ª Ed. 2015.

NASCIMENTO, R. B. CARVALHO, J. L e SILVA, D. C. P. Autonomia reprodutiva da população trans: Discursos de Direitos Humanos, cisnormatividade e biopolítica. Rev.

Direito e Práx., Rio de Janeiro, Vol. 12, N.04, 2021, p. 2658-2688. DOI: 10.1590/21798966/2020/47944| ISSN: 2179-8966.

NOVELINO, M. Direito Constitucional, 7ª edição, São Paulo: Editora Método, 2012.

ORGANIZAÇÃO DAS NAÇÕES UNIDAS. Declaração Universal dos Direitos Humanos, 1948. Disponível em: https://www.unicef.org. Acesso em: 28 mar. 2023.

ORGANIZAÇÃO DAS NAÇÕES UNIDAS. Organização Mundial da Saúde retira transexualidade da lista de doenças mentais. Organização das Nações Unidas, 2019. Disponível em: https://brasil.un.org/pt-br/83343-oms-retira-transexualidade-da-lista-dedoen%C3%A7as-mentais. Acesso em: 13 de mar. 2023

PRINCÍPIOS DE YOGYAKARTA. Princípios sobre a aplicação da legislação internacional de direitos humanos em relação à orientação sexual e identidade de gênero. Disponível em: http://www.dhnet.org.br/direitos/sos/gays/principios_de_yogyakarta.pdf. Acesso em: 17 mar.2023.

QUINLAN, C. F. Por que a representatividade é tão importante para a autoestima LGBTQ? Zenklub, 2017. Disponível em: https://zenklub.com.br/blog/autoconhecimento/representatividade-atoestima-lgbtq/ Acesso em 11 de mar de 2023.

RABENHORST, E. R. Dignidade da pessoa humana e moralidade democrática. Brasília: Brasília Jurídica, 2001.

REIS, T., org. Manual de Comunicação LGBTI+. 2ª edição. Curitiba: Aliança Nacional LGBTI / GayLatino, 2018. ISBN: 978-85-66278-11-8.

SARLET, I. W. A eficácia dos direitos fundamentais. 10. ed. rev. atual. e ampl. Porto Alegre: Livraria do Advogado, 2010.

VENOSA, S. S. Direito Civil parte geral. 12ª edição, São Paulo: Atlas, 2012.

VERGUEIRO, P. V. Jung, entrelinhas: Reflexões sobre os fundamentos da teoria junguiana com base no estudo do tema individuação em Cartas. Psicol. teor. prat., São Paulo, v. 10, n. 1, p. 125-143, jun.2008. Disponível em: http://pepsic.bvsalud.org/scielo.php?script=sci_arttext&pid=S1516-36872008000100010&lng=pt&nrm=iso. Acesso em 08 mar. 2023.

Um retrato em preto e branco. Duas pessoas se olham. De um lado, um sorriso acolhedor diz sem palavras: conta comigo. Do outro, olhos brilhantes aceitam a cumplicidade. Em um quase abraço, as mãos se aproximam à altura dos ombros. Elas se olham, se tocam, sorriem. Certamente, boas amigas.

Sem contexto, uma linda foto. Em um exercício de imaginação, poderiam estar no mesmo ambiente de trabalho, em uma festa celebrando um aniversário ou em um passeio no fim de semana. Mas é bem mais que apenas uma foto de duas amigas. Transportada ao seu contexto, se dermos cor aos diferentes tons de cinza da fotografia, iremos perceber que o mundo ao redor delas está longe de ser colorido. Não é agora e, talvez, nunca tenha sido. Em uniformes carcerários brancos e beges, as duas amigas, que provavelmente se conheceram sob os tons cinzas-grafite de uma cela carcerária, encontram nesta troca de olhares uma das únicas fontes de afeto disponíveis.

A imagem captada pelas lentes do amigo Sebastião Reis Junior em uma ala prisional destinada a presas transgênero tem o poder de nos conduzir a um olhar mais profundo sobre o tema complexo e difícil da luta das pessoas transgênero no Brasil. Ao assumirem uma identidade diferente do seu sexo biológico, costumam encontrar, em vez de apoio e solidariedade no meio familiar e social, opressões de todos os tipos, preconceitos múltiplos e portas constantemente fechadas. Do ambiente escolar ao mercado de trabalho, as barreiras se tornam muros quase intransponíveis.

Em um contexto de segregação e violência, pessoas transgênero podem ser progressivamente marginalizadas até que, em muitos casos, acabem encontrando no crime um mecanismo de sobrevivência. Não é um caminho inevitável – exemplos de superação estão por todos os lados, é verdade –, mas também não deve ser tomado como um destino improvável.

Esse percurso pode ser comprovado pelos tipos de delito mais comuns entre o grupo LGTBQIA+. Segundo estudo do Ministério dos Direitos Humanos publicado em 2020, as presas que se identificavam

# SOBRE A CUMPLICIDADE NECESSÁRIA EM NOSSAS VIDAS

Por Maria Thereza de Assis Moura

como travestis e mulheres transexuais nas prisões brasileiras foram condenadas, em mais de 88% dos casos, por crimes de tráfico de drogas e delitos patrimoniais, como roubo e furto. Colocadas à margem da sociedade e com poucas chances de formação acadêmica, relatos colhidos pela pesquisa ministerial demonstram que as opções no mercado de trabalho acabam se restringindo aos salões de beleza, aos serviços domésticos ou à prostituição.

Nas prisões, além do enfrentamento das dificuldades comuns à vida no cárcere, travestis e transexuais são submetidas a uma miríade de situações relacionadas a sua identidade de gênero. Em regra, são jocosamente tratadas pelo seu "nome de menino" em vez de terem respeitada a sua identificação social. Se estavam em procedimentos de hormonização e acompanhamento médico, provavelmente não terão a continuidade desses tratamentos no presídio. Se entram com cabelos longos, roupas e acessórios femininos, não sabem se poderão continuar com a mesma aparência caso, por exemplo, sejam encaminhadas para celas masculinas.

A questão do local de cumprimento da pena, aliás, é outro ponto sensível na pauta de presos transgênero: entre os mais de 1.400 estabelecimentos prisionais brasileiros, existem diferentes formas de organização e separação de detentos – presos do grupo LGBTQIA+ podem ser, por exemplo, colocados em celas específicas, mas também podem cumprir a pena ao lado dos demais detentos. Se uma travesti convive na cela com vários homens, estará protegida contra episódios de violência sexual? A experiência das prisões nos leva, infelizmente, a uma resposta negativa.

Também não é alentadora a perspectiva de futuro após o cumprimento da pena: se as pessoas transgênero já eram alvo de preconceitos profundos antes de delinquirem, ao saírem das prisões, terão que lidar com um novo elemento de discriminação, desta vez por terem a marca típica dos ex-detentos. Com poucas oportunidades antes do crime, com menos chances ainda após o encarceramento, o resultado tende a ser o retorno à delinquência – sabe-se que os índices de reincidência entre esse grupo costumam ser mais elevados do que a média dos demais.

Em um contexto em que o desrespeito, a vulnerabilidade, a marginalização e a violência são rotina, a fotografia do Sebastião nos lembra que encontrar uma amiga que nos dê a mão e nos arrume os cabelos durante uma sessão de fotografia pode representar muito mais do que uma simples cena cotidiana. A delicadeza deste encontro nos mostra o quão necessário é termos alguém que nos ampare, que nos acolha como somos, sem julgamentos. O amor é transformador. Com humanidade, dignidade e respeito temos o poder de transformar.

## Judiciário brasileiro, um garantidor dos direitos às pessoas LGBTQIA+

Dentro ou fora das prisões, a luta pelos direitos da população LGBTQIA+ é um tema sensível e exige posições firmes das instituições democráticas. Democracia, aliás, pressupõe igualdade, e não há igualdade se parte dos cidadãos é o alvo preferencial de discriminações.

Sem qualificação e oportunidades, travestis e transexuais tornam-se vítimas comuns de violência, muitas vezes de maneira fatal: a cada 27 horas, uma pessoa desse grupo foi assassinada no Brasil, em 2021, segundo o Observatório de Mortes e Violências LGBTI+. Apenas entre homicídios e latrocínios, foram registrados 285 episódios fatais naquele ano. Uma expectativa de vida de apenas 35 anos.

É fato que, especialmente em períodos mais recentes, o mundo progrediu, e nunca se debateram tanto as situações vivenciadas por essas pessoas, mas precisamos avançar. Ainda há, pelo menos, 69 países que criminalizam práticas homossexuais, e, somente em 2018, a Organização Mundial de Saúde (OMS) retirou a transexualidade do rol de transtornos mentais descritos na Classificação Internacional de Doenças (CID).

No caso brasileiro, a exemplo de outros países, a ausência de legislações mais modernas sobre o tema levou o Poder Judiciário a declarar diversos direitos importantes para o público LGBTQIA+.

No âmbito do Supremo Tribunal Federal (STF), podemos citar o reconhecimento do direito de estabelecimento de união estável por casais homoafetivos e, mais recentemente, a equiparação dos crimes de homofobia e transfobia ao delito de racismo.

Da mesma forma, historicamente, o Superior Tribunal de Justiça (STJ) tem sido vanguarda na definição de temas fundamentais para as pessoas LGBTQIA+. Desde 2009, o Tribunal da Cidadania já tinha precedentes no sentido da possibilidade de alteração de registro civil para pessoas submetidas à cirurgia de transgenitalização e, em 2017, evoluiu para entender que, independentemente da realização de cirurgia de adequação sexual, é viável a alteração do nome e do gênero constantes no registro civil de pessoas transgênero, desde que comprovada judicialmente essa condição.

Já em 2022, o STJ ampliou as proteções previstas na Lei Maria da Penha para os casos de violência doméstica ou familiar contra mulheres transgênero. Na visão dos ministros da 6ª Turma, sendo a vítima mulher, independentemente de seu sexo biológico, e tendo havido o cometimento da violência em ambiente doméstico, deve ser aplicada a lei especial.

São exatamente esses precedentes judiciais que, sobretudo em razão do vácuo legislativo, promovem atualizações normativas também no campo dos direitos LGBTQIA+. Esse foi o caso do Conselho Nacional de Justiça (CNJ), que, em outubro de 2020, após decisões do STF, editou a Resolução 348/2020, a qual passou a prever diretrizes e procedimentos com relação à população carcerária LGBT.

O normativo prevê o reconhecimento de pessoas desse grupo a partir de autodeclaração, que deve ser colhida pelo juiz em audiência, em qualquer fase do processo. Entre os direitos previstos na resolução, está o respeito ao tratamento pelo nome social, de acordo com a identidade de gênero; a manifestação de preferência sobre o local de cumprimento da pena, a ser decidida pelo magistrado; o atendimento psicológico e psiquiátrico, especialmente voltado à prevenção do suicídio; e o tratamento hormonal e a testagem regular para o vírus HIV.

## Cumplicidade entre elas, cumplicidade entre nós

Os exemplos no campo jurisprudencial e normativo reforçam a necessidade de que as instituições brasileiras demonstrem, de forma permanente, o compromisso com o respeito à dignidade da pessoa humana e com a igualdade de gênero, estabelecidos nos Tratados de Direitos Humanos que o Brasil subscreveu e ratificou, assim como na Constituição Federal de 1988. O texto é bem claro ao estabelecer como objetivo fundamental do Brasil a promoção do bem de todos, sem qualquer preconceito de origem, raça, sexo, cor, idade e outras formas de discriminação.

Em síntese, o momento é de cumplicidade. A mesma cumplicidade captada, com tanta delicadeza e beleza, pelo meu amigo Sebá merece ser reproduzida pelas pessoas e instituições brasileiras.

Sejamos, pois, cúmplices na ação de garantir os direitos humanos fundamentais dos cidadãos, na busca de proteção, respeito, igualdade, oportunidade e visibilidade a todos.

*Um agradecimento especial à Secretaria de Comunicação Social do STJ pela ajuda na apuração e edição do texto.*

# A VIDA SECRETA DAS TRAVESTIS

## PELO DIREITO À AUTODETERMINAÇÃO!

Por Victória Dandara Amorim

Quando eu era criança, observava muito minha avó, uma mulher em torno dos 50 anos que vivia dentro de casa, aprisionada por suas limitações de saúde física e mental. À época, eu não tinha conhecimento de sua história, de que abrira mão muito cedo do sonho de estudar para cuidar dos irmãos e da mãe, perante a ausência paterna. Tampouco conhecia a dura realidade que enfrentou como faxineira e cozinheira até o limite que seu corpo debilitado lhe permitiu. Dona Terezinha, para mim, não passava qualquer ideia de fraqueza ou sofrimento. Ao contrário, nossas tardes juntas eram mágicas e marcadas por profunda admiração. Isso porque minha avó possuía uma vida secreta à qual poucos tinham acesso. Ali, no seio familiar, na convivência com as filhas e os netos, bem como as aventuras que vivíamos entre as quatro paredes de um bairro na extrema periferia de São Paulo, tudo era incrível e dotado de uma delicadeza muito específica do cotidiano.

Minha avó teve muitos de seus direitos sociais desrespeitados durante a vida, porém, ao lembrar dela, sempre me remeto a tudo de bom que ela me transmitiu enquanto indivíduo e ser humano. E faço questão de iniciar este capítulo memorando Dona Terezinha justamente porque sua vida, apesar de ser uma mulher cisgênera e branca, nos remete ao desentendimento comum quando se trata da população trans e travesti, ao nos limitar por nossas cicatrizes e violações, ignorando toda uma vida secreta que acompanha nossas existências.

Vivemos no país onde mais se mata a população transgênera no mundo, segundo dados da ONG *Transgender Europe*, os quais pontuam o Brasil como "campeão" mundial de transfobia há pelo menos 14 anos. Impossível não situar esses dados e diagnosticar que a "comunidade trans" vitimizada corresponde, em sua grande maioria, a travestis, das quais a maior parcela é formada por pessoas negras e que atuam no mercado sexual. Aliás, levantamentos da Associação Nacional de Travestis e Transexuais (ANTRA) estimam que 90% das travestis e mulheres transexuais encontram na prostituição sua forma única de sustento e sobrevivência. Ao cruzarmos essa informação com o "Mapeamento da População Trans" realizado na cidade de São Paulo pela Secretaria de Direitos Humanos em parceria com o Centro de Estudos de Cultura Contemporânea (Cedec), o qual nos mostra que há forte relação entre a vulnerabilidade no mercado sexual com a exposição a violência física, ao passo que 74% das pessoas trans que relatam terem sofrido agressões corporais já se prostituíram, podemos constatar um ciclo de exclusão muito bem definido.

Em meio a tanta morte, violência e dor, parece quase impossível falarmos de vida. Como poderíamos ter outra pauta que não o sofrimento e os assassinatos quando em 2021 temos a pequena Keron, de somente 13 anos, sendo a menina trans mais jovem vítima de transfeminicídio no país?

A verdade é que ser travesti no Brasil é duro. Ao mesmo tempo em que temos pouquíssima representação em espaços de poder (somente tivemos duas pessoas trans eleitas ao Congresso Nacional pela primeira vez em 2022, após mais de 30 anos de redemocratização), em universidades (dados da Pesquisa Andifes apontam que somente 0,2% de estudantes das universidades federais se declaram como trans) e no mercado de trabalho (menos de 4% das pessoas trans possuem empregos formais, com carteira assinada), possuímos grande representação em espaços de marginalização e vulnerabilidade social, como as esquinas de prostituição, as "malocas" da população em situação de rua e os presídios. O imaginário popular para o termo "travesti", nesse sentido, possui uma conotação quase de ofensa, tamanho o estigma que nossa população enfrenta.

A certo ponto, somos quase que absorvidas pela figura da travesti agressiva e violada. Patricia Hill Collins nos apresenta, então, o conceito de imagem de controle, o qual se aplica de forma certeira no presente cenário. Segundo a feminista negra estadunidense, essa ferramenta constitui uma ideologia voltada à dominação sobre os corpos das mulheres negras, desenvolvendo uma lógica de poder que nomeia, caracteriza e manipula os significados em torno das vidas dessas sujeitas, ao mesmo tempo em que as impede de se autodenominar a si mesmas. É relevante pontuarmos que trago a referência ao feminismo negro, ainda que como uma travesti branca, por entendimento de uma aproximação e parceria históricas entre o movimento de mulheres negras e de mulheres transexuais e travestis. É a partir das críticas que aquelas tecem ao feminismo hegemônico branco (e cisgênero), valendo-se do conceito de interseccionalidade, que nós somos também capazes de erguer nossas vozes e denunciar as invisibilidades da comunidade transgênera dentro de movimentos sociais organizados progressistas.

Justificada a escolha pela utilização do conceito de "imagem de controle" no presente contexto, analisemos agora com maior profundidade essa relação. Não é de meu interesse negar as violações de direitos a que a população trans e travesti é submetida. Porém, ao atrelarmos o imaginário social da comunidade transgênera exclusivamente a episódios de dor e sofrimento, linkados com a marginalização e exclusão sociais, estamos também reforçando um poder da cisgeneridade sobre nós. Desta forma, passamos a ser somente um objeto de violência, ao invés de sujeitas de inúmeras potencialidades. Eu possuo amigas travestis com os mais diversos dons. Doutoras, acadêmicas, advogadas, ativistas sociais, farmacêuticas, artistas, produtoras culturais, empresárias e muito mais. No entanto, a maior vinculação midiática e a grande referência que as pessoas cisgêneras possuem sobre nós é, justamente, o arquétipo da violência. É como se fôssemos aprisionadas a uma realidade de vulnerabilização social da qual não nos é permitido sair, pois mesmo quando conseguimos atingir outros espaços, tal imagem de controle nos persegue. Por que as travestis não podem viver a leveza?

Assim como minha avó, Dona Terezinha, nós, travestis, temos uma vida secreta da qual a cisgeneridade não tem qualquer conhecimento. Amamos, estudamos, viajamos e construímos nossas existências *apesar* da violência, e não *a partir* dela. Tal reducionismo de nossos corpos às imagens de controle cisgêneras se reflete também nas pautas discutidas pelo Judiciário acerca de nossas demandas. Nos limitam, muitas vezes, à defesa de casos de transfobia e a demandas por retificação documental e tratamento de hormonização. No entanto, pouco se fala do direito de travestis ao lazer, à vida digna, à educação de qualidade, ao afeto. Quando começaremos a defender não apenas o direito de pessoas trans de sobreviver, mas sim de viver plena, integralmente e com dignidade?

Em meu trabalho de conclusão de curso para a Faculdade de Direito do Largo de São Francisco, instituição em que me graduei como a primeira travesti publicamente assumida da instituição em 191 anos, discuto justamente essa relação da academia jurídica com a transgeneridade, me recusando a desenvolver um estudo que apenas ratificasse os quadros de violência e marginalização a que somos diariamente submetidas. Não que seja desimportante levantarmos essas informações, pois encarar a dura realidade da transfobia no Brasil e denunciá-la ainda é fundamental. No entanto, meu desejo é que possamos concomitantemente romper com este imaginário de narrativa única, que nos naturaliza mortas e nos estranha na academia e em espaços de poder.

No referido estudo que apresentei, pude demonstrar através de uma análise autoetnográfica como minha identidade de gênero de travesti foi um elemento potencializador de minha atuação como advogada em casos de defesa dos direitos humanos e do acesso à justiça, sobretudo em se tratando do atendimento e representação de grupos socialmente marginalizados. Defendo que os estudos trans e o Estado Democrático de Direito têm muito a ganhar e aprender com uma advocacia transfeminista interseccional. O acesso à justiça e a construção dos direitos pelas mãos daquelas que antes ocupavam apenas as esquinas de prostituição nos traz uma nova forma de contemplar as necessidades dos assistidos e, principalmente, de se conectar com elas. Este é apenas um exemplo de como nossos corpos e experiências podem ser transformadores. Somos potência e devemos reivindicar sempre nosso direito à autodeterminação.

Por isso, defendo fortemente uma construção epistemológica transfeminista para a reivindicação de nossa autodeterminação enquanto sujeitas. A professora Jaqueline Gomes de Jesus (2013) define transfeminismo como:

> "(...) uma linha de pensamento e movimento feminista em construção. Koyama (2001) o definiu, simplesmente, como um movimento feito por e para mulheres transexuais, porém se busca uma definição além, que o compreenda "tanto como uma filosofia quanto como uma práxis acerca das identidades transgênero que visa a transformação dos feminismos" (JESUS & HAILEY, 2010, p. 14).

Neste sentido, enquanto chave de leitura analítica e movimento social organizado, o transfeminismo dialoga com outras linhas do feminismo, bebendo nas fontes sobretudo do feminismo interseccional e feminismos negros, como pontua a professora Leticia Carolina (2021). Cabe a menção à pensadora Kimberlé Crenshaw, responsável pela aplicação do conceito de "interseccionalidade" no meio jurídico. A pesquisadora analisa o não lugar ocupado por mulheres negras ao serem contempladas com disputas internas aos movimentos negro e feminista.

Desta feita, em alinhamento às ideias de Letícia Carolina (2021) entendo que o transfeminismo deve possuir uma perspectiva constante de interseccionalidade, de modo a não reproduzir vícios presentes nos movimentos feministas que acabam por nos excluir enquanto população transexual e travesti. Assim, creio que o transfeminismo não consiste na pauta somente de questões "trans" em sentido estrito. Devemos, ao revés, contemplar também discussões sobre raça, classe, luta anticapacitista e outros temas relativos a marcadores sociais da diferença. Portanto, tenho o transfeminismo em uma posição de guarda-chuva que se opõe não só à transfobia estrutural e institucional, mas também a toda e qualquer forma de opressão e discriminação.

Por isso, ao analisarmos as construções transfeministas, contemplamos um movimento plural e marcado por contradições, de certo, mas também um contexto em que prevalece a interseccionalidade e a luta pela libertação de todos os corpos. Novamente chamo à conversa a professora Jaqueline Gomes de Jesus (2010):

> O transfeminismo reconhece a interseção entre as variadas identidades e identificações dos sujeitos e o caráter de opressão sobre corpos que não estejam conforme os ideais racistas e sexistas da sociedade, de modo que busca empoderar os corpos das pessoas como eles são (incluindo as trans), idealizados ou não, deficientes ou não, independentemente de intervenções de qualquer natureza; ele também busca empoderar todas as expressões sexuais das pessoas transgênero, sejam elas assexuais, bissexuais, heterossexuais, homossexuais ou com qualquer outra identidade sexual possível (JESUS & ALVES, 2010, p. 15).

É no seio do movimento social organizado que encontraremos nossa capacidade de nos definir a nós mesmas, nos afastar das imagens de controle construídas pela cisgeneridade e dar um passo adiante rumo à emancipação coletiva. Citando mais uma vez uma representação do pensamento feminista negro, chamo ao debate Audre Lorde, que nos ensinou: "Se eu não tivesse me definido para mim mesma, teria sido esmagada pelas fantasias que outras pessoas fazem de mim e teria sido comida viva".

Que possamos nos autodeterminar e, a partir de toda nossa potência, trazer à tona a "vida secreta das travestis", para que então o mundo nos veja, ouça e aprenda conosco. Nossa voz não somente libertará a nossa comunidade, mas toda uma coletividade de corpos oprimidos e estigmatizados.

## REFERÊNCIAS


AMORIM, Victória D. T. R. Direitos da esquina: Uma autoetnografia transfeminista interseccional do acesso à justiça. São Paulo: Universidade de São Paulo, 2022.

BENEVIDES, Bruna G. ANTRA (Associação Nacional de Travestis e Transexuais) Dossiê: assassinatos e violências contra travestis e transexuais brasileiras em 2022 – Brasília, DF: Distrito Drag; ANTRA, 2023.

CEDEC - Centro de Estudos de Cultura Contemporânea. Mapeamento das Pessoas Trans na Cidade de São Paulo: relatório de pesquisa. São Paulo, 2021.

COLLINS, Patricia Hill. Pensamento feminista negro: conhecimento, consciência e a política do empoderamento. 1. ed - São Paulo: Boitempo, 2019.

JESUS, Jaqueline Gomes de. Feminismo e Identidade de Gênero: Elementos para a Construção da Teoria Transfeminista. Seminário Internacional Fazendo Gênero 10 (Anais Eletrônicos), Florianópolis, 2013.

# AS NUANCES SÃO A ESSÊNCIA

Por Alexandre Saadeh

Não sei se os olhos são mesmo as janelas da alma.

Nem sei se acredito em alma.

Só sei que as almas que habitam nossos corpos (palavra usada em excesso nesses tempos...) estão difíceis de serem lidas.

Alma, substantivo feminino. Corpo, substantivo masculino. A binaridade de novo. Malvista nos dias de hoje, mas ainda necessária. Os opostos, não tão opostos.

Quando pequeno, o mundo quase sempre se dividia em polos. Esses polos, considerados binários, tinham características próprias, que complementavam, em oposição, o outro polo. Mal, bem; esquerdo, direito; certo, errado; claro, escuro; preto, branco; homem, mulher.

Nesse momento, tudo está mais fluido e sem fronteiras tão definidas. As nuances são a essência. A identidade, essa palavra feminina em português, é o que define.

Todos sabemos o que é uma cadeira, mas como defini-la? O que é um homem, uma mulher? Como defini-los? Pela anatomia, pelo biológico, pelo social, por qual teoria?

Na Bíblia está escrito que Deus criou o homem e, a partir dele, a mulher.

> *E criou Deus o homem à sua imagem; à imagem de Deus o criou; homem e mulher os criou.*

*E Deus os abençoou, e Deus lhes disse: Frutificai e multiplicai-vos, e enchei a terra, e sujeitai-a; e dominai sobre os peixes do mar e sobre as aves dos céus, e sobre todo o animal que se move sobre a terra.*

*E disse Deus: Eis que vos tenho dado toda a erva que dê semente, que está sobre a face de toda a terra; e toda a árvore, em que há fruto que dê semente, ser-vos-á para mantimento.*

*E a todo o animal da terra, e a toda a ave dos céus, e a todo o réptil da terra, em que há alma vivente, toda a erva verde será para mantimento; e assim foi.*

*E viu Deus tudo quanto tinha feito, e eis que era muito bom; e foi a tarde e a manhã, o dia sexto.*

....

*Então o Senhor Deus fez cair um sono pesado sobre Adão, e este adormeceu; e tomou uma das suas costelas, e cerrou a carne em seu lugar;*

*E da costela que o Senhor Deus tomou do homem, formou uma mulher, e trouxe-a a Adão.*

*E disse Adão: Esta é agora osso dos meus ossos, e carne da minha carne; esta será chamada mulher, porquanto do homem foi tomada.*

*Portanto deixará o homem o seu pai e a sua mãe, e apegar-se-á à sua mulher, e serão ambos uma carne.*

Uma carne, um novo corpo!

Uma nova alma?

A Bíblia não fala sobre isso...

Mas as pessoas sim! Acreditam profundamente que sabem tudo sobre ser e se sentir homem ou mulher. E que ter nascido em um corpo/sexo masculino ou em um corpo/sexo feminino define a subjetividade desse ser.

Ao observar essa foto, vejo um olhar de indagação, dúvida, estranheza, não conformidade ou compreensão com o que observa, mas uma tentativa justa de entendimento.

ENTEDIMENTO, isso vai além do visível, do perceptível, do escancarado. Corpo é material; alma imaterial. Sexo é objetivo; a noção de ser homem ou mulher é subjetiva.

Estamos sujeitados aos nossos corpos, mas não presos a eles. Tanto que buscamos mudá-los, transformá-los, embelezá-los, rejuvenescê-los, mutilá-los...

Fantasiamos, vestimos e brincamos com nossos corpos o tempo todo, mas não com nossas almas ou identidades.

Ao olhar a foto, vejo um ser humano com características femininas de gênero e buscando compreender algo que acontece fora dela e, talvez, com ela.

Esse olhar e essa busca nos devolvem para o humano em questão, independente do sexo, de sua identidade, de sua cor, cultura ou crenças. Essa busca por entendimento do que acontece é que nos caracteriza como HUMANOS. E melhor, pode ser reconhecido por leitura e empatia.

Apesar das diferenças é a empatia que nos torna humanos. Virou moda falar sobre e treinar empatia, mas além da moda, essa capacidade de se conectar com outro ser humano e sentir, perceber ou pensar o que ele sente, percebe ou pensa é que permite os afetos mais importantes de nossa existência, especialmente o AMOR.

Empatia vem do grego, *empátheia*, que significa paixão, considerando a comunicação afetiva entre pessoas. Aristóteles usava o termo "em-pathein" no sentido de "animação do inanimado".

O termo alemão *Einfühlung* foi usado como empatia pela primeira vez no início do século XX, pelo psicólogo alemão Theodor Lipps (1851-1914), "para indicar a relação entre o artista e o espectador que projeta a si mesmo na obra de arte".

É disso exatamente que se trata esse texto. Empatia pela foto em branco e preto de uma mulher trans. Que transmite uma expressão de dúvida, de querer reconhecer, um esforço por captar algo.

Uma mulher trans exercitando empatia! Nossa empatia.

Algo que socialmente é pedido todos os dias por ela ao meio social:

> *Tenham empatia!! Percebam-me!! Não me julguem a partir de suas opiniões e seus conceitos, mas me percebam e se coloquem em meu lugar!! Tenham empatia!!*

É disso que se trata essa foto. Uma expressão de empatia por parte de uma mulher trans.

Para se ter empatia, preciso me livrar de certezas, valores cristalizados e saberes onipresentes. Preciso me colocar no lugar do outro; calçar seus sapatos; vestir suas roupas; comer o que o outro come; apropriar-me dele e de sua cultura. Deixar-me de lado e captar o outro. Seu corpo, sua alma. Tarefa difícil nos tempos atuais, onde ninguém abre brechas, espaços; onde o outro e suas diferentes propostas só me ameaçam, não são vistas como propostas para pensar. Onde as diferenças são percebidas como agressões e não como propostas de diálogo.

Empatia propõe diálogo.

Empatia propõe conexão.

Falta de empatia propõe acomodação, não questionamentos, exclusão, acomodação.

Cabe a cada um de nós escolher o que queremos: excluir ou incluir. Captar ou restringir. Buscar ou perder. Impor ou receber.

Essa mulher trans propõe algo; está exposta; não busca se esconder. Revela essa busca.

O fenômeno trans é algo que nos força sair de um território de acomodação e buscar empatia por outras formas de existência.

Não é confortável, pois sai do comum. Alguém que nasceu num sexo e se entende com uma identidade de gênero incongruente com o sexo de nascimento é difícil de se captar. Desde sempre...

Trans sempre existiram, em todas as culturas, em todos os períodos históricos. Não é criação moderna ou da teoria *queer*. As pessoas trans sempre sofreram por serem diferentes do padrão. Essa é mais uma variação em nossa espécie que causa comoção social. Essas pessoas existem, e sua condição tem uma base biológica, não acontece por fenômenos socioculturais apenas. Cabe a nós decidirmos se incluiremos essas pessoas em nossas vidas ou não. Não precisamos gostar delas, mas reconhecer sua existência e compreender que são como nós, mas diferentes. Só isso.

Espero que a moça da foto (pois a expressão de gênero é feminina) aceite minha leitura sobre o momento captado na foto.

E não me critique, pois sei que estou longe da verdade, nem quero acesso a ela. Só quero dizer como percebi, senti e pensei esse momento captado. Longe de ter razão ou ser dono da verdade, quero deixar aqui minha vivência ao olhar essa foto. Eu a escolhi para isso e não me arrependo. Só espero ter me aproximado da foto, da moça trans e do fotógrafo que sequestrou essa imagem.

Espero que ela tenha empatia por mim e entenda que me desvelei, fazendo esforço empático por captá-la. Espero ter tido sucesso!

Linda foto, Sebastião!

# O CORPO, O NOME, A PRISÃO

Por Deborah Duprat

## I. Introdução

Quando o ministro Sebastião Reis me convidou a eleger uma de suas fotos sobre mulheres trans encarceradas e escrever algo a respeito, imaginei que tinha em vista o fato de, no exercício interino do cargo de Procuradora-Geral da República, eu ter proposto, perante o Supremo Tribunal Federal, uma ação para garantir à população trans o direito à alteração do prenome e do sexo no registro civil, independentemente de cirurgia de transgenitalização (ADI 4275).

Mas ele me disse: "não penso em textos jurídicos; fale-me da foto". O convite passou a ser então um desafio. Significou buscar em mim as impressões daquele rosto, imobilizado em vários sentidos: pela foto, pelo corpo que o sustenta, pelo nome com que supostamente é identificado e pela prisão. Enfim, me lançar na área do sensível.

A arte possibilita ao pensamento pensar aquilo que lhe é interditado em outras esferas da vida social. Como ressalta Vladimir Safatle, as experiências que mobilizam a ação social transformadora são, em alguma medida, produções estéticas, que buscam realizar, no mundo concreto, a liberdade e a ausência de dominação que as obras de arte são capazes de produzir. Há, nesse sentido, uma cumplicidade entre a obra de arte e a estrutura de relações e decisões que a vida social tacitamente, ou mesmo ostensivamente, combate.

A foto que elegi, longe de ser um retrato, uma representação mimética e imóvel de uma mulher trans, que permitiria uma narrativa referencial ou literal, contém elementos que trocam de lugar a cada momento, e é essa desestabilização de sentido que vai ser explorado no texto a seguir. Afinal, a arte reduplica o mundo sem ser totalmente parte dele, e é isso que lhe confere poder crítico e transformador. Trata-se aqui de pensar outros mundos possíveis, especialmente no âmbito do Direito e sua absurda tendência cartesiana, essencialista e binária.

## II. O corpo e a sexualidade

A filosofia moderna nasce com Descartes, para quem todo conhecimento baseava-se em regras matemáticas, dominado exclusivamente pela razão. Com Kant, inaugurou-se a filosofia do sujeito transcendental, que constitui o mundo como o conjunto de objetos da experiência possível. É o sujeito do conhecimento e da representação. Sua razão opera por meio do conceito, subsumindo o real às suas próprias categorias apriorísticas. Assim, é inerente à dinâmica dessa razão a identidade, que possibilita a unidade e as grandes sínteses homogeneizadoras. Toda essa filosofia, portanto, caracterizou o conhecimento pelo logocentrismo, pela semelhança, pela adequação e pela unidade.

Havia, no entanto, já no coração mesmo da modernidade, um dos pensadores que vai ser lastro para a reflexão contra alguns dos fundamentos em que se assenta a própria modernidade: Baruch Spinoza. No pensamento de Spinoza, não há o espaço privilegiado da mente, tal como concebido por Descartes. Ao contrário, a mente e o corpo humano formam uma única ideia, são atributos de uma mesma substância. Esse corpo, no entanto, é afetado de muitas maneiras por outros corpos e também age de diversas formas sobre eles. Os estados dos corpos são paralelos aos da mente. E como os estados dos corpos são alterados a partir de fora, a ideia deles é constantemente acompanhada pela de coisas externas que exercem alguma influência. Nesse sentido, cada subjetividade é um devenir, porque passa por processos de constituição sempre abertos ao exterior. Spinoza diz: "por causas externas somos impelidos para cá e para lá, como as ondas do mar por ventos conflitantes, e não sabemos o que será de nós".

Essa noção vinda de Spinoza, de uma trajetória desorientadora do corpo e de uma decomposição da singularidade, vai impulsionar movimentos pós-estruturalistas, pós-modernos, pós-feministas, concebendo o sujeito não como um centro autônomo de soberania e conhecimento, mas com uma posição instável, resultado de constantes negociações estratégicas de sua identidade.

Se os corpos são afetados pelos encontros, se lhes é inerente essa maleabilidade, por que a sua divisão binária em masculino e feminino? Essa divisão é natural, anatômica, cromossômica ou hormonal? Em a *História da Sexualidade 1*, Michel Foucault defende que a construção do conceito unívoco do sexo (é de um sexo e, portanto, não é de outro) é

(i) produzido com o propósito de regular e controlar a sexualidade; (ii) oculta e unifica artificialmente uma variedade de funções sexuais distintas e não equiparadas entre si; (iii) aparece no discurso como *causa, essência,* e, desse modo, produz e torna inteligíveis todos os tipos de sensação, prazer e desejo como específicos de um sexo. Por isso, para Foucault, lutas emancipatórias ou libertárias da sexualidade, que se conformam a um modelo jurídico do "sexo" como categoria e não contestam as relações de poder que mistificam esse dado como aspecto necessário da identidade corporal, não merecem ser qualificadas como tais.

Os exemplos mais recorrentes de que o recurso a uma sexualidade antes da lei é ilusório, ou melhor, de que a categoria "sexo" se conforma por relações históricas de poder, tanto discursivas como institucionais, são os intersexos. A designação compulsória de um sexo para um recém-nascido sempre variou de acordo com o discurso médico da ocasião. No século XIX, por exemplo, a presença ou a ausência de ovário era o critério para a atribuição do sexo. A partir dos anos 50 do século XX, a atribuição do sexo feminino era uma possibilidade para quaisquer corpos, de homens ou de mulheres, ao passo que o sexo masculino era reservado para os corpos que apresentava cromossomos XY ou XX com pênis de aparência normal.

Foucault publicou os diários de Herculine Barbin, um hermafrodita francês nascido no século XIX, juntamente com os laudos médicos que se produziram sobre ele/ela. Ele/ela possuía o que se poderia descrever como um pequeno pênis ou um clitóris aumentado e não parecia ter seios femininos identificáveis. No nascimento, atribuíram o sexo "feminino" a Herculine, chamada de Alexina. Herculine relata suas relações com as meninas da escola, com as "mães" do convento e com Sara, que se tornou sua amante. Atormentada por sua culpa, Herculine conta seu segredo a um médico e a um padre. Com 20 anos, ele/ela foi obrigado/a a mudar juridicamente seu sexo para "masculino", vestir-se com roupas masculinas e exercer os direitos de homem na sociedade. As narrativas de Herculine permitem perceber um sentimento de crise perpétua, que culminou com seu suicídio.

Os corpos intersexuais e transexuais vão opor uma tecnologia genética essencialista e uma tecnologia cirúrgica construtivista, ambas partindo do pressuposto de que o corpo tem uma verdade última, uma matéria biológica "dada". Para Preciado, esses corpos, por serem incompletos (corpos sem vagina ou pênis visualmente reconhecíveis) ou excessivos (corpos que combinam características supostamente femininas e masculinas), vão estar sujeitos a implantes, enxertos e mutilações, de modo a manter uma suposta coerência da pessoa e a escolha obrigatória entre as duas variáveis excludentes entre si, a feminina e a masculina.

Por isso, para Preciado, natureza=heterossexualidade é resultado de um dispositivo social de produção de feminilidade e masculinidade, que funciona a partir da fragmentação do corpo, recortando órgãos e gerando zonas de alta intensidade sensitiva e motriz, que depois identifica como centros naturais e anatômicos da diferença sexual. Para ele (antes Beatriz, depois Paul), "a arquitetura do corpo é política".

O corpo que a foto apresenta parece ser uma paródia, e a paródia que faz é da própria ideia de um original. Trata-se, a bem dizer, de uma produção que não cria uma imagem unificada nem de homem, nem de mulher, zomba aparentemente dessas noções: minha aparência "externa" é masculina, mas minha essência "interna" é feminina? Ou seria o contrário: meu corpo é feminino, mas o meu eu é masculino? Há aqui um retorno a Spinoza, de um corpo em trânsito, aberto a encontros e a ressignificações.

## III. O eu e o seu nome

Outro legado que vem da modernidade ocidental e da ideia correlata da integridade ontológica do sujeito é um prenome e sobrenome imutáveis que lhe são atribuídos por ocasião do nascimento. As estruturas jurídicas dos Estados modernos permitem identificar, de uma vez para sempre, cada um dos sujeitos que se encontra em seu território e mapear, ao longo de sua existência, as múltiplas e diversas atividades que exerce: a escola, o trabalho, o prontuário de saúde, o alistamento militar, o exercício eleitoral etc.

Charles Taylor chama a atenção a respeito do vínculo entre identidade e interlocução, que emerge no lugar ocupado pelos nomes na vida humana:

> Meu nome é aquilo de que sou 'chamado'. Um ser humano tem de possuir um nome, porque é preciso que ele seja chamado, isto é, que a palavra seja dirigida a ele. Ser chamado a entrar numa conversação é precondição do desenvolvimento de uma identidade humana, razão pela qual meu nome me é (normalmente) dado a mim por meus primeiros interlocutores. Cenários de pesadelo na ficção científica, em que, por exemplo, pessoas confinadas em acampamentos já não têm nomes, mas apenas números, extraem sua força desse fato. Os números etiquetam as pessoas para referência rápida, mas o que usamos para nos dirigir a uma pessoa é seu nome. Seres que são apenas referentes e não também destinatários são classificados *ipso facto* como não-humanos, sem identidade. Não causa surpresa que, em muitas culturas, acredite-se que o nome de alguma forma capta, e até constitui, a essência ou força da pessoa.

Da importância de existir um nome pelo qual ser chamado não decorre a sua necessária imutabilidade. E assim não é em inúmeras culturas minoritárias.

No Brasil, por exemplo, há ato normativo reconhecendo que alguns povos indígenas têm o costume de mudar de nome ao longo da vida (Resolução Conjunta CNJ/CNMP 03/2012).

Tampouco é prevalecente em outros grupos a ideia de um sujeito autocentrado e internamente coerente.

Clifford Geertz analisou em três culturas diferentes – Java, Bali e Marrocos – a concepção do "eu". Para os javaneses, o conceito de pessoa envolve dois conjuntos contrastantes que têm como base a religião: um entre "dentro" e "fora" e outro "refinado" e "vulgar". A palavra "dentro" refere-se à esfera dos sentimentos na experiência humana, mas também à esfera do comportamento humano observado. Consiste no fluxo impreciso e mutante dos sentimentos subjetivos e considerado idêntico para todos os indivíduos, cuja individualidade ele faz desaparecer. Já a palavra "fora" se refere a ações externas, movimentos, postura, linguagem falada, e, em sua essência, também considerada igual para todos os indivíduos. Os dois grupos de fenômenos não são funções um do outro, mas esferas independentes do ser. Cada indivíduo nada mais é do que um locus temporário desse confronto, uma expressão momentânea dessas duas partes, de sua separação permanente e da necessidade de assim serem mantidas.

Já em Bali, há um esforço persistente e sistemático para estilizar todas as formas de expressão pessoal, ou seja, as características do indivíduo – físicas, psíquicas ou biográficas – são emudecidas, privilegiando-se as *dramatis personae*. Fisicamente, as pessoas são meros incidentes na história conjuntural. O que de fato importa são as máscaras que usam, o lugar que ocupam no palco, os papeis que desempenham e, principalmente, o espetáculo que montam juntas. Existem marcadores para a ordem de nascimento, termos de parentesco, títulos que determinam a casta, indicadores do sexo e muitos outros mais, mas, quando se usa uma dessas designações (ou várias delas) referindo-se a alguém, define-se este alguém como ocupante temporário de um *locus* cultural: identificar alguém é determinar seu lugar num elenco conhecido de personagens. Aqui, a visão de pessoa humana é a de um representante adequado de um tipo genérico, e não como uma criatura única.

No Marrocos, especificamente na cidade de Sefrou, os "eus" adquirem sua definição através das relações associativas com a sociedade que os circunda. São, portanto, pessoas contextualizadas, que interagem em termos de categorias cujo significado é quase totalmente posicional. Não há, assim, pessoas que se destaquem de seu contexto e recebam um nome individual. E tampouco um conteúdo substantivo das categorias, ou seja, o que elas significam subjetivamente como modos de vida experimentados. Geertz observa que esse tipo de categorização conduz paradoxalmente a um hiper individualismo na vida pública, pois, ao prover apenas um contorno vazio e mesmo mutante de quem são os atores, deixa praticamente tudo a ser preenchido no processo mesmo de interação.

A imagem que a modernidade ocidental projetou do sujeito autocentrado, íntegro e autossuficiente, é apenas uma entre tantas, que necessita, igualmente, de performance, espetáculo e da atribuição insistente de categorias pessoais essencialistas, exaurientes do ser.

Para Safatle, na posição do sujeito em Hegel, em sua exteriorização, há algo de radicalmente antipredicativo a animar o movimento da essência. Isso deveria levar, a seu ver, à abolição de uma economia psíquica que tem na afirmação da personalidade uma categoria identitária. Também segundo Butler, o "eu" lida com algo que lhe escapa ou não é ao menos completamente estruturável em termos de identidade.

Aqui é preciso lembrar que cada vez que o Direito avança na regulação disciplinar da vida, ele determina as formas possíveis que a vida pode assumir. E as nomeia. Avançar no reconhecimento antipredicativo é uma forma de desativar o ordenamento jurídico quanto a esse aspecto e permitir a emergência da multidão.

## IV. A prisão

Foucault vê o surgimento da "sociedade disciplinar" a partir do final do século XVIII e início do século XIX e tem como ponto de partida as transformações dos sistemas penais ocorridas em especial na Inglaterra e na França, resultado de uma reelaboração teórica da lei penal e que pode se encontrar principalmente em Beccaria, Bentham e Brissot. O princípio central desse sistema teórico da lei penal é que o crime não tem relação alguma com a falta moral ou religiosa. Nesse sentido, a lei penal deve simplesmente representar o que é útil para a sociedade, definindo como reprimível o que é nocivo. O criminoso, por sua vez, é o inimigo interno, aquele que rompe o pacto social. Para esses teóricos e também para os primeiros legisladores do primeiro Código, as penas deveriam ser as seguintes: deportação, trabalho forçado, vergonha, escândalo público e a pena de Talião (mata-se a quem matou, confiscam-se os bens de quem roubou etc).

Esses projetos muito precisos de penalidade foram substituídos por uma pena que tinha sido mencionada apenas por Beccaria e que Brissot trabalhava de maneira absolutamente marginal: o cárcere, a prisão. A prisão não era uma pena própria do sistema penal dos séculos XVII e XVIII. A prisão que se converteu no grande castigo do século XIX tem origem, na França, nas *lettres-de-cachet*, que era uma forma de utilização do poder real pelo poder espontâneo dos grupos: quando o rei determinava uma *lettre-de-cachet* contra um indivíduo, ele não era morto na forca, nem marcado, nem tinha que pagar uma multa (que eram as penas de então), mas se recolhia à prisão por um tempo que não era fixado antecipadamente. A ideia é que ficasse encarcerado até que se corrigisse. Essa forma de penalidade, que não tem por função responder a um crime, mas busca corrigir os indivíduos por conta de suas virtualidades, não pertencia ao universo do Direito, não nasce da teoria jurídica do crime e muito menos dos grandes reformadores como Beccaria. Trata-se de uma noção policial, paralela à justiça e fora dela, nascida como um sistema de intercâmbio entre a demanda do grupo e o exercício do poder.

Entra aqui também, segundo Foucault, uma reformulação do controle social do corpo. O corpo dos indivíduos, inclusive até o século XVIII, era fundamentalmente a superfície de inscrição de suplícios e penas; o corpo tinha sido feito para ser atormentado e castigado. Já no século XIX, o corpo adquire um significado completamente diferente e converte-se em algo que deve ser formado, reformado, corrigido.

E isso permanece na atualidade, pois, embora o indivíduo seja julgado por um juiz, na prisão ele fica sob observação de uma espécie de microtribunal permanente, formado por agentes penitenciários e pelo diretor da prisão, que o castigam por seu comportamento.

Foucault se pergunta como é possível que, partindo de uma teoria do Direito Penal como a de Beccaria, possa se chegar a algo tão paradoxal como a prisão, algo tão contrário a um Direito Penal, ao menos em aparência, estritamente racional. E conclui que a prisão é a imagem da sociedade, mais precisamente, que a prisão não é propriamente uma ruptura com o que acontece todos os dias.

A prisão, assim, é um dispositivo recente na história da humanidade, mas apresentado atualmente como uma fatalidade. Naturalizá-la significa abandonar a utopia de um mundo menos controlado, de mais liberdade, leveza e diversidade de corpos nas ruas. Olhando uma última vez para a foto, vem a noção de desamparo de Freud. Para ele, pode-se fazer com o desamparo coisas muito diferentes, como transformá-lo em medo ou a partir dele produzir um gesto de forte potencial liberador. O corpo recluso que miro posiciona-se por transformação política.

## REFERÊNCIAS


BRAIDOTTI, Rosi. Por una política afirmativa: itinerarios éticos. Barcelona: Editorial Gedisa, 2018.

BUTLER. Judith. Problemas de Gênero: feminismo e subversão da Identidade. 8ª edição. Rio de Janeiro: Civilização Brasileira, 2015.

_______ Relatar a si mesmo: Crítica da violência ética. 1ª edição. Belo Horizonte: Autêntica Editora, 2015.

_______ Senses of the Subject. New York: Fordham University Press, 2015.

CHAUI, Marilena. Política em Espinosa. São Paulo: Companhia das Letras, 2003.

FOUCAULT, Michel. La verdad y las formas jurídicas. Barcelona: Editorial Gedisa, 1998.

_______ Herculine Babin, dite Alexina B. presenté par Michel Foucault. Paris: Gallimard, 1978.

_______ Histoire de la sexualité 1: la volonté de savoir. Paris: Gallimard, 1978.

GEERTZ, Clifford. O Saber Local: novos ensaios em antropologia interpretativa. Petrópolis: Editora Vozes, 2009.

IRIGARAY. Ese sexo que no es uno. Madrid: Ediciones Akal, 2009.

JAMESON, Fredric. A Lógica Cultural do Capitalismo Tardio. 2ª edição. São Paulo: Editora Ática, 2006.

LAND, J. Em memória de Spinoza. In Estudos sobre Spinoza, org. César Benjamin. Rio de Janeiro: Contraponto, 2014.

PRECIADO, Beatriz. Manifesto Contrassexual. São Paulo: n-1 edições, 2014.

SAFATLE, Vladimir. O Circuito dos Afetos: corpos políticos, desamparo e o fim do indivíduo. São Paulo: Cosac Naify, 2015.

_______ Dar corpo ao impossível: o sentido da dialética a partir de Theodor Adorno. Belo Horizonte: Autêntica Editora, 2019.

TAYLOR, Charles. As fontes do self: a construção da identidade moderna. São Paulo: Edições Loyola, 1997.

# A FOTOGRAFIA DE SEBASTIÃO

Por Rogerio Schietti Cruz

A fotografia bem como as outras formas de manifestação artística *"...contribuem para reconstruir o âmbito de nossas percepções e o dinamismo de nossos afetos"*[1].

Sebastião Reis Junior é prova viva e vivaz do acerto dessa assertiva. Sua arte, concentrada na fotografia, procura, consciente e deliberadamente, estimular o seu público – juristas e pessoas fora do Direito – a desenvolver percepções sobre algumas mazelas sociais que cunham nosso país. E, ao nos fomentar esse exercício mental, produz inevitavelmente um redescobrir de nossos afetos, alargando-os de modo a abranger pessoas de cuja vida nada ou pouco sabemos.

1 RANCIÈRE, Jacques. O espectador emancipado. São Paulo: Martins Fontes, 2014

Já o fizera antes, nosso magistrado e fotógrafo, para nos aproximar da realidade vivida por indígenas, moradores em situação de rua, habitantes de comunidades e favelas, caiçaras, quilombolas e moradores dos sertões dos vários brasis.

E nesse espectro de objetos significantes de sua arte, o fotógrafo Sebastião dedicou especial espaço para as pessoas encarceradas, aquelas que, mercê de conexões afetivas e profissionais, sensibilizaram o juiz a enxergar além dos processos que, profusamente, lhes chegam às mãos para julgar.

Talvez Sebastião Reis Junior, ou Sebá para os mais próximos, tenha intuído, ou percebido racionalmente, que fotografar aqueles que formam o material humano de sua labuta diária no Tribunal seja um meio de não somente amenizar o peso de sua pena – necessária para o funcionamento do sistema de justiça criminal e para a manutenção do convívio minimamente ordeiro e pacífico da sociedade – mas também de oferecer oportunidade de visibilizar as pessoas que quase sempre são representadas por números, dados, estatísticas e percentuais.

É que, na linha de produção penal, pouco sabemos, nós juízes, sobre o passado, o presente e o futuro daqueles que, por dever do ofício, encaminhamos ao (ou mantemos no) sistema penitenciário.

Do passado dessas pessoas temos apenas algumas escassas informações, relativas ao nome, apelido, idade, local e data de nascimento, filiação, altura, cor da pele e escolaridade. Nada sabemos sobre suas estórias de vida e sobre sua história, como foi sua infância, sua adolescência, sobre oportunidades que teve (ou não) na vida; se foi uma criança criada em um ambiente doméstico sadio, ou se conviveu com uma realidade familiar e social marcada por violência, abuso, miséria, promiscuidade; se, enfim, teve acesso à educação de boa qualidade.

Do presente somente temos conhecimento de que a pessoa sentada no banco dos réus foi presa praticando um crime, ou foi assim identificada após investigação. O que a teria levado a cometer o crime de que é acusada? Foi cupidez, ganância, revolta, raiva, vingança, insolência, indiferença?

E, a despeito de toda essa nossa ignorância sobre a vida dessa pessoa a ser julgada, usamos os critérios legais, que nos dispensam de tal conhecimento, para fixar o tempo da vida que deverá destinar ao cumprimento da sua pena, em estabelecimento prisional, quando não permitida a substituição da sanção privativa de liberdade por outra espécie de reprimenda.

Mais ainda, depois que enviamos o infeliz para cumprir sua pena, dele não mais se tem notícia, salvo quando postula algum benefício da Lei de Execuções Penais.

Enfim, a invisibilidade de quem julgamos – refiro-me à quase totalidade de nossa "clientela" – não é apenas a invisibilidade social que marcou sua vida; continua a pessoa a ser desconhecida do sistema de justiça criminal, que, agora, apenas se preocupa em saber se ela é perigosa à comunidade (não nos é imposto fazer um estudo psicossocial do réu durante o processo, mas a lei incentiva a que se elabore um laudo criminológico para melhor avaliar o preso condenado).

Nesse ponto reside, a meu sentir, o maior mérito da fotografia de Sebastião Reis Junior. Não que a arte deva, necessariamente, ter algum propósito específico, mas, na temática abraçada pelas lentes de Sebastião, é inevitável que esse significado e essa intenção política se descortine aos olhos de quem não enxergava algumas das mazelas de nossa realidade social, ou, em caso positivo, sobre elas ainda não elaborara uma inquietude mental e afetiva, indispensável à sensibilização pessoal a respeito do sistema punitivo de nosso país.

A foto que escolhi para servir de base a este despretensioso texto pode ser descrita como sendo de uma jovem mulher trans, não branca, cabelos pretos e olhos aparentemente também pretos e compleição física mediana.

O que, todavia, mais me chama a atenção nessa imagem é a expressão do olhar dessa jovem, que exala sofrimento da alma, tristeza, desânimo, sensação de abandono, desamparo, solidão...

Mas quem a foto representa? Nenhuma informação – sequer o nome – se tem sobre essa moça. Contudo, não é leviandade ou mera especulação deduzir que se trata de alguém com uma triste estória de vida.

Alguém que, desde tenra idade, não compreendia o porquê de gostar de brincadeiras, brinquedos, hábitos e roupas que não se ajustavam aos padrões sociais e morais em que foi criada.

Provavelmente foi admoestada por parentes, acerca suas preferências, gestos e comportamento; certamente foi alvo de bullying na escola e na vizinhança; inevitavelmente recebeu olhares de condenação, de rejeição e até de desprezo quando transitava em espaços públicos; oportunidades de emprego lhe foram negadas, salvo em salões de beleza ou nas ruas, onde poderia comercializar seu corpo.

Nunca saberemos ao certo o que se esconde por trás desse olhar, imortalizado pelo registro de Sebastião. Com muita sorte poderá essa jovem ultrapassar a baixa expectativa de vida de pessoas trans e, após deixar o cárcere, se reerguer e redesignar seu futuro, em uma sociedade que se espera mais tolerante, igualitária, inclusiva e sem preconceitos, tal qual preconizado no preâmbulo de nossa Constituição Federal.

Na Declaração sobre a Raça e os Preconceitos Raciais, de 1978, aplicável, por extensão, a quem sofre de qualquer tipo de discriminação ou preconceito, é dito que *"Todos os indivíduos e os grupos têm o direito de serem diferentes, a se considerar e serem considerados como tais. Sem embargo, a diversidade das formas de vida e o direito à diferença não podem em nenhum caso servir de pretexto aos preconceitos raciais; não podem legitimar nem um direito nem uma ação ou prática discriminatória, ou ainda não podem fundar a política do apartheid que constitui a mais extrema forma do racismo."* (Artigo 1, item 2).

O Brasil, nesse quesito, apresenta dados muito preocupantes sobre a violência praticada contra transexuais e travestis, pois só em 2021 foram 140 registros de assassinatos contra pessoas nessa condição. Esses dados nos colocam, pelo 14º ano consecutivo, no primeiro lugar no ranking dos países que mais matam pessoas trans no mundo[2].

Concluiria, com Maiakóvski: "A arte não é um espelho para refletir o mundo, mas um martelo para forjá-lo". Que o olhar dessa jovem mulher – que é o olhar de tantas outras em igual situação – se erga para o mundo e se projete para um futuro de oportunidades!

---

2 VALENTE, J. Brasil registrou 140 assassinatos de pessoas trans em 2021. Agência Brasil, Brasília, 29/1/2021. Disponível em: https://agenciabrasil.ebc.com.br/direitos-humanos/noticia/2022-01/brasil-registrou-140-assassinatos-de-pessoas-trans-em-2021. Acesso em: fev. 2022

# TODOS OS SERES HUMANOS NASCEM LIVRES E IGUAIS

Por Andréa Pachá

Nada sei sobre ela, senão o que revela a imagem eternizada pelas lentes de Sebastião Reis Junior, e que chega até mim, com um convite: um texto, que ilustre o que vejo. Sem amarras, sem rigor científico, sem qualquer outra orientação. Apenas um convite livre, para a construção de um texto que exprima por palavras o que a estupenda fotografia suscita.

Em um primeiro olhar, ainda no celular, e antes que eu pudesse fazer qualquer exercício racional de criatividade, os acordes de "Beatriz", no piano de Edu Lobo, saltaram da tela e ocuparam o ambiente. A poesia de Chico Buarque desceu, como um letreiro, diante da imagem:

*Olha*
*Será que é uma estrela*
*Será que é mentira*
*Será que é comédia*
*Será que é divina a vida da atriz*
*Se ela um dia despencar do céu*
*E se os pagantes exigirem bis*
*E se o arcanjo passar o chapéu*
*E se eu pudesse entrar na sua vida*

Foi, portanto, pela força arbitrária da música que se impôs à imagem, que escolhi chamar a personagem de Beatriz, e resolvi contar, por meio da ficção, a história, ou as inúmeras histórias que a levaram até ali. Uma vez publicada a fotografia, ela deixa de representar a pessoa retratada. Passa à forma de um caleidoscópio, um bordado de muitos retalhos, nascida de muitos olhares. Luigi Pirandello, dramaturgo e romancista italiano, na obra *"Um, nenhum, cem mil"*, publicada em 1926, já nos advertia que somos tantos quantos os que nos veem.

A partir dessa lógica de um autor do século passado, de dramaturgia e de ficção, que tentarei descortinar Beatriz. Quem é ela? De onde vem? Tem familiares ou amigos? Amou ou foi amada? Em que trabalha? Como vive o cotidiano? Como foi parar no cenário da fotografia? O que sonha? Tem projetos concretos para o futuro? Perguntas aparentemente banais, mas que encerram a relevância ou a desimportância de uma vida. Ainda que tenhamos a capacidade de transcender e de sonhar com a eternidade, é apenas desse lugar, entre o nascimento e a morte, que ganhamos a dimensão que nos identifica em humanidade. E é essa a Beatriz que me interessa descobrir.

Na falta de uma pesquisa científica centrada na racionalidade, caberá à Beatriz uma vida no futuro do pretérito. O que teria vivido a moça, até chegar naquele lugar? E antes que o olhar dos leitores e das leitoras se turve pelos sentimentos e percepções dos outros, faço um convite, a partir da descrição objetiva da imagem: desenhem, na imaginação, quem é a sua Beatriz.

Em preto e branco, uma mulher ocupa o centro da fotografia. Vestindo uma roupa despojada, com uma camiseta branca por cima de uma blusa de manga longa, e calças confortáveis de um tecido macio, parece ter acordado em um fim de semana de preguiça, e partido para o jardim de arbustos aparados, com pedras desenhando o caminho, até um convidativo banco de madeira exposto ao sol.

Capturada em pleno voo, já na descida do que parece ter sido um espacate aéreo, com as mãos para o alto, como se fossem asas, aponta com o pé esquerdo para o chão, ainda distante, deixando o pé direito escondido sob a roupa, levemente curvado para o alto, quase encontrando a cabeça, e os membros superiores.

Os longos cabelos soltos balançam com o movimento, e não se consegue identificar o local onde ela está, até que o fotógrafo informe que a imagem integra uma série de fotos, tiradas em um presídio que abriga mulheres trans. Poderia ser uma praça, um sítio, uma escola de ballet ou a casa de um amigo, com um pavilhão coberto ao fundo. Mas o voo capturado acontecia em uma prisão.

Sem o olhar atento, e sem a informação do contexto, o alto muro que limita o salto de Beatriz à direita, separado por uma cerca de metal, e fortemente protegido por molas de arame farpado, seriam obstáculos imperceptíveis.

Alheia ao cenário, e ignorando o fato de estar sendo fotografada, Beatriz sorri antes de tocar o chão, o que aconteceria antes que a máquina concluísse o barulho do clique.

Beatriz poderia ter sido uma criança diferente das demais crianças da sua turma. Poderia ter tido a oportunidade de conversar com seus pais, professores e colegas sobre a inadequação que sentia quando o pai a levava para as partidas de futebol, investindo nas peneiras e idealizando um futuro melhor para a família, caso o filho fosse contratado para algum pequeno time local.

Beatriz talvez não precisasse se esconder, para dançar com as roupas da mãe que ficavam espalhadas pela casa, nas tardes em que, sozinha com a irmã caçula, brincava de mãe e filha, e a transformava em plateia compulsória das suas coreografias e canções.

É provável que Beatriz não percebesse quem era, embora conseguisse sentir, de um jeito doloroso, quem não era, todas as vezes em que a professora a chamava de Marcos.

Beatriz, mal entrara na adolescência, e ainda nem tinha despertado para os desejos e orientações sexuais, quando teria sido arbitrariamente identificada como "mulherzinha", situação que a teria levado a fugir de casa, depois de ser fisicamente castigada pelo pai.

É provável que Beatriz nunca mais voltasse a encontrar a mãe, a irmã, os colegas de escola, que mal se lembravam dela.

Mas quem sabe quem teria sido Beatriz, se dela nada se sabe, senão que ela dança?

Como a memória, mesmo a inventada pela ficção, costuma filtrar apenas as boas lembranças, pode ser que, desde cedo, Beatriz tivesse sido uma criança incontrolável, que não se submetia às regras ou aos comandos. Tudo é possível quando se trata de ser gente.

A vida que levou Beatriz ao presídio pode ter percorrido inúmeros descaminhos e diversos atalhos. Pode ser que ela tenha praticado um crime cruel. Pode ser que ela tenha perdido as oportunidades de escolha, vítima que foi do preconceito e da discriminação. Tudo é possível quando se trata de ser gente.

Beatriz pode ter se desesperado, quando percebeu que seu corpo e seu nome não cabiam na identidade que para ela foi escolhida. Pode ter sonhado em ser bailarina, cantora. Pode ter optado pela vida nada fácil do crime, que a garantia segura e protegida, segundo as avaliações que fez à época. Tudo é possível quando se trata de ser gente.

É possível que Beatriz tenha amado e sido amada. Por um homem, por uma mulher. Quem sabe dos desejos e dos encontros? Tudo é possível quando se trata de ser gente.

Viagens, trabalhos esporádicos, alguns encontros com outras mulheres trans que entendiam o que ela sentia, e o que a fazia se sentir menos inadequada. Encontros não tão felizes que a levaram à condenação e à permanência na prisão na qual se encontrava.

Não é possível diagnosticar se Beatriz teve garantido o direito a um julgamento justo, se lhe foi garantido o acesso à justiça, à defesa e ao contraditório. Certas ou erradas, a vida e a sentença transitaram em julgado. E ali, Beatriz, desconectada do passado, ignorando o futuro do pretérito inventado pelo olhar da escritora, evitando conjecturar sobre o futuro, dançava em um salto no qual era aparentemente livre.

> *"Nosso primeiro contato foi difícil. Ela não confiava em mim. Não queria contar o que aconteceu para eu preparar a defesa. Transtornada, socava a mesa, xingava. Reclamava da humilhação que sofreu, quando a obrigaram a ficar nua, antes de entrar no sistema. Rasparam a cabeça dela. Um boné escondia a vergonha de aparentar quem ela não era. Só quando consegui a transferência de Beatriz, para um presídio que acolhia mulheres trans, é que ela percebeu que eu podia ajudá-la de alguma forma. Em nenhum momento ela tentou se vitimizar. Ou fingir que não havia praticado o crime. Embora ela não conseguisse verbalizar, sentia, na pele, o que era a indignidade de não ser respeitada na sua identidade" teria dito a defensora que a assistiu.*

Não bastassem os problemas, os paradoxos e os desafios percebidos por todos os que conhecem o sistema penal brasileiro, não fosse suficiente o escárnio inaceitável de ter que conviver com superlotação carcerária, insalubridade, e práticas de atividades criminosas dentro dos presídios, os direitos e as demandas que envolvem as presas transgêneros complexificam ainda mais o debate e a busca por soluções.

Não fossem os dispositivos binários, que insistem em fazer caber as identidades, as orientações, a biologia e os desejos em escaninhos delimitados, não fosse o preconceito e o mal que a discriminação traz, fazendo com que o Brasil seja o país que mais mata pessoas trans, conforme os vergonhosos dados que constam do dossiê "Assassinatos e Violência contra travestis e transexuais brasileiras", não fosse o dado inaceitável de que a expectativa de vida desse grupo vulnerável é de 35 anos, e que apenas em 2006 o SUS passou a aceitar o uso do nome social para a população trans, talvez o destino de Beatriz e de tantas mulheres trans que se encontram aprisionadas fosse outro.

A transexualidade, apenas em 2018, foi retirada da classificação de transtorno mental, na Organização Mundial de Saúde, o que dá o tamanho da vulnerabilidade desse grupo de pessoas, que insiste em existir, apesar de.

É graças à visibilidade com que a transexualidade vem sendo enfrentada que os parcos avanços são comemorados. E foram percebidos por Beatriz, ao ter reconhecido o direito à dignidade de cumprir uma pena em um local no qual não fosse questionada, violentada, xingada, maltratada. A vida já havia sido profundamente injusta até ali. Não era necessário aprofundar as injustiças, com a normalização dos preconceitos e perpetuação das indignidades.

Os direitos fundamentais que devem ser garantidos a todas as pessoas são igualmente destinados às mulheres trans. Sem que essas mulheres ganhem visibilidade, notadamente em condição de múltiplas vulnerabilidades, como é o caso das mulheres trans presas, dificilmente teremos profissionais do sistema penal sensibilizados à necessidade de despir o véu da discriminação, e a reconhecer que todas as pessoas humanas são iguais, no reconhecimento das garantias e dos direitos.

A imagem sensível do ministro que se recusa a enxergar processos no lugar de pessoas eternizou a representação da liberdade.

A metáfora paradoxal, de uma mulher livre, em pleno voo, aprisionada e cumprindo pena, exibe o desejo de que, por um átimo, a vida possa se impor, sem dispositivos que neguem a existência, sem preconceitos que matem e violentem, sem ressentimentos e vitimizações, que exigem aprovações.

Dignidade e liberdade são princípios que se conjugam simultaneamente e que, antes de integrarem os textos normativos e constitucionais, já eram poesia concreta e compreensível, na voz de Cecília Meirelles, ao indicar que "liberdade é uma palavra que o sonho humano alimenta, não há ninguém que explique e ninguém que não entenda."

Não fosse o convite para escrever este texto, teria sinalizado com uma legenda: um voo para olhar e sentir. Um voo de Beatriz.

Por Luís Carlos Valois

*Para Kethlen, Mary, Mariana,*
*Passarinho e todes vocês*

# O CORPO DE UMA MULHER TRANS ENTRE GRADES: PARADOXOS EVIDENTES

## 1. Introdução

O título deste texto já está dado há algum tempo, tem origem na primeira visão que se teve da foto que o acompanha. Talvez fosse outro agora, no momento de se começar a escrever efetivamente, e isso por vários motivos a serem logo confessados, mas, antes, vamos à percepção inicial.

O primeiro paradoxo é o de termos, diante do muro e das grades visíveis, uma instituição com mais de 300 anos – a prisão – *guardando* o corpo de uma mulher atual, de uma mulher livre dos padrões binários de gênero que vigoravam na sociedade no início do nascimento da própria prisão[1].

O outro paradoxo também tem algo de anacronismo. A penitenciária, denominação que ainda se dá ao local de cumprimento da pena em regime fechado na lei brasileira[2], tem seu nome derivado de penitência, sua ideia inaugural era de reforma do ser humano[3], de adequação a padrões de comportamento previamente estabelecidos, e a mulher da foto viola tudo isso, viola inclusive por estar sorrindo.

A prisão, diga-se de passagem, é paradoxal *per se*. Pretender ensinar alguém a viver em sociedade afastando-o da sociedade é uma contradição. Pior, pretender ensinar alguém a viver em sociedade afastando-o da sociedade e juntando-o em promiscuidade com diversos outros *alguéns* com comportamentos que igualmente se quer reformar, chega às raias do absurdo.

Algo mais de paradoxal há no fato de a foto trazer à tona dois assuntos historicamente envoltos pelos mantos do medo, da proibição, do silêncio, da censura, da vedação. Os discursos sobre gênero, sexo, prisão, poder, violência institucional, sempre estiveram na iminência de serem calados[4]. E, enquanto a mulher trans fala com seu sorriso,

1 Estudos apontam que a prisão como punição independente nasce com o encarceramento das mulheres. Na Espanha, por exemplo, no Século XVI, não sendo as mulheres consideradas aptas a serem enviadas para as galeras, para remar, instituíram-se casas de "labor y trabajo". A ideia de correção, que nada mais é do que a antecedente histórica da ideia de ressocialização, também começa com as mulheres. Em 1593 é entregue ao rei Felipe II um projeto sobre a necessidade de "se fazer na Corte um recolhimento de mulheres moças perdidas, que andam por estas ruas ofendendo ao nosso Senhor". VÁSQUES, Isabel Ramos; VILAPLAPNA, Belén Blázquez. La mujer en la cárcel: historia jurídica y políticas penitenciarias em España, 2011, p. 33

2 Art. 87 da Lei de Execução Penal – LEP.

3 BITENCOURT, Cezar Roberto. Falência da pena de prisão, 1993.

4 Cf. FOUCAULT, Michel. História da Sexualidade. 1999.

esticando os braços, no meio de plantas, apesar das grades, o autor, juiz de Direito, provavelmente está mais preso na *(im)possibilidade* de falar[5].

O Direito já é silenciador por sua própria postura afastada do ser humano real, concreto. Para preservar poder, tanto mais arbitrário quanto mais distante da população, o Direito se fecha na linguagem, nos tribunais que parecem mais castelos, – aliás, são chamados de cortes, nada mais medieval[6] – na disciplina, na vigilância imposta aos seus operadores, mais *operados* pelo Direito[7] do que operadores, controlando o discurso, a postura, tolhendo muito do que poderia haver de humano e, portanto, diverso, na sua prática.

Outra condição embaraçadora do texto é nossa condição de homem. Ainda que a experiência com a questão carcerária ajude, o machismo estrutural no qual somos forjados, a homofobia inerente a esse machismo, são obstáculos na reflexão. A leitura e o diálogo podem não compensar esse empecilho, mas ajudarão no texto, falaremos sobre isso também.

Assim, falaremos, reconhecendo nossos limites, sobre esses paradoxos, obstáculos e sobre a condição da mulher trans encarcerada.

## 2. Primeiros contatos com o tema

Nosso primeiro contato com os vínculos existentes entre as questões do encarceramento, preconceito e gênero foi no estudo da política de drogas[8]. Muito embora a política de guerra às drogas tenha se originado de preconceitos diferentes, do racismo e da xenofobia existentes no início do século passado, principalmente nos Estados Unidos, uma política pública sem base científica, mas diretamente ligada à perseguição de determinados grupos de pessoas acaba agravando o preconceito geral já existente na sociedade.

Uma política que amplia o poder policial a ponto de permitir que o agente do poder repressivo do Estado pare qualquer pessoa na rua ou, pior, escolha quem parar na rua, conforme o seu entendimento de

5 Segundo GINZBURG, citando Adorno, "o paradoxo consiste em que o crítico está dentro do sistema que pretende criticar, e por tanto toda crítica do sistema será também uma crítica de si mesmo". Crítica em tempos de violência, 2010, p. 87.

6 Para CASARA, "no Brasil, os atores jurídicos estão lançados em uma tradição autoritária que não sofreu solução de continuidade após a redemocratização formal do país com a Constituição da República de 1988". Bolsonaro: o mito e o sintoma, 2020, p. 127.

7 "Serviçais do direito", nas palavras de SÁ, Alvino Augusto de. 2010, p. 42.

8 VALOIS, Luís Carlos. O direito penal da guerra às drogas, 2017.

quem é ou não suspeito de portar qualquer das substâncias proibidas, abre espaço para o preconceito, estimula inclusive que o preconceito paute condutas, procedimentos de repressão.

Por isso, estudando o tema, não foi por acaso nem com surpresa que descobrimos ter o movimento LGBT e a mundialmente conhecida parada do orgulho gay (*gay pride*) começado na década de 1970 após uma blitz da polícia a um bar de Nova Yorque. As pessoas reagiram à violência e ao preconceito da polícia, levando a um embate que se estendeu às ruas. Os gays, lésbicas e travestis que frequentavam o bar não faziam nada demais, mas a polícia encontrou na legislação sobre venda do álcool um subterfúgio para invasão do bar[9], as violências, abusos e ofensas vieram depois.

O controle sobre o uso de substâncias pelo ser humano por parte do Estado acrescenta grande discricionariedade à atividade do policial, agente estatal responsável pela repressão. E a política de guerra às drogas, iniciada justamente na década de 1970, convoca os demais elos da justiça criminal, juiz, promotor, a convalidarem sem muitas críticas a atividade da polícia.

O segundo contato com algo relacionado ao tema se deu em um trabalho de execução penal[10]. Temos afirmado que a execução penal é regida por uma lei que a cada página encontramos um artigo não cumprido nos estabelecimentos penais brasileiros. A prisão no Brasil é ilegal, viola diariamente diversos direitos dos presos e não cumpre um fundamento do Estado Democrático de Direito: a dignidade da pessoa humana (art. 1º, III, da Constituição Federal).

Pior para as mulheres, pois a prisão não foi feita pensando nelas, foi feita para homens. Muros, grades, guaritas, policiais com armas de fogo na área externa, policiais armados de ódio e revanchismo na área interna, procedimentos violentos, abusivos, tudo justificado pela segurança, diante dos altos índices de criminalidade, mas que não condiz com as estatísticas da criminalidade feminina[11].

9 MOGUL, Joey L.; RITCHIE, Andrea; WHITLOCK, Kay. Queer (in) justice: the criminalization of LGBT people in the United States, 2011.
10 VALOIS, Luís Carlos. Processo de execução penal e o estado de coisas inconstitucional, 2021.
11 Cf. FROMMEL, Monika. Criminologia feminista, 2021.

E se a prisão brasileira tem violado direitos básicos de homens e de mulheres, mais grave é a situação das mulheres trans, que, por sua condição, têm especificidades que vão além da água potável, de saúde, de um banho quente ou de uma comida que não seja estragada.

> As travestis e transexuais encarceradas querem, evidentemente, preservar sua identidade feminina, tomar hormônio, serem chamadas pelo nome social, poder acessar e utilizar pertences e produtos femininos, mas, antes, precisam de atendimento adequado à saúde e alimentação de qualidade[12]. (SANZOVO, 2020, p. 166).

A foto, objeto deste texto, nos conduz à crítica. O paradoxo é constitutivo da crítica[13] e a crítica é um resquício de racionalidade em um sistema que não se sustenta pela própria imagem. A foto, diante da história do cárcere, nos conduz, inclusive, à desconfiança: nada está bem no sistema penitenciário brasileiro e, às vezes, o sorriso pode ser um pedido de socorro[14].

## 3. A visita

Há muito tempo aprendi a não falar de presos sem antes ouvi-los. Apesar de no cárcere parecerem todos iguais, a vestimenta, a tristeza, o ócio, o abandono, tudo iguala, como iguala a miséria, mas aos olhos de quem observa apenas, pois as pessoas que sofrem o cativeiro têm angústias, sofrimentos, diferentes. São complexas como todos nós.

Por certo a mulher trans da foto viola mais essa característica do cárcere, lembrando: há algo de diferente aqui.

Então, antes de escrever este texto, resolvi visitar o local onde ela e as outras mulheres trans estão encarceradas. Aliás, foi em um estabelecimento penal de São Paulo, mais precisamente a Penitenciária I, José Parada Neto, de Guarulhos, que aprendi a aprender com os presos. Fazia mestrado na USP e meu orientador, o saudoso professor Alvino Augusto de Sá, foi o criador de um programa ainda existente, o GDUCC, o Grupo de Diálogo Universidade-Cárcere-Comunidade.

---

12 SANZOVO, Natália Macedo. O lugar das trans na prisão,

13 GINZBURG, Jaime. *Op. Cit.*

14 "O preso, na verdade, desenvolve a arte do cinismo, vendo que o discurso ao seu redor é de ressocialização (alguns o chamam de reeducando), e a realidade é de violência e morte". VALOIS, Luís Carlos. Op. Cit., 2021, p. 91.

Ao falar de presos, e acho que no caso das mulheres trans esse problema se agrava, sem conhecê-los, sem deixá-los falar, muito do nosso preconceito nos guia. Na nossa complexidade, na diversidade natural do ser humano, o encontro, aliás, o diálogo, se constitui em "oportunidades de conhecimento de novas experiências, de outras formas de ver e interpretar a vida, de novas idéias, etc."[15]

### *3.1 A prisão*

Ela, a mulher da foto, e outras de outras fotos, além de outras mais que não têm permissão para sair do pavilhão, estão no Centro de Detenção Provisória II, ASP Willians Nogueira Benjamin de Pinheiros, então sob a administração do diretor Ernani Izzo.

O local da foto não é o local onde as presas ficam normalmente. As flores, as plantas, elas só veem quando são autorizadas a sair da cela e do edifício do estabelecimento penal, pois sequer as visitas se realizam naquele local. O prédio do estabelecimento fica ao lado.

Embora nem todas sejam presas provisórias, vez que há presas condenadas entre elas, estão em um estabelecimento penal previsto por lei para presos provisórios, uma cadeia pública, que a estrutura administrativa do estado de São Paulo chama de Centro de Detenção Provisória[16].

Entrando no edifício do estabelecimento penal, uma surpresa, a arquitetura do CDP tem um estilo panóptico, como divulgado pelo filósofo Jeremy Bentham no Século XVII, e tornado mundialmente famoso por Michel Foucault[17]. Apesar de que o primeiro prédio pensado nesse estilo era circular, radial, e o CDP de Pinheiros é quadrado[18], neste também há uma vigília circular no meio com janelas para todos os lados, sendo que os dois andares de celas são virados

15 SÁ, Alvino Augusto de. GDUCC: uma estratégia de reintegração que visa a inclusão social, 2013, p. 31.

16 Pela Lei de Execução Penal sequer existe o estabelecimento penal Centro de Detenção Provisória. A norma prevê somente: Penitenciária para regime fechado; Colônia Agrícola ou Industrial para regime semiaberto; Casa do Albergado para regime aberto; e Cadeia Pública para presos provisórios; além do Hospital de Custódia e Tratamento Psiquiátrico para pessoas submetidas a medida de segurança e Centro de Observação, este quase inexistente na prática (Arts. 87 a 104 da LEP).

17 Vigiar e Punir, 1997.

18 A primeira penitenciária construída no estilo panóptico era com ângulos mais retos, um losango, no caso, mais parecida com o CDP de Pinheiros do que com o projeto do filósofo inglês. Trata-se da penitenciária de Millbank, na Inglaterra, construída em 1816. AGUILER, Abel Téllez. Los sistemas penitenciarios y sus prisiones, 1998.

para a vigília, dando a sensação de controle permanente, efetivamente um estilo panóptico.

A obra de Foucault mostra como o estilo panóptico é resultado de um desejo de controle sobre o corpo. Afinal, a prisão como pena é descendente dos mais diversos castigos corporais, os quais precisaram ser interrompidos em período da história da humanidade em que os miseráveis precisaram ser convocados para trabalhar nas fábricas.

> O corpo também está diretamente mergulhado num campo político; as relações de poder têm alcance imediato sobre ele; elas o investem, o marcam, o dirigem, o supliciam, sujeitam-no a trabalhos, obrigam-no a cerimônias, exigem-lhe sinais. Este investimento político do corpo está ligado, segundo relações complexas e recíprocas, à sua utilização econômica; é, numa boa proporção, como força de produção que o corpo é investido por relações de poder e de dominação; mas em compensação sua constituição como força de trabalho só é possível se ele está preso num sistema de sujeição[19].

O CDP está lotado, como lotadas estão todas as penitenciárias e cadeias brasileiras, a preocupação não é mais com a reforma do ser humano, nem com o exame do corpo, como foi até meados do Século XX, a preocupação é pura e simples de exclusão, mas a mulher trans, o seu corpo, naquele complexo penitenciário com ares de Século XIX, não deixa de chamar a atenção.

### 3.2 O encontro

Fui conduzido por Ernani e pelo *diretor de segurança e disciplina* Rogério até aquela parte lateral do estabelecimento penal onde encontrei 15 mulheres. Não sem antes passar um tempo na sala da direção ouvindo sobre a administração do estabelecimento penal e trocando ideias sobre execução penal. Um parêntese, a experiência diz que quando se vai visitar um estabelecimento penal para fazer algum trabalho ou apenas para conversar com presos, sempre é aconselhável ouvir a direção, prestigiá-la, ouvir os agentes também.

19 FOUCAULT, Michel. Op. Cit., p. 25-26.

Funcionários do sistema penitenciário vivem muito das mazelas do cárcere, sofrem inclusive preconceito na sociedade por exercerem suas funções, trabalhando com os excluídos, os indesejáveis, e, no fim das contas, são quem possuem as chaves das celas. Se você quer entrar da forma mais sutil possível, prestigie-os.

A partir de agora não chamarei mais a mulher da foto de mulher trans. Nos conhecemos, o nome dela é Kethlen e a cito aqui obviamente autorizado. Como cito as demais com as quais conversei: Mary, Mariana, Passarinho, Michele, Sílvia, Raila, Siara, Branca, Gleice, Dany, Léia, Iana, Xuxa e Thiago.

A Kethlen está presa há 2 anos, é de Pernambuco, não tem família em São Paulo, nunca teve visitas. Vamos deixá-la falar:

> *Não me lembro o número de telefone das pessoas, ninguém lembra, nem endereço. Se pudesse ter acesso ao Facebook, tentava falar com amigos para avisar à família. Dois anos e só recebi um lençol e uma toalha. Quem nunca passou por isso, não sabe, é babado!(...) Não tenho ninguém por mim. Tem horas que penso em tirar a minha própria vida. Ansiosa por não ter notícia da família.*

Kethlen sorri na foto, mas o seu sofrimento se percebe no primeiro olhar. A felicidade, na prisão, sempre é performance. Todas procuram tirar a responsabilidade da direção, a culpa é da administração central, que demora para *pagar* até o kit de higiene. Não raro têm que ficar com uma pasta de dentes, um sabonete e um Prestobarba por até dois meses.

Nossa conversa aconteceu em grupo, foi gravada e todas falaram. Algumas pediram para não identificar as suas falas, e talvez nem desse mesmo, na medida em que muitas falavam ao mesmo tempo, mas, de qualquer forma, melhor continuar deixando-as falar:

> *A importância do tratamento hormonal em cárcere é essencial. Neste momento a unidade ainda não tem, está providenciando. (...) Você chega bonita da rua, passa 6 meses e você não consegue mais se reconhecer, vai mudando tudo, você começa a entrar em depressão. E muitas vezes isso gera conflito, por isso a alegação de que as homossexuais são*

*problemáticas (...). Isso influencia a querer surtar com a polícia, com a companheira de cela, devido a essa falta de tratamento. E tem uma abstinência também (...). Eu, por exemplo, tomo desde os 14 anos, imagina interromper aos 37? Três anos sem, como está a minha mente? Isso é porque eu sou forte, quero sair daqui, mas a mente fica turbulenta. Você não se reconhece mais no espelho!*

Segundo a direção, as presas estão fazendo cadastro para receber o tratamento hormonal, que será fornecido pela Secretaria de Saúde, mas essa reclamação, da falta de tratamento, é uma constante. Muitas delas estavam com as pernas inchadas, alegando que isso acontecia por não ter acompanhamento relacionado ao silicone, e porque o colchão é muito fino, prejudicando quem tinha silicone no quadril.

Mostraram-se contentes por estarem recebendo material de maquiagem, mas nem sempre foi assim:

*Antes era pior porque não entrava chapinha, secador, tintura e esmalte. Hoje tem até um salão, antes era uma luta. Hoje as internas podem receber material de maquiagem por Sedex. Antes, para ter um lápis de olho era uma luta, tinha que usar o cabo do Prestobarba. A gente queimava o cabo do Prestorbarba no chão, colocava o marmitex em cima, deixava queimar todo, aquela fumaça ficava ali e formava um pó preto, que se usava como maquiagem. A gente se vira como pode, né? Preso se vira como pode.*

Relataram que o uso do pó do plástico queimado no lugar do lápis delineador causava alergias, algumas passavam dias com os olhos vermelhos,"colírio, nem pensar!". Dificuldade para conseguir atendimento médico, acesso à enfermaria também foi uma constante, problema invariavelmente causado pela superlotação.

Como narrado no trabalho de Natália Sanzovo[20], elas não têm o desejo de ir para um estabelecimento penal feminino. Algumas dizem que é por causa do namorado ou mesmo pela possibilidade de conseguir um namorado que as ajude na obtenção de material de higiene e outras coisas.

---

20 *Op. Cit.*

*Se a gente que é de outro estado não arrumar um homem para sobreviver, tem que fazer programa para conseguir um sabonete, uma pasta. O governo demora a mandar o kit de higiene, não é culpa da direção (...). Para não ficar sem se depilar, passa a fazer programa (...). A oposição é pobre, não é facção, não se consegue as coisas com facilidade. A maioria dos presos aqui são usuários de crack".*

Em São Paulo, os presos que não são de facção são chamados de *oposição.* A maioria da oposição é formada por usuários de crack: "O PCC não aceita usuários de crack, mas é o crack que enriquece eles" (sic).

Com relação à convivência das mulheres com os demais presos, apesar de viverem no mesmo pavilhão, contam que os ditos heterossexuais não têm contato, não pegam sequer em uma colher, em um copo que um preso homossexual pegou. Os seus namorados ou qualquer preso que tenha contato com elas é considerado *envolvido*, e se for *envolvido* cai na *hierarquia prisional*[21] deixa de poder trabalhar na faxina ou de *pagar a boia.*

As queixas, além das já referidas, são os percevejos, as muquiranas, os piolhos do pombo, causam coceira, doenças de pele. Também o fato de não estarem trabalhando, não têm remição de pena. Passarinho, uma delas, é uma exímia artesã, faz bonecos de crochê, poderia ser até mesmo professora, mas a vara de execuções da região onde está o CDP não tem aceitado a remição por artesanato.

## 4. A crítica *queer*

Como dito no início, talvez este texto tivesse outro título. Aos poucos, depois das entrevistas e das leituras que acompanharam a elaboração do trabalho, a classificação da mulher da foto como mulher trans se tornou dúbia. As mulheres do CDP II de Pinheiros são classificadas como mulheres trans porque precisam de uma classificação, a instituição exige, e isso é uma característica do poder, do controle. Na realidade, na prática, conversando com elas, vê-se que nem todas

21 Embora a referência aqui a hierarquia seja de uma das presas, a literatura reconhece que "homens e mulheres transgêneros que são ou são percebidos como gays ou afeminados se acham na base da hierarquia prisional, e como tais tornam-se alvos de abuso sexual". MOGUL, Joey L.; RITCHIE, Andrea; WHITLOCK, Kay. Op. Cit., p. 100. O arranjo, as prisões são ricas em arranjos, feito no CDP II de Pinheiros aparentemente diminui esse risco de abuso.

se classificariam assim, e algumas se classificam já influenciadas pela denominação institucional.

O Thiago, por exemplo, quer tomar hormônio, mas não faz questão de alterar o seu nome social. A diversidade no grupo é latente. Aí entra a teoria *queer*, como proposta, hipótese e possibilidade de radicalidade, de "enfrentamento dos problemas estruturais de exclusão, opressão e dominação, e não a mera assimilação e igualização das condições de acesso aos espaços hegemônicos"[22], nas palavras de Eder van Pelt.

Com efeito, principalmente no caso do presente texto, não dá para falar de prisão e mulher trans, por exemplo, pelo viés da inclusão. Ninguém quer ser incluído na prisão. A situação do sistema prisional brasileiro exige crítica, e a crítica social de uma maneira geral anda fraca, sem utopias que a reanimem. A crítica *queer*, que, como bem ensina o professor fluminense, contesta a "sujeição dos indivíduos aos mecanismos de poder"[23], pode ser um respiro, uma sobrevivida da própria crítica social moribunda.

O paradoxo da foto, da Kethlen entre grades, uma subjetividade encarcerada, é crítica em si. E mais, o não se enquadrar em um padrão faz resistir, subsistir, uma subjetividade necessária para a nossa própria sobrevivência como seres humanos. A foto lembra esperança também.

Na definição de Andréa Pachá, "o gênero é um classificador social para confinar cada um de nós em grupos. É uma prisão, porque existem regras implícitas que proíbem ou permitem determinadas coisas a determinadas pessoas"[24]. No caso, portanto, de início – ou no mínimo – a crítica *queer*, por defender acima de tudo a indefinição de gêneros, já luta contra um tipo de prisão.

Não à toa a considerada "rainha da teoria *queer*"[25], Judith Butler, fala de "fuga *queer*" capaz de se "provar necessária precisamente para atingir a viabilidade da vida fora dos seus termos"[26]. Kethlen está presa, mas simboliza uma fuga.

22 Encruzilhada *queer* no direito, 2022, p. 23.
23 *Idem*, p. 133.
24 Sobre feminismos, 2021, p. 95.
25 BOURCIER, Sam. Queer zones, 2022, p. 185.
26 Corpos em aliança e a política das ruas, 2019, p. 69.

*Queer* na prisão viola inclusive um dos mecanismos do encarceramento, a destruição da identidade. Acostumado a objetivar pessoas com números e registros frios, destruindo inclusive a imagem do pobre, maioria esmagadora da população carcerária, para transformá-lo simplesmente em preso, o cárcere se vê com um diferente, difícil de objetivar na massa de presos.

## 5. Conclusão

Quando voltei da visita ao CDP II de Pinheiros, na primeira visita que fiz à unidade de Manaus que possuía pessoas *dissidentes sexuais*, para usar a feliz expressão de Eder van Pelt[27], observei que, como juiz, as *dissidentes* não falavam da questão do tratamento hormonal, da saúde, das maquiagens, mas somente de seus processos, tempo de pena, progressão de regime.

O juiz, quando entra na penitenciária, mesmo sem escolta e falando diretamente com os presos, carrega toda a carga do instrumental burocrático que representa. E o cárcere fala mais alto, o desejo de liberdade se sobrepõe sobre qualquer condição desumana específica do encarceramento[28].

Aliás, essa é uma observação que fez no Século XIX uma das personagens mais importantes da história penitenciária, uma mulher que, coincidentemente para o nosso tema, frequentou aulas na faculdade vestida de homem, Concepción Arenal:

> Como o doente sedento pensa, sonha e delira com água, a ideia fixa do preso é a liberdade: surgirá em qualquer situação de vida, e até como supremo consolo na morte. Ainda que esteja desacreditado e contados os dias de sua existência, ainda que só tivesse horas para viver, *quer morrer fora da prisão*, quer ter este consolo (...)Muitos não sabem a idade que têm; outros duvidam quanto possuem de pecúlio; quanto ao tempo que falta para cumprir, nenhum possui qualquer dúvida; a liberdade é a ideia fixa de todos.[29]

---

27 *Op. Cit.*, p. 39.

28 No caso, observamos que São Paulo está à frente do Amazonas no trato com a diversidade de gênero, não há autorização sequer para o uso de pente de cabelo, maquiagem só em dias específicos, situação que passará a ser objeto de diálogo entre a Vara de Execuções Penais do Amazonas e a Secretaria de Administração Penitenciária.

29 El visitador del preso, 2000, p. 191-192.

Por isso personagens políticos considerados subversivos, perigosos para o sistema, são presos, a prisão anula a ação política não só pela exclusão, mas pela desumanização, por fazer das necessidades humanas mais básicas a prioridade. Por isso se conscientizar politicamente na prisão, superando toda essa degradação, como fez Malcom X[30], é exceção.

Para completar o distanciamento do juiz, mesmo o juiz que se disponha a ir à prisão e ver as pessoas presas, o distanciamento e o preconceito do Judiciário, apesar da linguagem inacessível, são sentidos pelas pessoas que necessitam dos seus direitos. Discursos relacionados à periculosidade e a presunção de mentira por parte das pessoas dissidentes formam "estereótipos, construções sociais, que ao surgirem no discurso jurídico assombram ações policiais, lavraturas de boletins de ocorrência, produção de provas, tipificação de condutas, fixação de penas e regimes de cumprimento"[31].

O exercício para a elaboração deste texto, enfim, pode vir a ajudar diversas outras presas na mesma condição da Kethlen. De Pernambuco, Kethlen acabou porta-voz das presas de Manaus, em São Paulo. Espero que o texto, embora não possa fazer nada com relação à abreviação do seu tempo de prisão, no fim das contas, condiga com o seu sorriso da foto.

Mas, para efetivamente concluir, esperando ter ficado claro o percurso traçado na minha pessoal conscientização sobre o tema, volto à teoria *queer.* Qualquer tentativa de mudança da sociedade deve ter *aliades*, e entre esses *aliades* devem estar as *não-identidades*, os dissidentes sexuais, os subversivos de gênero.

Não haverá mudança dessa sociedade de exploração, desigualdade e injustiças, sem respeito às subjetividades. O ódio ao Estado e à sociedade derivado das mortes, dos abusos, das violências, do preconceito velado e explícito, que essas pessoas *não enquadradas* têm o direito de sentir pode ser convertido em força política para mudança do *status quo.*

---

30 DAVIS, Angela Y. Are prisons obsolete?, 2003.
31 SERRA, Victor Siqueira, 2019, p. 79.

Precisamos destruir construções de normalidade e criar, em seu lugar, uma posição baseada em nossa alienação dessa normalidade que seja capaz de desmontá-la. Devemos usar essas posições para instigar fraturas, não apenas da dominância assimilacionista, mas do próprio capitalismo. Essas posições podem se tornar ferramentas de uma força social pronta para criar uma ruptura completa com este mundo[32].

A prisão, instrumento arcaico, inútil, produtor de mais violência na sociedade, está incluída nesse estado de normalidade. Algo precisa abalar as estruturas desses muros e grades seculares, e a crítica social tem perdido esse poder.

Se ela, a crítica social, se renova com a crítica *queer*, esta será sempre bem-vinda para o debate sobre a prisão, instrumento historicamente masculino, reprodutor da violência de gênero, para além da violência física, propagador do medo, da exclusão e do abandono. Instrumento normalizado na descrença generalizada, na desilusão, na falta de perspectiva de uma sociedade mais justa, onde o crime deixou de ser a exceção do erro para se tornar a regra que lota prisões e mentes tão heteronormativas como punitivistas.

32 O trecho foi extraído de uma obra interessante sobre um movimento queer organizador de levantes populares nos EUA. Panfletos, comunicados, artigos, muitos dos quais, como o desta citação, sequer têm autor designado, uma das características desse movimento queer, considerado anarquista, como afirmam as editoras, evitando que prevaleça a individualidade, sem pretender validar verdades ou teorias. BAROQUE Fray; EANELLI, Tegan (Ed.). Bash Back! ultraviolência queer, 2020, p. 29.

## REFERÊNCIAS


AGUILER, Abel Téllez. Los sistemas penitenciarios y sus prisiones: derecho y realidade. Madri: EDISOFER,1998.

ARENAL, Concepción. El visitador del preso. Madri: Impresos Izquierdo, 2000.

BOURCIER, Sam. Queer zones. São Paulo: Crocodilo, 2022.

BAROQUE Fray; EANELLI, Tegan (Ed.). Bash Back! ultraviolência queer: antologia de ensaios, 2020, p. 29.

BITENCOURT, Cezar Roberto. Falência da pena de prisão: causas e alternativas. São Paulo: Editora Revista dos Tribunais, 1993.

BUTLER, Jutith. Corpos em aliança e a política das ruas: notas para uma teoria performativa de assembleia. Rio de Janeiro: Civilização Brasileira, 2019.

CASARA, Rubens. Bolsonaro: o mito e o sintoma. São Paulo: Editora Contracorrente, 2020.

DAVIS, Angela Y. Are prisons obsolete? New York, EUA: 2003

FOUCAULT, Michel. História da sexualidade I: vontade de saber. Rio de Janeiro: Edições Graal, 1999.

______. Vigiar e punir: nascimento da prisão. Petrópolis: Vozes, 1987.

FROMMEL, Monika. Criminologia feminista. In: Teoria crítica e Direito Penal. Belo Horizonte: D'Plácido, 2021, p. 139-155.

GINZBURG, Jaime.Crítica em tempos de violência. 2010. 300 fls. Tese (Livre-Docência, Literatura), Faculdade de Filosofia, Letras e Ciências Humanas, Universidade de São Paulo, São Paulo.

MOGUL, Joey L.; RITCHIE, Andrea; WHITLOCK, Kay. Queer (in)justice: the criminalization of LGBT people in the United States. Massachusetts, EUA: Bacon Press, 2011.

PACHÁ, Andréa. Sobre feminismos. Rio de Janeiro: Agir, 2021.

PELT, Eder van. Encruzilhada *queer* no Direito. Salvador: Devires, 2022.

SÁ, Alvino Augusto de. Criminologia clínica e psicologia criminal. São Paulo: Editora Revista dos Tribunais, 2010.

______. GDUCC: uma estratégia de reintegração que visa a inclusão social. In: GDUCC, Grupo de Diálogo Universidade-Cárcere-Comunidade: uma experiência de integração entre sociedade e o cárcere. Brasília: Ministério da Justiça, 2013, p. 25-38.

SANZOVO, Natália Macedo. O lugar das trans na prisão. São Paulo: D'Plácido, 2020.

SERRA, Victor Siqueira. "Pessoa afeita ao crime": criminalização de travestis e os discursos do Tribunal de Justiça de São Paulo. São Paulo: IBCCrim, 2019.

VALOIS, Luís Carlos. O Direito Penal da guerra às drogas. Belo Horizonte: Editora D'Plácido, 2017.

______. Processo de execução penal e o estado de coisas inconstitucional. Belo Horizonte: Editora D'Plácido, 2021.

VÁSQUES, Isabel Ramos; VILAPLAPNA, Belén Blázquez. La mujer en la cárcel: historia jurídica y políticas penitenciarias em España. Córdoba, Espanha: Universidad de Córdoba, 2011, p. 33.

# A BELEZA PERFEITA DE TUDO QUE CONTÉM VIDA

Por Catharina Suleiman

*"Uma folha uma cabaça uma concha uma rede*
*uma mochila uma sacola uma cesta uma garrafa um pote*
*uma caixa um frasco. Um contentor. Um recipiente.*
*Muitos teorizam que as primeiras invenções culturais devem ter sido um recipiente para guardar os produtos coletados e algum tipo de carregador ou transportador em forma de rede.*
*Mas não, isso é impossível.*
*Onde está aquela coisa maravilhosa, grande, longa, dura, um osso, creio eu, com que o Homem Macaco do filme bateu em alguém pela primeira vez e depois, grunhindo em êxtase por ter cometido o primeiro homicídio, lançou-o para o céu onde, rodopiando, transformou-se numa nave espacial penetrando o cosmos para fertilizá-lo e produzir, ao final do filme, um feto adorável, um menino, é claro, à deriva na Via Láctea, na ausência (estranhamente) de um ventre, de qualquer matriz? Eu não sei. E nem me importo. Eu não estou contando essa estória."*

(Ursula K. Le Guin)

A autora Ursula K. Le Guin tem uma teoria chamada *A teoria da bolsa da ficção* (*The carrier bag theory of ficton*, 1986), um breve ensaio em que Le Guin discorre sobre a primeira ferramenta humana não ter sido a lança de pedra ou osso, mas sim um receptáculo, algo que contém outra coisa, que vou chamar aqui de cesta.

Le Guin nos fala em como o povo pré-histórico, em sua vasta maioria coletores, passa a idolatrar a lança ignorando totalmente a ferramenta anterior, a cesta, e imagina os homens voltando das primeiras caças com o novo instrumento e muitas estórias heroicas e inéditas, deixando os receptáculos que até aquele momento abrigaram a colheita do agora, o alimento do amanhã, os bebês, e o próprio corpo, sem relevância.

Seguindo esse pensamento, imagino como teria sido o desenrolar da história da humanidade se a primeira ferramenta fosse reconhecida, desde um princípio, como a cesta e não a lança, quem seriam os "heróis"? Haveria heróis ou seríamos todos semelhantes?

O filósofo originário Ailton Krenak usa o termo "humanidade seletiva" para definir o que o homem branco (aqueles primeiros, europeus, colonizadores) passa a entender como humano e essa humanidade eurocentrista dos dias de hoje, a civilização que se desenvolveu depois do herói da lança. Qualquer coisa fora da eletividade não tem direito a sua existência, tudo que não serve para a manutenção do sistema deve ser eliminado.

No Antropoceno o humano é o centro do universo, inicialmente o homem branco e hétero e, posteriormente, também seus diversos seguidores. Uma espécie como outra qualquer, que deveria servir a terra, mas que serve ao dinheiro, que por sua vez não serve a terra. A conta não fecha e, provavelmente, não existiremos os mesmos oitocentos mil anos de um dos nossos antecessores, os Homo Antecessor.

Ora, não somos nem capazes de nos reconhecer como parte da dança da natureza, precisamos ser donos dela, possuir, explorar, violentar, destruir. Substituir a cesta pela lança. Como poderíamos reconhecer todas as nossas maneiras de existir então?

Na humanidade seletiva somente os heróis tem condições para uma vida plena na sociedade, somente eles colhem os frutos desse sistema desigual, que reforça, enaltece e eterniza esse herói. Ele dita as regras, ele que escreveu as leis, ele que documentou a história seletiva da humanidade seletiva e ele que inventou as religiões e suas regras. Foi ele também, sempre apoiado nessas estórias, nas religiões e nas leis que ele mesmo criou, que contou para o mundo que havia diversas ("outras") existências e modos de vida e que essas eram erradas e tinham que ser punidas, escravizadas, exterminadas, queimadas na fogueira...

Como disse Le Guin, "A sociedade, a civilização, de que estes teóricos estavam falando, era evidentemente a deles; eles a possuíam, a adoravam; eles eram humanos, inteiramente humanos, batendo, espetando, forçando, matando".

O herói que inventou a lança, inventou também o inferno.

Quando penso no dizer "O futuro é ancestral", título do último livro do Ailton Krenak, imagino esse lugar na pré-história onde cada existência tinha uma função natural, como tudo na natureza, onde cada existência colabora com o seu e outros sistemas, que por sua vez colabora com o todo.

Semente, planta, húmus.

Um ciclo infinito e perfeito que estamos destruindo sem remorsos.

A flor do maracujá que precisa da abelha para se tornar fruta, quando não polinizada, alimenta a terra, e é a terra alimentada que torna possível o crescimento dos frutos. Os frutos protegem as sementes, e algumas sementes vão se tornar árvores, outras húmus e outras alimento para algum animal, que alimentado vai poder espalhar sementes de outras espécies ou cagar adubo.

Poderia falar por horas sobre as funções naturais de todas as partes que mantêm a continuidade da vida do todo, e como elas são naturalmente diversificadas inclusive dentro da mesma espécie, sem esforço, sem tomar a função de outros, somente sendo o que é, somente existindo em sua perfeita totalidade e singularidade.

Os povos originários tentam nos ensinar que tudo tem vida, esse tipo de vida que nos disseram que somente os humanos têm, e que não é diferente da vida de um rio, de uma montanha, de uma pedra ou de uma flor, e que somos todos parentes. E somos, não precisa ser muito inteligente para entender que somos filhos da mesma mãe.

Mas será que seremos capazes algum dia, como coletivo, de respeitar, legitimar e reconhecer todas as existências, corpos, modos e fluxos de vida? Não sei. Com uma tristeza profunda ritmada nesse coração que vai bater indeterminadamente com o ritmo da terra, digo que não sei. Mas sei que para nós, para essa espécie poeira na Terra, o futuro será ancestral, ou não será nada. Porque a terra seguirá em frente, mesmo depois das nossas guerras travadas com outras nações, contra a natureza e entre nós mesmos, com ou sem "heróis", ela seguirá.

> *"Estamos vivendo num mundo onde somos obrigados a mergulhar profundamente na terra para sermos capazes de recriar mundos possíveis. [...] não podemos nos render à narrativa de fim de mundo que tem nos assombrado, porque ela serve para nos fazer desistir dos nossos sonhos, e dentro dos nossos sonhos estão as memórias da Terra e de nossos ancestrais".*
>
> (Ailton Krenak)

# UM OLHAR QUE LIBERTA

Por Antônio Carlos de Almeida Castro, Kakay

*"Tenho a náusea física da humanidade vulgar,*
*que é, aliás, a única que há.*
*E capricho, às vezes, em aprofundar esta náusea,*
*como se pode provocar um vômito*
*para aliviar a vontade de vomitar."*

(Pessoa, no *Livro do Desassossego*)

A foto parece abraçar quem a vê. E no abraço reside a beleza da inclusão. Em um mundo onde ainda impera o preconceito, é, muitas vezes, no detalhe que se revela a capacidade das pessoas de se posicionarem sem as peias que nos cercam e nos sufocam. A liberdade interior está muito além dos muros e das grades. É uma decisão individual que não se pode medir pela reclusão imposta. Quem sofre o peso da discriminação frequentemente não consegue se sentir livre, mesmo com toda a liberdade ao seu dispor. Existem duas prisões que se sobrepõem. Uma real, física, que impede o corpo de ser livre. As grades impõem o limite. Outra, possivelmente mais castradora, que impõe ao corpo uma outra restrição que não

poderia existir, a qual não precisa de muros para conter. Contra esses limites, o olhar do fotógrafo liberta.

Quem trabalha com Direito criminal tem que ter a inconformidade da injustiça como mote para o enfrentamento da realidade. Em regra, a beca serve como um adorno libertário e a toga, quase sempre, tolhe e sugere um adereço que impõe limites, os quais, depois de impostos, deixam de incomodar aqueles que os impuseram. É como se a vida de quem os determina, com a força da toga, só existisse nos autos do processo e o mundo real, que abriga o desespero e a solidão, não existisse. Por isso, a importância do olhar da vida cruel por dentro, com a sensibilidade de uma lente que parece ser a projeção da alma.

Difícil saber qual limite dói mais. O de se sentir excluído e sem um espaço que teria que ser natural, com um corpo que não sente como seu, ou o da imposição física contra a qual não se pode sequer tentar superar. Quando se encontram as duas limitações, é preciso muita coragem para não sucumbir. Até por isso, a sensibilidade do fotógrafo atua como o olhar de um poeta que acolhe e vai muito além das grades e do preconceito. Socorro-me do querido Mia Couto, no poema *Versos do Prisioneiro – Última Carta do Preso ao Poeta*:

*"Durmo sem corpo*
*como um cão*
*que, em si mesmo,*
*inventa um travesseiro.*

*Enroscado como o feto*
*que adia o dia*
*e procura a luz*
*na raiz do próprio ventre.*

*Aqui se dorme como se vive:*
*com pouca pátria e muita insônia.*

*Dormirei tudo, sim,*
*quando valer a pena despertar.*

*No enquanto da espera, me vou, por vezes, suicidando.*
*Nesses dias, não risco o tempo das paredes.*

*E é tanto o desejo de desviver*
*que já não me basta morrer.*

*A morte perdeu a validade,*
*de tanto nela me aconchegar.*

*A ausência que desejo*
*é a da viagem sem distância,*
*sombra sem tecto nem parede.*
*Onde reine, não o silêncio,*
*mas a palavra emudecida.*

*Que eu sonho a morte*
*como o poeta quer o poema:*
*um falso morrer*
*de quem não quer viver em falso."*

Na foto, o abraço se apresenta como uma demonstração de carinho protetor. A visão da cerca atrás, que impõe a castração da liberdade e o limite dos movimentos, dá um ar de realidade que é cruel. Um sorriso parece superar os limites físicos do cárcere, o outro parece reconhecer que os referidos limites impedem a plenitude do riso. Mas o abraço conforta e ampara. Nesses sorrisos, é possível observar o acúmulo da discriminação. Mas também a coragem de se assumirem trans e plenas. Para além da cerca, ainda tem o muro, como a afirmar que, mesmo vencendo o preconceito, devemos todos ter a certeza de que o mundo é mais cruel ainda. Mesmo você vencendo a cerca do preconceito, ainda existirá um muro para você enfrentar. E a foto não expõe a altura desse muro, como a indicar que os obstáculos são muitos, quase intransponíveis.

No entanto, são diversas as maneiras de se olhar a mesma foto. A máquina que captou o momento mágico de uma dança improvável é uma porta aberta para o sonho. Seja o sonho da liberdade, seja o do esquecer ou enfrentar o preconceito que mata. Mata de morte matada, ou de tristeza, todos os dias. Uma morte lenta, com requintes de crueldade. Esse óbito encontra no olhar do fotógrafo a chance de ser adiado. A dança sugere uma música ao fundo, a qual não encontra hipótese de ser contida, nem com a cerca, nem com o muro. A música, que é implícita, viaja na leveza da lente da visão poética do fotógrafo. Não a poesia que quer ocultar e se esconder atrás da arte da fotografia, mas a que quer libertar e ser só instrumento do sonho de um mundo livre de amarras e de preconceito.

As roupas iguais tendem a dizer que, lá dentro, você não tem uma identidade própria. Você é mais um. E ser trans de alguma forma te dá uma identidade. O enfrentamento da luta interior de se assumir, a coragem da mudança, as agressões físicas e verbais, o medo e a solidão: tudo isso se encontra retratado na sensibilidade de um juiz fotógrafo. Deveriam ser obrigatórias essas visitas, ao inferno, de quem julga. Mas, no mais das vezes, seriam inúteis, pois não conseguiriam captar a densidade humana de uma trans que se permite posar para uma lente. É muito além da lente – o que define o fotógrafo é o olhar.

Recorro-me ao velho e eterno Pessoa, na pessoa de Álvaro de Campos, no poema *Tabacaria*:

*"Fiz de mim o que não soube*
*E o que podia fazer de mim não o fiz.*
*O dominó que vesti era errado.*
*Conheceram-me logo por quem não era e não desmenti. E perdi-me.*
*Quando quis tirar a máscara,*
*estava pegada a cara.*
*Quando a tirei e me vi no espelho,*
*Já tinha envelhecido."*

# MINUTOS CAPTURADOS

Por Miguel Matos

Uma brumosa manhã se anunciava pela janela. Os vidros suados indicavam quão fria teria sido a madrugada. Pensei nas coisas já feitas e naquelas que estavam por fazer. Realizei mentalmente os afazeres mundanos que teria pela frente.

Uma das missões daquele dia era diferente de todas. Nas mais de duas décadas de cobertura jornalística do meio jurídico, nunca tínhamos feito algo parecido.

E o que seria?, pergunta o ávido leitor. Naquela manhã, iríamos acompanhar o ministro Sebastião Reis Junior, integrante da 6ª Turma de Direito Penal do Superior Tribunal de Justiça, numa visita a um presídio. Ali estão encarceradas mulheres trans.

Ainda me preparando para o trabalho, peguei-me a refletir sobre o incrível espírito público que move esse magistrado que, julgando essas pessoas no dia a dia, queria conhecer suas verdades.

E havia ainda um adicional: o ministro iria munido de sua inseparável câmera fotográfica. De fato, além de olhar com os olhos da cara, ele queria registrar com suas sensíveis lentes cada detalhe da visita. Iria colher relatos e retratos da vida das detentas. Uma forma diferente de se conectar com elas, de percebê-las. A autoridade testemunha da realidade.

Em geral, nas unidades prisionais, aqui e alhures, os detentos cuidam uns dos outros, praticam atividades como artesanato e pintura e vencem um dia após o outro, num tempo muito singular. E, como também acontece, é forçoso convir, há superlotação, reclamações quanto à comida e acerca da demora no andamento de processos judiciais.

Foi esse ambiente, inóspito para quem está confortavelmente lendo este texto, que o ministro visitou e capturou com sua câmera. Sua objetiva tirou da invisibilidade as internas do sistema prisional. E o resultado desse encontro está tanto em relatos que demonstram o inconformismo do juiz com a situação precária daquelas pessoas, quanto em edulcoradas imagens carregadas de sensibilidade. Retratou e humanizou.

Fotografias da biblioteca, das oficinas, das celas, dos espaços comuns. Algumas sutis e até idílicas, outras a despertar uma fina melancolia. Todas, entretanto, nos obrigando a uma profunda reflexão.

Uma destas imagens me tocou pelo simbolismo: uma mulher trans, com um livro à mão, imersa em sua leitura. Seus olhos atentos, enquanto a cabeça repousa na perna. Queixo e joelho.

Não sei da vida pretérita dessa mulher, o que fazia, de onde veio. Que dramas enfrentou, por que está ali, que delitos cometeu. Informação alguma. Ah, mas bem posso imaginar a dor e os espinhos que enfrentou.

A fase da autoaceitação, de descobrir-se diferente numa sociedade alicerçada em robusta e mordaz fortaleza que tantos traumas provoca. No país que mais executa mulheres trans no mundo, transpor essa muralha é um desafio diário e, muitas vezes, fatal.

Divagando sobre tudo isso, entrevi mais uma vez a imagem tão bem retratada pelo ministro, da mulher em sua absorta leitura, e lobriguei ao fundo um pequeno arbusto nascendo no modesto jardim. Nas entranhas opressoras da massa cinza, fria e rude, ele ali se encontra e se destaca. E conquanto a imagem pareça plúmbea, vejo-o vivo, verdejante, quase que insolente ao concreto. Assim também era a leitora: querendo rebrotar sua vida na aspereza em que se encontrava.

E o livro era uma salvaguarda, um escudo. Um alento, um sustento, um amparo. Sua fisionomia plácida. A solidão estava ali. Mas havia refúgio na imaginação. A liberdade agora era uma questão de perspectiva. E ainda que essa mulher estivesse cercada de restrições, o tempo lhe perpassava suave, já que as horas, dias, meses e anos, eram marcados por parágrafos. A realidade se dissolvendo em páginas; capítulos desanuviando as grades.

Ah, e que doce sapiência essa de domar o relógio com letras de forma. Os minutos se transformam em aliados, amigos confidentes. E o que seria melhor para capturar o tempo que não a força das palavras, o timbre das rimas, o fascínio das prosas?

A literatura aplaca até a fome. E, de fato, não há saciedade igual àquela que se sente após o término de um livro. Interiorizamos a obra, e ficamos saciados.

E, com conhecimento adquirido, criamos outro dia, um novo eu, novos nós. Aliás, os sábios nos ensinam que o conhecimento nos engrandece. E não porque nos torna eruditos, mas porque nos faz humildes diante da imensidão da vida, desse quebra-cabeças da existência. Quanto mais aprendemos, mais cientes ficamos de nossa pequenez, de nossa finitude. E assim, conscientes de nós mesmos, somos capazes de entender o outro.

Foi assim que tive certeza, por meio dessa significativa imagem, que essa mulher teria, sim, esperança. Suas leituras vão lhe trazer um recomeço. Haverá um novo livro em sua vida. Ela retomará a narrativa. Será a protagonista de sua história.

# DIGNIDADE HUMANA:

Por Eduarda Trindade

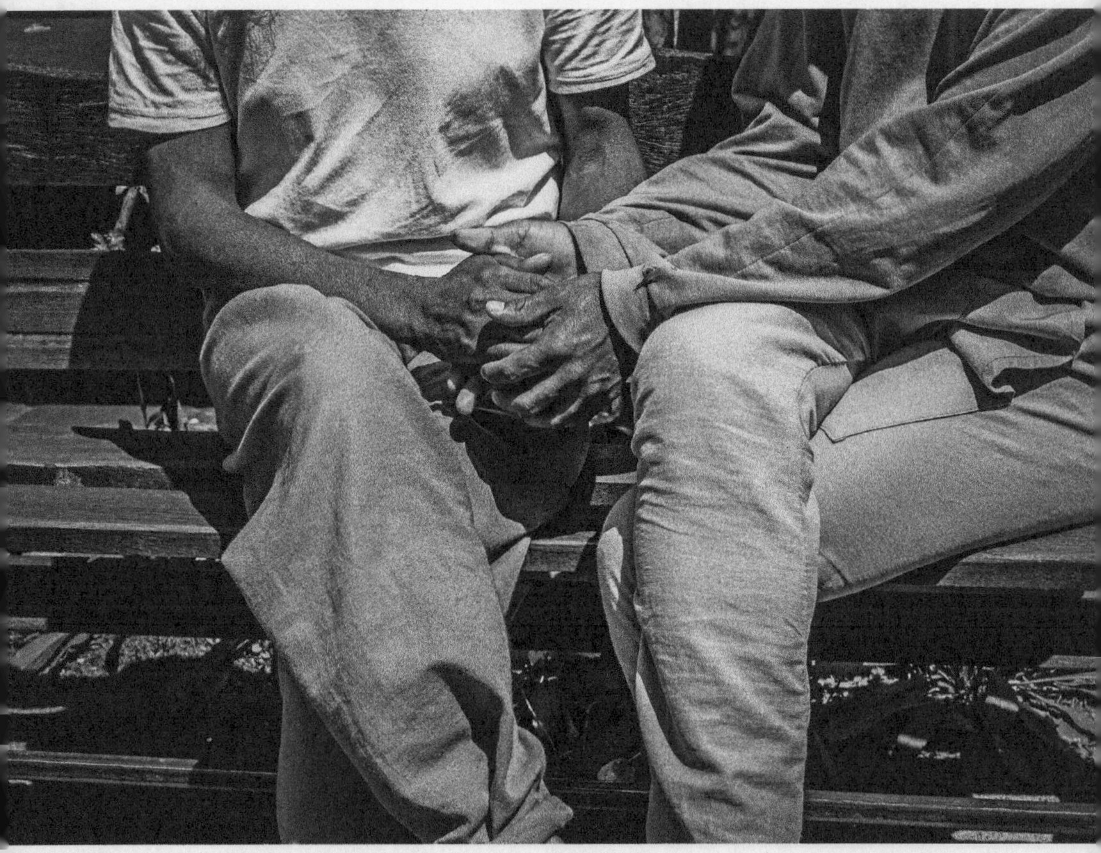

# UM DIREITO FUNDAMENTAL

Quando fui convidada para acompanhar a sessão de fotos que ilustra este livro, eu não tinha muita certeza do que esperar. No entanto, tenho certeza que esse dia ficará marcado na minha memória permanentemente.

Apesar de estarem privadas de sua liberdade, elas foram calorosas e compartilharam suas histórias, cada uma a seu modo. Falamos sobre livros, tratamentos para cabelos, vidas "lá fora", cantoras, família...

Apesar de algumas horas de interação não serem o suficiente para conhecer uma pessoa (quiçá tantas ao mesmo tempo), é sempre frustrante ver em primeira mão o quanto a vida digna não é a realidade de todes.

A Constituição "Cidadã" prevê, em seus artigos 5º e 6º, um rol de direitos humanos fundamentais que sabemos não estar presentes no cotidiano de muitos brasileiros e brasileiras, especialmente quando falamos de grupos marginalizados. Como bem resumido por George Orwell no conhecido *Revolução dos Bichos*: "todos [os animais] são iguais, mas alguns são mais iguais que os outros".

É, então, com tristeza, mas sem surpresa alguma, que foram identificados ao menos 69 projetos de lei em todas as esferas de governo com propostas transfóbicas apenas em 2023, considerando o levantamento em 20 de março deste ano[1]. É um escárnio vivermos em meio a uma enxurrada legislativa de tentativas de reservar a pessoas transexuais um lugar de cidadãos de 2ª classe.

---

1 https://www1.folha.uol.com.br/poder/2023/03/brasil-tem-um-novo-projeto-de-lei-antitrans-por-dia-e-efeito-nikolas-preocupa.shtml?utm_source=whatsapp&utm_medium=social&utm_campaign=compwa. Acesso em 22.03.2023.

Acredito que tenha sido por isso, por essa necessidade de mostrar a humanidade dessas mulheres, que acabei optando por escrever com base nesta foto específica. Essa imagem, também, é bem característica da produção do meu pai, que tem um olho invejável para detalhes e que revela beleza em momentos corriqueiros, que provavelmente passariam batidos na correria cotidiana, não fossem eternizados com um clique da câmera.

Não consigo dizer, apenas olhando a imagem, quais das detentas estão sentadas no banco, de pernas cruzadas, de mãos dadas, protagonizando essa cena de ternura. O foco não é em seus rostos, é em suas mãos, é no acolhimento que evidentemente há entre elas. Acolhimento que, diga-se de passagem, deveria lhes ser estendido em todos os grupos e contextos sociais.

Sabemos, até pelos projetos legislativos citados anteriormente, que esta não é a realidade. Enquanto há quem faça troça do "identitarismo" como pauta política, a ANTRA (Associação Nacional de Travestis e Transexuais), em levantamento apresentado em janeiro de 2023[2], constatou que 912 pessoas trans foram assassinadas no Brasil entre os anos de 2017 e 2022. Foram 131 casos de assassinato apenas em 2022.

Me parece, então, que há uma preocupação muito grande, mesmo em editoriais e colunas de opinião de jornais de grande circulação, em criticar o "problema do identitarismo", do uso de pronomes neutros ao acesso de transexuais a banheiros públicos, e uma tentativa generalizada de diminuir as dificuldades enfrentadas diuturnamente pela população trans.

No país em que, paradoxalmente, mais se consome pornografia com pessoas trans, e mais se mata pessoas trans[3], essas mesmas pessoas têm uma expectativa de vida de apenas 35 anos, mais de quatro décadas a menos que aquela da população geral, estimada, pelo Censo de 2022, em 77 anos[4].

2 ANTRA. Dossiê: Assassinatos e violências contra travestis e transexuais brasileiras em 2022. 27 jan. 2023. Disponível em: https://antrabrasil.files.wordpress.com/2023/01/dossieantra2023.pdf. Acesso em 28 mar. 2023.

3 ANTRA, 2023.

4 Valor Econômico. Expectativa de vida no Brasil sobe para 77 anos, diz IBGE. 25 nov. 2022. Disponível em: https://valor.globo.com/brasil/noticia/2022/11/25/expectativa-de-vida-no-brasil-sobe-para-77-anos-diz-ibge.ghtml. Acesso em 28 mar. 2023.

Deve-se, no entanto, dar crédito a algumas decisões judiciais que se debruçaram sobre as vivências e as especificidades de pessoas trans e, acertadamente, reafirmaram a dignidade humana que lhes é devida. Em 2018, o STF reconheceu o direito subjetivo à mudança de nome e de gênero na certidão de nascimento independentemente de procedimento cirúrgico de redesignação[5]; em 2019, equiparou a homotransfobia ao crime de racismo[6]. O STJ, por sua vez, estendeu, em 2022, a proteção da Lei Maria da Penha a mulheres trans[7].

As vitórias advindas de processos judiciais, no entanto, apesar de inaugurarem precedentes importantes, não são suficientes para compensar todos os ataques, físicos e psicológicos, que transexuais e travestis continuam sofrendo, não apenas neste país.

Se, por um lado, vemos decisões do Judiciário garantindo os direitos fundamentais à população trans, na tentativa de lhes restaurar a dignidade humana (que, sabemos, é direito de todes), por outro, ainda há muito a ser feito, apesar de me parecer, pessoalmente, absurdo que, em pleno 2023, ainda não haja um consenso social de que todas as pessoas, incluindo transexuais, merecem ser respeitadas na sua individualidade.

Encerro, assim, com um pedido: reconheçam não apenas a individualidade, mas a humanidade de todes. Se "todos somos iguais perante a lei", que, de fato, façamos o possível para que não haja distinção de qualquer natureza para a garantia da dignidade humana.

---

5 STF. RE 670422, Rel. Min. Dias Toffoli, J. 15/08/2018.
6 STF. ADO 26, Rel. Min. Celso de Mello, J. 13/06/2019.
7 STJ, REsp 1977124/SP, Rel. Min. Rogério Schietti Cruz, J. 05/04/2022.

# IMAGENS E REPRESENTAÇÕES

## DOS ROSTOS TRANS À ESCUTA DA PRECARIEDADE E À CONVOCAÇÃO A UMA VIDA NÃO-VIOLENTA

Por Roger Raupp Rios

*Responder ao rosto, entender seu significado quer dizer acordar para aquilo que é precário em outra vida ou, antes, àquilo que é precário à vida em si mesma. Isso não pode ser um despertar, para usar essa palavra, para minha própria vida e, dessa maneira, extrapolar para o entendimento da vida precária de outra pessoa. Precisa ser um entendimento da condição de precariedade do Outro. É isto que faz com que a noção de rosto pertença à esfera da ética. Levinas escreve: "o rosto do outro em sua precariedade e condição de indefeso é, para mim, ao mesmo tempo, a tentação de matar e um chamado à paz, o 'não matarás'" (167).*

(Judith Butler, *Vida Precária*, Contemporânea, Dossiê Diferenças e (Des)Igualdades, n. 1 p. 13-33 Jan.–Jun. 2011, p. 19)

*Quando consideramos as formas comuns de que nos valemos para pensar sobre humanização e desumanização, deparamo-nos com a suposição de que aqueles que ganham representação, especialmente autorepresentação, detêm melhor chance de serem humanizados. Já aqueles que não têm oportunidade de representar a si mesmos correm grande risco de ser tratados como menos que humanos, de serem vistos como menos humanos ou, de fato, nem serem mesmo vistos.*

(Judith Butler, *Vida Precária*, Contemporânea, Dossiê Diferenças e (Des)Igualdades, n. 1 p. 13-33 Jan.–Jun. 2011, p.24)

No mundo em que habitamos, ainda que entrecruzados pela raça, pelo credo, pela idade, pela condição econômica e por contextos que tais, pessoas transexuais vivenciam em suas humanidades a experiência da abjeção, o cotidiano do sofrimento e o destino da morte das mais intensas formas. É o que tristemente revelam, a par dos noticiários jornalísticos e dos relatos interpessoais, os achados estatísticos, a luta por direitos humanos e a reflexão dedicada (Dossiê dos assassinatos e da violência contra travestis e transexuais brasileiras em 2020/Bruna G. Benevides, Sayonara Naider Bonfim Nogueira (Orgs). – São Paulo: Expressão Popular, ANTRA, IBTE, 2021). Índices de violência e resultados de discriminações de toda ordem, esses dados e constatações expressam, por antonomásia, a tragédia da precariedade de vidas que lutam por justiça e reconhecimento, diante das quais, quando não amor e admiração, ao menos os deveres da benevolência imparcial e do respeito mútuo sejam observados.

Quando o olhar se volta, com atenção e cuidado, para a vida em suas expressões cotidianas, por meio de imagens que delas capturam dignidade e história, dos rostos dessas protagonistas trans também se eleva o desafio ético de construir uma vida não-violenta. Tal registro imagético, respeitoso e solidário, das cenas e dos rostos da vida, a partir e por meio do quais se produz sua representação, convoca à escuta, "...à medida que ele fala em uma outra forma que a linguagem para entender a precariedade da vida que está em jogo." (Judith Butler, *Vida Precária*, XXX p. 32). Com efeito, um dos impactos que os registros fotográficos disponíveis nesta bela e sensível obra produzem, disponíveis ao público mais amplo desde o *28º Seminário Internacional do Instituto Brasileiro de Ciências Criminais* (Complexo Aché Cultural, na capital paulista, em meados de outubro de 2022), é precisamente contestar a precariedade da vida ao reconhecer o valor e a humanidade de pessoas trans presas no Centro de Detenção Provisória II de Pinheiros, São Paulo.

Dentre tantas capturas fotográficas, se revelam um olhar e uma escuta em que os rostos trans questionam, nas palavras de Judith Butler, de modo mais amplo e profundo, os "...esquemas normativos de inteligibilidade [que] estabelecem aquilo que será e não será humano, o que será uma vida habitável, o que será uma morte passível de ser lamentada. Esses esquemas normativos operam não apenas produzindo ideais do humano que fazem diferença entre aqueles que são mais e os que são menos humanos. Às vezes eles produzem imagens do menos que humano, à guisa do humano, a fim de mostrar como o menos humano se disfarça e ameaça enganar aqueles de nós que poderiam pensar que conseguem reconhecer outro humano ali, naquele rosto. Mas muitas vezes esses esquemas normativos funcionam precisamente sem fornecer nenhuma imagem, nenhum nome, nenhuma narrativa, de forma que ali nunca houve morte tampouco houve vida. Estas são duas formas distintas de poder normativo: um opera produzindo uma identificação simbólica do rosto com o inumano, por meio da forclusão de nossa apreensão do humano na cena. A outra funciona por meio de um apagamento radical, como se nunca tivesse existido um humano, nunca houvesse existido uma vida ali, e, portanto, nunca tivesse acontecido nenhum homicídio. No primeiro caso, algo que já emergiu no domínio da aparência precisa ser disputado como reconhecidamente humano. No segundo, o domínio público da aparência é ele mesmo constituído com base na exclusão daquela imagem." (*Vida Precária*, p. 28)

Ao atentar para a série de fotos com pessoas trans reunidas pelo olhar e pela técnica de nosso autor, dentre tantos impactos e convocações, não pude desviar meu pensamento e distanciar minha lembrança do diálogo de Judith Butler com Emanuel Levinas, cujo objeto é a *Vida Precária*. Nele, a autora provoca o pensamento sobre como os rostos e a representação de vidas tornadas precárias e abjetas podem ser o mote e a possibilidade da convocação para uma vida ética não-violenta. Isso porque, como referido desde o primeiro parágrafo deste compartilhar de minha reação às fotografias, a precariedade da vida que enfrentam as pessoas trans entre nós, no Brasil e mundo afora, ao mesmo que nos envergonha como sociedade e nos indigna enquanto indivíduos, é convocação pungente para assumirmos eticamente nosso lugar no mundo.

Tanto que, nas palavras de Emanuel Levinas,

"A abordagem do rosto é o mais básico modo de responsabilidade... O rosto não está de frente pra mim (*en face de moi*), mas acima de mim. É o outro diante da morte, olhando através dela e a expondo. [...] o rosto é o outro que me pede para que não o deixe morrer só, como se o deixar seria se tornar cúmplice de sua morte. Portanto, o rosto diz a mim: não matarás. Na relação com o rosto eu sou exposto como um usurpador do lugar do outro. O celebrado "direito de existir" que Spinoza chamou de *conatus essendi* e definiu como o princípio básico de toda inteligibilidade é desafiado pela relação com o rosto. Consequentemente, meu dever de responder ao outro suspende meu direito natural de autopreservação, *le droit vitale.* Minha relação ética de amor pelo outro está enraizada no fato de que o eu [self] não pode sobreviver sozinho, não pode encontrar sentido apenas em sua própria existência no mundo... Expor a mim mesmo à vulnerabilidade do rosto é colocar meu direito ontológico de existir em questão. Em ética, o direito do outro em existir tem primazia sobre o meu, uma primazia condensada no decreto ético: Não matarás, não colocarás em risco a vida do outro." (*apud*, *Vida Precária*, p. 17).

Prosseguindo na leitura, o rosto trans aqui fotografado propicia o encontro do artista da foto com o ourives do discurso jurídico. Nossa autora, no texto que nosso fotógrafo fez evocar, cita Levinas: "rosto e discurso estão amarrados. Ele fala e é nisso que se torna possível e que começa todo discurso". (p. 22).

"Uma vez que *o que o rosto diz* é "não matarás", poderia parecer que é por meio desse mandamento primário que a fala passa a existir, de tal maneira que a fala inicia sua existência enquanto pano de fundo para esse possível homicídio. De maneira mais geral, o discurso nos faz uma reivindicação ética precisamente porque, *antes da fala, algo nos é dito.* De forma simples, e talvez não exatamente como Levinas pretendia, somos primeiro dirigidos, reportados por um Outro, antes mesmo que assumamos a linguagem para nós. Assim, portanto, podemos concluir que é somente na condição de sermos remetidos a um discurso que podemos, então, fazer uso da linguagem." (p. 22) (*grifos meus*). "...

[L]embremo-nos que Levinas também nos disse que o rosto – que é o rosto do Outro e, portanto, a demanda ética feita pelo Outro – é aquela vocalização da agonia que ainda não é exatamente linguagem, ou não mais linguagem, por meio da qual somos despertados para a precariedade da vida do Outro e que também levanta, ao mesmo tempo, a tentação de cometer homicídio e a sua interdição." (...) "Essa linguagem comunica a precariedade da vida que estabelece a tensão permanente da ética da não-violência." (p. 23).

No depoimento da experiência do fotógrafo sobre sua visita ao presídio em que capturadas essas imagens (https://www.migalhas.com.br/quentes/371972/ministro-sebastiao-reis-jr-relata-impressoes-de-visita-a-presidio) não por acaso se encontram coincidências e convergências com Levinas sobre o olhar dos rostos que convocam a tomar com "problema meu" a violência contra eles desferida: "Mas aquele rosto olhando em direção a mim, em sua expressão – em sua mortalidade – convoca-me, demanda-me, ordena-me: como se a morte invisível enfrentada pelo rosto do outro... fosse um 'problema meu'. Como se, desconhecido pelo outro que já, na nudez de seu rosto, ele afeta, ele 'me reportasse' antes mesmo de confrontar-se comigo, antes de se tornar a morte que me encara, a mim mesmo, face a face. A morte do outro homem coloca-me sob pressão, chama-me à responsabilidade, como se eu, pela minha possível indiferença, tornasse-me cúmplice daquela morte, invisível ao outro que é exposto a ela; como se mesmo antes de ser condenado, tivesse que responder pela morte do outro, e não deixa-lo só em sua solidão mórbida" (*Alterity and transcendence*. p. 24-5, *apud Vidas Precárias*, p. 20).

Efetivamente, como alertou Susan Sontag, as fotografias sejam entendidas "...como um objeto ingênuo ou como a obra de um artíficie experiente, seu significado – e a reação do espectador – depende de como a imagem é identificada ou erroneamente identificada; ou seja, depende das palavras." ("Diante da dor dos outros", S. Paulo: Companhia das Letras, 2003, p. 28). "Vi e ouvi seres humanos que, como nós que estamos aqui fora, têm desejos, medos, desilusões, preocupações.

(...) Nada de maus-tratos, condições degradantes e, principalmente, jamais uma pena de caráter perpétuo, que os impeça de retornar ao convívio social. E isso, infelizmente, é o que tem acontecido nos últimos tempos: o descaso do Estado em propiciar a ressocialização de seus presos os têm impedido de recomeçar suas vidas sem recorrer, novamente, ao crime para sobreviver." – testemunhou nosso artífice das imagens na experiência de sua obra fotográfica.

Fotos de vidas aprisionadas, convocações de rostos trans, sempre sob as coibições da precariedade e da abjeção acusatória da cisheterossexualidade compulsória: imagens e representações que abrem espaço para metáforas e analogias em que os regimes normativos hegemônicos de inteligibilidade das identidades e das expressões de gênero se impõem como aprisionamentos cruéis da pluralidade do universo trans (transexualidades, transgeneridades, travestilidades e suas infinitas expressões de gênero).

Enfim, fotografias diante das quais "nenhum de 'nós' deveria ser aceito como algo fora de dúvida..." – conforme o alerta de Virgina Wolff lembrado por Susan Sontag (p. 12) –, aprisionados que estamos todos nos grilhões cisheteronormativos do gênero e seus efeitos, e alguns mais ainda, por detrás das grades do sistema carcerário, cujos rostos essa obra faz possível desafiar-nos eticamente a uma vida não-violenta.

# O SUPERIOR TRIBUNAL DE JUSTIÇA

# UM NOVO ILUMINISMO

# O SISTEMA PENITENCIÁRIO BRASILEIRO

# OU

# O MUNDO QUE VEM EM CHEGANÇA

Por Paulo Sérgio Leite Fernandes

O título é extravagante, significando profusão aparentemente desligada entre si. O desenlace, entretanto, exibe conexão bem inteligível, enquanto o mérito se intromete no ponto central do debate, que é a sexualidade humana posta em realce no entremeio do sistema penitenciário nacional, exibindo-se nuances enfrentadas, agora, por iniciativa do Superior Tribunal de Justiça. A destinação das reflexões é o conjunto de criaturas que, perdendo a liberdade, experimentam dificuldades variadas durante cumprimento das penas, sabendo-se que a atividade sexual tem relação íntima com direitos e garantias legalmente reivindicáveis no país. O cárcere, é óbvio, não se refestela em padrões asseguradores do respeito às intimidades. A solidão, aliás, se protege enquanto oculta hipotética manifestação no exercício do sexo, conduta rotineira ali e acolá, por constituir pressuposto, alhures, do próprio ato de existir.

No entorno dessa realidade sinuosa, os juristas (penalistas e processualistas), episodicamente, se surpreendem com a não entronização do tema nos augustos capítulos da Constituição Federal, matrona recatadamente discreta na apreciação do assunto. Fala-se em discrição "da lei maior brasileira" para disfarçar a angústia de se pedir ao legislador o enfrentamento aberto do direito, a todos naturalmente deferido, de conjunção dos corpos, transmitindo um e outro (ou outra) a seiva energética responsável, inclusive, pela geratriz de filhos, uns queridos, outros não, a maioria saudável, prevendo-se, entretanto, futuro perebento enquanto descendentes malfeitos enfrentam agruras das esquinas da vida. É curioso o volteio do vernáculo para se dizer que nossa "grande dama", a Constituição, mesmo afincadamente examinada, tem pudor muito grande na captação do instinto sexual, fenômeno este integrador do sistema biopsíquico povoando nosso corpo. O ser humano, em largo espectro, é um bicho. O jurista sofisticado o chamaria de animal pensante. Não, nós somos bichos ainda em evolução, não se sabendo o que nos vai acontecer adiante, ou seja, a extinção numa hecatombe qualquer ou alterações no contorno corporal em modificação da nossa imagem, valendo lembrar que modernamente não nos dizem herdeiros dos macacos, mas, quiçá, seus primos. Somos mamíferos, bípedes e pensantes, capacitados, segundo consta, a entender, bem ou mal, diferenças marcantes dos primitivos, aqueles mesmos que nos antecederam desde milhões de anos no povoamento do globo terrestre. Veja-se como este escriba consegue falar de sexo sem rebaixamentos verbais, disfarçando a disputa sobre se descendemos ou não, homens e mulheres, dos gorilas, chimpanzés, bugios, símios, macacos enfim, fazendo-se no contexto uma digressão sinuosa para não se dizer, no fim das contas, que nós humanos *fazemos sexo* (expressão rebuscada) constantemente, primacialmente para fazer filhos (é o que consta), mas, rotineiramente, pelo prazer trazido no romaneio da junção entre homem e mulher, isto é a verdade melhor, tudo para o resfolego final rotulado, na crônica popular, como espasmos glandulares. Mas, acentue-se, é disso que se vai tratar no oportuno encontro marcado pelo Superior Tribunal de Justiça, por iniciativa e coordenação do ministro Sebastião Reis Junior, penetrando-se nas fissuras da nebulosidade coloquial para o enfrentamento destemido da questão jurídica consistente em saber se a atividade sexual é ou não direito fundamental dos humanos (afirma-se, aliás, que os bichos inferiores também devem ter tais qualidades preservadas).

Este velho escrevente não tem vontade, nem tempo, de disputar com hermeneutas respeitadíssimos, a saber se a Constituição vigente, enquanto dissertando sobre as garantias básicas do homem e da mulher, se refere indiretamente à atividade sexual. O artigo 5º da Lei Maior tem 79 incisos e não há referência à particularidade. A Lei de Execução Penal, de seu lado, estabelece como direito dos presos "visita do cônjuge, da companheira, de parentes e amigos em dias determinados". A Resolução CNPCP 23, de 04 de novembro de 2021, trata de recomendações múltiplas sobre situações que possam caracterizar o casamento, ou união estável do preso (ou presa?), companheiro ou companheira. Tal organograma é minucioso, sim, enfrentando aspectos variados da perspectiva do chamado congresso sexual, elegantemente denominado "visitas íntimas". Não se vai examinar essa pluralidade de situações concernentes à garantia da intimidade e, no fim das contas, à higiene ou salubridade das acomodações reservadas aos parceiros. Dez são os artigos postos na regulamentação e muitos os parágrafos. Entretanto, basta lembrar que tal disciplinamento se refere, discretamente, a casamento e união estável, não havendo menção à chamada visita episódica feita por homem ou mulher ao preso ou à detenta. Isso tudo conduz, evidentemente, ao Código Civil Brasileiro, que prevê a união estável entre homem e mulher na categoria de união familiar (artigo 1.723), provocando-se, a tempo certo, interpretação jurisdicional praticada pelo Supremo Tribunal Federal. Este, em decisão prolatada na ação direta de inconstitucionalidade número 4.277, acentuou a união homoafetiva como espécie de união familiar (homem com homem, mulher com mulher, isso em exemplificação mais simplista). Tal critério, sem interpretação mais profunda, foi predominante na admissão de que tais amplexos possam ser legitimados mediante casamento civil. Dentro do contexto, desprezando-se mesmo qualquer penetração em debate mais acentuado, é aceito, na categoria de casamento civil, conúbio entre homem e homem e mulher com mulher. Há quem se recuse a dita celebração, mas, na hipótese, os nubentes podem recorrer ao Poder Judiciário, definindo objetivamente a questão.

Já se vê, no entremeio, que o assunto interessa, e muito, ao sistema prisional e suas redonduras, a saber, hipoteticamente, se as chamadas visitas íntimas revestidas daquelas garantias advindas da resolução já mencionada se estenderam ou se estenderiam à relação íntima entranhada fisicamente entre pessoas do mesmo sexo, cadastradas para tal fim sob a certificação de casamento civil ou, talvez, asseguramento objetivo de mancebia. Isso quer dizer, é claro, que o estabelecimento carcerário, presentes as demais condições, precisa garantir ao visitador o ajustamento material de seus anseios sexuais com aquele ou aquela outra que tem a liberdade perdida ou que vai relacionar-se com alguém que a perdeu, refletindo-se, o acasalamento, na homogeneidade sexual. Numa visão conservadora, ou clássica vigendo no passado, tal situação seria repudiada, criticada ou proibida. Era assim, mas assim não é mais, refletindo a comunidade toda sobre hipóteses, hoje, rotineiras, praticadas na chamada sociedade livre, mas com relação de causalidade no sistema carcerário brasileiro, merecendo isso tudo, é claro, enfrentamento sem hipocrisia. Pretende o Superior Tribunal de Justiça, nesse turbilhão fisiopsíquico, estabelecer abertamente parâmetros interpretáveis à luz do dia ou, quem sabe, exequíveis mesmo sob a fraca luz filtrada nas alfombras, na medida em que a tudo se dá jeito.

A principal razão, crê este antigo viajor, é não fugir o juiz do refluir de um ideário assemelhado a um novo iluminismo no mundo. Pontofinalizando, o intelectual, o jurista em geral, o ledor, o curioso, ou mesmo aquele que se põe compulsivamente a manusear um aparelho celular enquanto não tem mais o que fazer, sentem uma sorte qualquer de interesse, ou mesmo de ansiedade em especificar, na atualidade e a partir de certa data, o que define o macho e a fêmea, pois os biólogos e cientistas em geral identificam ou assimilam, num ser humano, assentando-o na sexualidade, características múltiplas. Exemplifique-se: existem lésbicas, gays, bissexuais, transgêneres, o "queer", intersexuais, assexuais e, sem que isso signifique finitude, há os ditos pansexuais, interferindo no todo. Aparece a chamada identidade de gênero, pontificando sobre a sexualidade, orientação sexual para um e outro lado e quejandos, admitindo, cada acepção, uma sorte qualquer de comportamento, ou a mistura de um com outro. Este velho escriba não se desenvolve muito a explicar acepções de cada terminologia, limitando-se a dizer que tocante à identidade de gênero, é definida como a forma como alguém se entende como individuo social, ou seja, a percepção de si. As explicações se põem igualmente em qualquer manual de psicologia, desmerecendo maior expressão nesta digressão. No fim das contas, a criatura nasce homem ou mulher, crescendo e se desenvolvendo como um ou outra, mas a fêmea lésbica tem atração ou afetividade física por pessoas também do gênero feminino, existindo no entrechoque as chamadas binárias, isto é, atraem-se por machos e por fêmeas. E por aí vai.

Sem intenção de amesquinhar o escrito que merece certo grau de leveza, comente-se ironia pronunciada, certa vez, por irreverente cômico de televisão. Este assim discorreu: "Se você tem automóvel, fala bem o francês, veste adequadamente paletó e gravata, discorre sobre aspectos culturais vertentes na comunidade e não deixa de emitir opiniões razoavelmente profundas sobre o sistema político brasileiro, sem descurar de um certo "aplomb" feminilizado, é inscrito como *gay*. Entretanto, se não tiver nada disso, você é viado". Cuida-se de diversão inadequada à seriedade do contexto, mas o povo tem seu linguajar nas esquinas, fazendo-se entender com muita simplicidade. Importa saber, atacando-se o assunto com franqueza e honestidade, qual ou quais critérios, no entremeio do chamado novo iluminismo, devem nortear a interpretação da sexualidade humana, nisto entranhado, pois obrigatório, o comportamento feminino, fixado de vez o conceito de igualdade pretendido por todos e todas. Este raciocínio vem à mente deste octogenário criminalista enquanto examina os muitos livros de arte mantidos na biblioteca doméstica (ali não há livros de direito, estes habitam o recinto profissional). São obras lindas, é claro, misturando, sem preocupação qualquer, épocas donde provêm Salvador Dalí, Matisse, Leonardo da Vinci, Michelangelo, Botticelli, Caravaggio, Picasso, Ticiano, entre outros. Para não se dizer que não falei das moças, convoquem-se Berthe Morisot e Rosa Bonheur. No Brasil, pontificaram Tarsila do Amaral, Abigail de Andrade, Tomie Ohtake (este escriba a conheceu), Anita Malfatti, Gerda Brentani, entre muitas aqui realçadas para o único fim de competição relevante no terreno artístico. Rodin aparece universalmente, usando o distintivo reservado aos machos clássicos. Explorou durante anos Claudine Claudel, escultora e pintora plena de atributos. Lucian Freud era gênio desfocado, deixando obra portentosa. Michelangelo, dos melhores que o mundo produziu, é, de certa forma, feminilizado pela História. Leonardo da Vinci constitui, modernamente, o protótipo do polímata, ou seja, aquela criatura que empreende melhormente várias atividades. Não se fixe nele o escriba, mas Leonardo sobrepujou a maioria a seu tempo, valendo dizer, aliás, que ele era vivo, e bastante, quando da primeira visita de Pedro Álvares Cabral ao Brasil. Uma característica do famosíssimo pintor: era *gay*, mas não deixava de atender ao chamamento das moçoilas da Corte. Dava-se muito bem com seu aluno Gian Giacomo Caprotti da Oreno, apelidado "Salai", presenteando-o com ricas roupagens.

Parta-se para filósofos modernos aclamados pela crítica. Busque-se Yuval Noah Harari, autor, inclusive, de *Homo Deus*. Vendeu, só no Brasil, meio milhão de exemplares dessa obra, não se contando outras produções suas. É "gay confesso", explicando, em suas obras, a sutileza posta nas opções sexuais masculinas e femininas, pesquisa esta sobre premissas que, no passado, censuravam algumas condutas do homem e da mulher. Tecendo considerações profícuas correspondentes a nenhuma extravagância entre uma ou outra alternativa escolhida por alguém, Noah Harari trata da sexualidade com bastante simplicidade e firmeza. Este antigo sobrevivente dos anos 1950 se recorda, e bastante, daqueles imperativos de assunção de masculinidade transmitidos de pai a filho nos chamados anos dourados. A memória salta para a atualidade. Fixa na mente do escriba a imagem de homens, musculosos, diga-se de passagem, andando de mãos dadas em Dubai, enquanto se cumprimentam roçando os narizes. E são machos, classicamente machos. Cuida-se de um costume da terra, valendo realçar que nem sempre foi assim. O homossexualismo era gravemente punido em uma ou outra nação, sendo despiciendo incursionar por ali. Basta dizer, aqui mesmo no Brasil, que um ou outro apresenta o parceiro como "meu marido". E ele, de fato, o é de Direito, conotando-se que o inverso também é possível, porque a moça pode, à perfeição, exibir a companheira como "minha mulher", ou "meu marido". Dentro dessa miscelânea, o que não é possível, mesmo na interpretação literal da decisão da Suprema Corte Brasileira, é a criatura ser ao mesmo tempo as duas coisas nesta concepção do casamento.

Já se viu que o começo e o fim deste ensaio têm contexto anômalo. No meio da crônica, Leonardo da Vinci aparece contemporaneamente à descoberta do Brasil. A seguir, a relação de causalidade introduz o intérprete no negrume das nossas penitenciárias. Perceba-se, então, uma aparente falta de conexão entre os extremos. Não, a ligação entre o passado, o presente e o futuro, é íntima, nisto intervindo, em oportuníssima mensagem, a fotografia espelhada meticulosamente pelo ministro Sebastião Reis Junior. Aquele cultíssimo magistrado sofreu, é obvio, enquanto registrava o drama em perfilamento pelos encarcerados que posaram para a perscrutação do jurista-artista. Ali, em definitivo, foi visto e constatado que o amor pode ser assexuado ou multifacetado, desvencilhando-se o estudioso do binômio homem-mulher. Hoje, o aspecto é outro: homem + homem, mulher + homem, homem + mulher, mulher + mulher, tudo num bailado só explicável pela modernidade, garantindo-se a todos o respeito às alternativas encontradas para o amplexo sexual. Tal característica não pode ser impedida aos reclusos em geral, esmerando-se os carcereiros em administrar as alternativas encontradas pelos parceiros, respeitadas, é claro, a intimidade dos casais e a dignidade do acasalamento, observando-se os parâmetros definidos no Código Civil e na profícua recomendação extraída dos mandamentos feitos pelo Supremo Tribunal Federal, mais órgãos outros competentes para a objetivação dos atributos versados. Tocante aos encarcerados, homens e mulheres, é preciso observar que o amor, na ampla conceituação, pode envolver aquela parte da humanidade, que não se restringe ao gênero e à beleza em si, entranhando-se os carinhos nas intimidades da própria alma. Os presos e as presas, imersos no lamaçal presidiário, podem amar-se, resguardando nos carinhos a dose de equilíbrio indispensável à manutenção da sanidade ou esperança da libertação.

O ministro Sebastião Reis, com as fotos a disfarçarem a identidade dos atores, foi, em certo aspecto, um captador do sofrimento das criaturas aprisionadas, postas, sim, sob o olhar e fiscalização dos captores. Não se diga, então, que a pretensão examinada pelo Supremo Tribunal Federal é extravagante. Ela serve a estimular a comunidade jurídica, e mesmo a popular, a exigir, sim, respeito àquela humanidade subtraída à luz do dia. As fotos exibidas têm um quê de doçura, entenda-se, mostrando a dimensão toda dos prisioneiros, mais a intromissão da superioridade espiritual. É bom, aqui, não esquecer a homossexualidade de um Leonardo da Vinci. Aquele gênio era homem. As criaturas fotografadas magistralmente por um ministro do Superior Tribunal de Justiça também se apresentam como seres humanos, agindo como se fêmeas fossem, admita-se, mas não deixando de merecer respeito adequado à opção escolhida, atributo, quiçá, da própria personalidade. Nessa visão metamorfósica, os encarcerados são gente reivindicando tratamento honesto das atividades permitidas pela legislação vigente. Em outros termos, há amores dentro dos nossos cadeiões, consubstanciando-se a imprescindibilidade de garantia a que tais afetos se mantenham possíveis no ambiente prisional.

As fotografias remetidas pelo ministro Sebastião Reis Junior expõem situações dramáticas, é certo, mas obrigam à reflexão. Preferível seria, raciocine-se, que os retratos expressassem os carinhos de um "Michelangelo" ou mesmo de um Noah Harari, componentes do grupo privilegiado pela oportuna capacitação ao abrilhantamento dos humanos. Melhor seria, insista-se, que os convidados a pronunciamento pudessem optar entre a imagem da "Monalisa" e a beleza do efebo Salai. Ficou-se somente com o pior. Quem sabe, teria sido está a intenção do ministro Sebastião Reis Junior: levar os intervenientes a buscar, no próprio sofrimento daqueles infelizes prisioneiros fotografados, o remanescente de vida a exigir a proteção da coletividade.

Por Anna Maria da Trindade dos Reis e
Hugo da Trindade dos Reis

# TRANSEXUALIDADE E OS TRIBUNAIS

O Direito não antecipa os fatos e, não raras as vezes, se atrasa para consagrar e pacificar as relações humanas e a proteção social e coletiva.

O Tribunal da Cidadania, como costumeiramente é qualificado o Superior Tribunal de Justiça, e o Supremo Tribunal Federal, na lacuna da lei, avançaram em diversos temas de imensa importância, e destacaremos alguns que, em observância aos princípios da dignidade da pessoa humana e da isonomia, entre outros, assegurou direitos às pessoas trans.

A ministra Nancy, em 2009, ao assegurar a alteração e retificação da certidão de nascimento de transexual com a modificação do prenome e a indicação do sexo para feminino em respeito à sua identidade sexual, bem explicou a atuação do Judiciário no hiato legislativo, considerando "*a falta de fôlego do Direito em acompanhar o fato social exige, pois, a invocação dos princípios que funcionam como fontes de oxigenação do ordenamento jurídico, marcadamente a dignidade da pessoa humana – cláusula geral que permite a tutela integral e unitária da pessoa, na solução das questões de interesse existencial humano*".[1]

No referido julgamento, a relatora destacou a preservação dos princípios da Bioética, da dignidade da pessoa humana, a tolerância como meio para mitigar a integridade física, psicológica, socioambiental e ético-espiritual do ser humano, daí incluída a identidade sexual e o exercício de seus direitos civis, sem restrições de cunho discriminatório ou de intolerância, alçando sua autonomia privada em patamar de igualdade para com os demais integrantes da vida civil.

A despeito do avanço inconteste, a permissão se restringia a quem tinha se submetido à cirurgia de adequação sexual, e somente em 2017 esta barreira foi derrubada pela 4ª Turma, sob a relatoria do ministro Luis Felipe Salomão[2], indicando que possível a alteração do nome e do sexo no assento civil do transgênero que assim comprovasse a sua condição, privilegiando a identidade psicossocial em relação à biológica.

---

1 REsp 1008398/SP, Rel. Min. Nancy Andrighi, Terceira Turma, DJe 18/11/2009
2 REsp 1626739/RS, Rel. Min. Luis Felipe Salomão, Quarta Turma, DJe 01/08/2017

A 3ª Turma acompanhou o mesmo entendimento, sob relatoria do ministro Ricardo Villas Bôas Cueva, destacando que a exigência de prévia realização de intervenção cirúrgica para alteração do gênero no assento de nascimento limitaria a autonomia da vontade e o direito de se autodeterminar, além de afastar a proteção da dignidade do transexual.[3]

Em 2018, com prevalência dos direitos da personalidade e do princípio da dignidade humana, o STF finalizou o julgamento da ADI 4275[4], considerando inconstitucional uma interpretação do art. 58 da Lei de Registros Públicos que exija a realização da cirurgia para a alteração de prenome e gênero no assentamento de registro civil.

No mesmo ano, o STF consagrou o Tema 761[5] assegurando ao transgênero o direito fundamental à alteração de seu prenome e classificação de gênero no registro civil pelo exercício de sua manifestação de vontade, independentemente de cirurgia de redesignação, em prol dos princípios da dignidade da pessoa humana, da personalidade, da intimidade, da isonomia, da saúde e da felicidade, sendo vedada a inclusão do termo 'transgênero' e preservado o sigilo sobre a origem dos atos.

Em 2011, o STJ entendeu inexistir impedimento legal para a união de pessoas do mesmo sexo[6], na esteira dos julgamentos da ADPF 132/RJ e ADI 4277/DF ocorridos no mesmo ano, sob a relatoria do Ministro Ayres Britto e à unanimidade, que, interpretando o art. 1.723 do Código Civil, reconheceram, com eficácia *erga omnes* e efeito vinculante, o instituto jurídico da união homoafetiva.

Na ocasião, como revela a ementa do julgamento conjunto pelo STF, prevaleceram os princípios da dignidade humana e de proibição de discriminação das pessoas em razão do sexo (na dicotomia homem/mulher e orientação sexual), do constitucionalismo fraternal, homenagem ao pluralismo como valor sócio-político-cultural, liberdade para dispor da própria sexualidade, direito fundamental do indivíduo, autonomia da vontade, direto à intimidade e à vida privada, destacando que o sexo

---

3 REsp 1860649/SP, Rel. Min. Ricardo Villas Bôas Cueva, Terceira Turma, DJe 12/05/2020
4 ADI 4275/DF, Rel. Min. Marco Aurélio, Rel. para acórdão Min. Edson Fachin, Tribunal Pleno, DJe 07/03/2019.
5 RE 670422, Rel. Min. Dias Toffoli, Tribunal Pleno, julgado em 15/08/2018, DJe 10/03/2020.
6 REsp 1.183.378/RS, Rel. Min. Luis Felipe Salomão, Quarta Turma, DJe 01/02/2012

não se presta como fator de desigualdade jurídica em afronta direta com o princípio constitucional de "promover o bem de todos".[7]

O referido julgamento reconhece, ainda, que a proteção à família consagrada no caput do art. 226 da Constituição Federal não distingue se é integrada por casais heteroafetivos ou homoafetivos.

Aliás, o STF, ressaltando já em 2011 que havia a lacuna legislativa, destacou o reconhecimento da imediata autoaplicabilidade da Constituição.

Em seguida, o CNJ, na esteira desses julgados, sob a presidência do ministro Joaquim Barbosa, editou a Res. 175/2013, vedando a recusa aos pedidos de casamento homoafetivo.

Antes dessa sedimentação, a despeito de o legislador não ter se posicionado até o momento – como já ressaltada a lacuna em 2011 –, era necessário acionar a Justiça para que a união fosse reconhecida, correndo o risco de o magistrado a julgar não concordar com o pleito.

Em 2019, o STF, ante "injustificável inércia do Poder Público", enquadrou a homofobia e a transfobia como crimes de racismo em razão das inúmeras e graves ofensas aos direitos fundamentais dos homossexuais, transgêneros e demais integrantes da comunicade LGBTI+ em face da orientação sexual ou identidade de gênero da vítima.[8]

Em 2020, exaltando o pluralismo de ideias, a liberdade de ensino, a busca de uma sociedade solidária, livre e justa, com a valorização da diversidade e convivência de pluralidade, dando efetividade aos direitos já assegurados pela Constituição, o Plenário do STF proferiu diversas decisões onde expressamente considerou imprópria a utilização do aparato estatal para manter grupos minoritários em condição de invisibilidade e inferioridade, destacando a importância da educação sobre diversidade sexual nas escolas para crianças, adolescentes e jovens, de modo a promover políticas de inclusão e de igualdade.[9]

---

7 ADI 4277 e ADPF 132, julgado conjuntamente sob relatoria do Min. Ayres Brito, Tribunal Pleno, DJe 14/10/2011

8 ADO 26/DF, Rel. Min. Celso de Mello, Tribunal Pleno, DJe 06/10/2020 e MI 4.733/DF, Rel. Min. Edson Fachin, Tribunal Pleno, DJe 29/09/2020

9 ADPF 461/PR , Rel. Min. Roberto Barroso, Tribunal Pleno, DJe 22/09/2020; ADI 5580/AL, Rel. Min. Roberto Barroso, Tribunal Pleno, DJe 27/11/2022; ADI 5537/AL, Rel. Min. Roberto Barroso, Tribunal Pleno, DJe 17/09/2020; ADPF 460/PR, Rel. Min. Luiz Fux, Tribunal Pleno, DJe 13/08/2020; ADPF 467/MG, Rel. Min. Gilmar Mendes, Tribunal Pleno, DJe 07/07/2020; ADPF 526/PR, Rel. Min. Cármen Lúcia, Tribunal Pleno, DJe 03/06/2020; ADPF 457/GO, Rel. Min. Alexandre de Moraes, Tribunal Pleno, DJe 03/06/2020

No mesmo ano, o STF reconheceu a constitucionalidade de lei distrital que, sem interferir no procedimento, especifica direitos que o ordenamento jurídico já reconhece aos detentos, tais como a "Convenção de Nova York (Convenção Internacional sobre os Direitos das Pessoas com Deficiência e seu Protocolo Facultativo (Decreto 6.946/2009) e a Resolução Conjunta n° 1 do Conselho Nacional de Combate à discriminação, que instituiu novas regras para acolhimento LGBT em unidades prisionais".[10]

Em 2019, o ministro Roberto Barroso já havia deferido parcialmente a cautelar na ADPF 527/DF para determinar que transexuais femininas fossem transferidas para presídios femininos, em respeito aos princípios da dignidade humana, da autonomia, da liberdade, da igualdade, da saúde, da vedação à tortura e ao tratamento degradante e desumano acolhidos pela Constituição Federal e nos termos das normas internacionais e Princípios de Yogyakarta[11].

Em 2021, após ouvir os órgãos competentes – DEPEN, DNCD/LGTR, CNPCP, CNJ e CNMP – e ante o requerimento da Associação Brasileira de Gays, Lésbicas, Bissexuais, Travestis, Transexuais e Intersexos (ABLGT), estendeu a medida para garantir também aos travestis o cumprimento de pena em condições compatíveis com a sua identidade de gênero.

Assim, entendeu que mediante consulta individual da pessoa trans ou da travesti, a pessoa será encaminhada para estabelecimento prisional feminino ou masculino, em ala separada, de modo a lhe garantir segurança.

Aguarda-se a finalização do julgamento do mérito, suspenso desde 2021, mas a cautelar deferida segue vigente e diversos são os julgados do STJ que o observam[12], tendo o CNJ editado a Res. 348/2020, estabelecendo diretrizes e procedimentos com relação à

10 Segundo AgReg. No RE 1.224.396/DF, Rel. Min. Alexandre de Moraes, Primeira Turma, DJe 18/06/2020

11 Princípios sobre a aplicação da legislação internacional de direitos humanos em relação à orientação sexual e identidade de gênero.

12 HC 497.226/RS, Rel. Min. Rogerio Schietti Cruz, DJe 15/03/2019; HC 784524/SP, Rel. Min. Sebastião Reis Júnior, DJe 17/11/2022

população carcerária LGBT+, a despeito do relato de despreparo e abuso de agentes penitenciários, como revela recente matéria veiculada no site do STJ.[13]

Ainda em 2020, o STF considerou inconstitucional resolução da Anvisa que restringia doação de sangue a grupos, diferenciando conduta de risco da orientação sexual, sob pena de violação à dignidade humana e ao direito à igualdade.[14]

Em 2019, a Prefeitura do Rio de Janeiro, sob a alegação de que havia conflitos com os princípios morais, recolheu o livro *Vingadores: A Cruzada das Crianças* na Bienal do Livro do Rio de Janeiro que continha a ilustração de cena de beijo entre dois jovens adolescentes do sexo masculino.

O STF foi provocado a se manifestar[15] e, por violar a ordem jurídica e a ordem pública, cassou a decisão que respaldou tal ato por terem assimilado relações homoafetivas a conteúdo impróprio ou inadequado à infância e à juventude, revelando preconceito sob o manto da proteção.

Nas decisões proferidas, os ministros Gilmar Mendes e Dias Toffoli destacaram os recentes e já citados julgamentos da Corte que vedam a discriminação em virtude da preferência sexual, reconhecem a união homoafetiva como família, tornam crime a homofobia e a transfobia, e homenageiam a liberdade de expressão e de orientação sexual, sendo certo que não houve restrições a publicação que veiculasse imagens de beijo entre casais heterossexuais.

Em 2021, sob a relatoria do ministro Herman Benjamin, a 2ª Turma do STJ garantiu à primeira transexual da FAB o direito de se aposentar no último posto da carreira militar no quadro de praças, o de suboficial. Ela havia sido posta na reserva após a realização de mudança de sexo, lhe vedando a progressão na carreira.

13 https://www.stj.jus.br/sites/portalp/Paginas/Comunicacao/Noticias/2022/11122022-Transformando-a-prisao-diferentes-olhares-sobre-direitos--dilemas-e-esperancas-de-presos-e-presas-transgenero.aspx

14 ADI 5543/DF, Rel. Min. Edson Fachin, Tribunal Pleno, DJe 26/08/2020

15 MC na Rcl 36.742/RJ, Rel. Min. Gilmar Mendes; Rcl 36743/R, Rcl 36744/RJ e MC na SL 1248/RJ, Rel. Min. Dias Toffoli, presidente

A exemplo do caso acima citado, diversos outros servidores federais civis e militares foram postos em licença médica ou submetidos a processos de aposentadoria compulsória devido ao fato de serem trans.

Nessa linha, o TRF-2 condenou as Forças Armadas, em ação civil pública, a reconhecer o nome social dos militares transgênero e a não reformá-los sob alegação de doença "transexualismo". O relator, desembargador Ricardo Perlingeiro, destacou que a orientação de gênero foi excluída do rol de patologias desde 2022, com a sua retirada da Classificação Internacional de Doenças CID-11.

Em 2022, fazendo a distinção entre sexo e gênero, a 6ª Turma do STJ acompanhou o voto do ministro Rogério Schietti[16], que aplicou a Lei Maria da Penha (Lei 11.340/2006) ao julgar caso de violência do pai que agrediu a sua filha trans, posto que é o gênero feminino – independentemente de ser biológica, transexual, transgênero, cisgênero e travesti – protegido pela lei especial e o que o que conta é a vulnerabilidade da vítima.

Em seu robusto voto, destacou ainda o vergonhoso lugar que o Brasil ocupa como o primeiro do ranking dos países que mais matam pessoas trans no mundo e algumas medidas tomadas pelo CNJ para adoção do "Protocolo para Julgamento com Perspectiva de Gênero"[17] pelo Judiciário nacional.

A ministra Laurita Vaz, ao acompanhar o relator, apresentou voto destacando que a grande maioria das mulheres trans são agredidas exatamente por sua condição de mulher e por pessoas conhecidas ou por familiares, o que justifica ainda mais a aplicação da proteção da Lei Maria da Penha, que tem como premissa fundamental "o repúdio à violência doméstica e familiar baseada no gênero".

A visibilidade dessa decisão inovou para que as delegacias de polícia também adotassem atendimento especializado às vítimas transexuais e travestis.

---

16 REsp 1977124/SP, Rel. Min. Rogerio Schietti Cruz, Sexta Turma, DJe 22/04/2022

17 Recomendação 128, de 15/02/2022, do CNJ, orienta magistrados a julgarem com postura ativa de desconstrução e superação de desigualdades históricas e de discriminação de gênero.

Pende de finalização o julgamento do RE 845779/SC, que teve a repercussão geral reconhecida em 2014 pelo relator, ministro Roberto Barroso, que discute se a abordagem de transexual para utilizar banheiro do sexo oposto ao qual se dirigiu configura ou não conduta ofensiva à dignidade da pessoa humana e a direitos da personalidade, indenizável a título de dano moral.[18]

É extremamente louvável a busca do Judiciário para garantir, com apoio nos princípios, nas leis gerais, na Constituição e nas normas e pactos internacionais, a segurança e cidadania dos jurisdicionados.

Esse trabalho, além dos juízes, promotores, defensores, advogados, conta com um extenso auxílio da sociedade civil, dos órgãos públicos e privados, e entidades de classe que se apresentam para somar nos debates que resultam num norte para a sociedade carente de legislação.

Dentre eles, destacam-se Associação Nacional de Juristas Pelos Direitos Humanos de Lésbicas, Gays, Bissexuais, Travestis, Transexuais, Transgêneros e Intersexuais (ANAJUDH-LGBTI), Grupo Dignidade – Pela Cidadania de Gays, Lésbicas e Transgêneros, Associação Nacional de Travestis e Transexuais (ANTRA), Associação de Lésbicas, Gays, Bissexuais, Travestis e Transexuais (ABGLT), Grupo de Advogados pela Diversidade Sexual (GADVS), Aliança Nacional LGBTI, Associação Brasileira de Famílias Homoafetivas (ABRAFH), Grupo Gay da Bahia (GGB), Laboratório Integrado em Diversidade Sexual e de Gênero, Políticas E Direitos (LIDIS) e Centro Latino-Americano em Sexualidade e Direitos Humanos (CLAM).

Como destacado pela sensível desembargadora Andréa Pachá, do TJ-RJ, em recente *post* em sua conta no Instagram[19], "o que falta para o Parlamento entender que essa é uma medida de afirmação de um direito que deve ser garantido a todas e todos, com a promulgação de uma lei?"

18 Mins. Roberto Barroso (Relator) e Edson Fachin deram provimento ao recurso e aguardam a vista do Min. Luiz Fux desde 2015.

19 @andrea_pacha, em 16.05.2023

Essa publicação fez referência à força da já referida decisão do CNJ que há 10 anos assegura o casamento homoafetivo. Poderia, perfeitamente, se referir à necessária regulamentação e pacificação para o uso do banheiro, à proteção da Lei Maria da Penha e escolha de cela prisional das trans e dos travestis, entre tantos outros direitos que merecem ser assegurados e que promovam a dignidade da pessoa humana sem discriminação pela sua orientação sexual.

Enquanto as lacunas não são preenchidas, que o Judiciário se arvore de suas fontes, proclame os direitos e elimine os preconceitos.

Por JAS23

# POSFÁCIO

Sebá, como é carinhosamente chamado pela família e por amigos, pontuou o caminho do Direito com muito louvor, sendo um grande advogado nas áreas pública e privada, com um olhar diferenciado.

Há 12 anos, empossado como ministro do STJ, ocupou a vaga na turma de Direito Penal, a única disponível naquele momento, e se encontrou, como jurisdicionados e advogados podem confirmar. Desde então, vem sendo uma referência como magistrado garantista.

Curioso que, por ocasião de sua sabatina no Senado, questionaram se ele seria abolicionista. O termo surpreendeu naquele momento e trata-se, em linhas muito gerais, da necessária de reflexão sobre o sistema carcerário, a busca da descriminalização de algumas condutas e reflete sobre as medidas alternativas de resoluções de conflitos na seara penal.

Da teoria, Sebá resolveu visitar presídios – prática iniciada pelo nosso saudoso professor de Direito Penal na UnB, ministro José Cândido de Carvalho, do antigo TRF – e não se surpreendeu com a sua realidade. Ao contrário, certamente constatou que o cárcere não reeduca, não ressocializa, não discrimina e, infelizmente, muito raramente, é solução. Mas, nessas visitas, soube encontrar as pessoas que ali vivem.

Paralelamente, descobriu a paixão pela fotografia e fez da câmera a sua parceira constante nessas visitas, tendo a companhia alternada dos filhos e de magistrados incríveis e sensíveis nessa trajetória.

Assim, para além de registrar a falência do sistema carcerário, suas lentes, mais do que suas palavras poderiam descrever, revelam as almas, as belezas e os anseios das pessoas que ali cumprem suas penas.

Artistas, estudantes, transexuais e seus familiares, juristas e autoridades no tema se juntaram ao livro e expressam através da arte e da escrita a necessidade do debate acerca da transexualidade e da transfobia.

Exatamente por cada um saber *a dor e a delícia de ser como é*, como canta Caetano Veloso[1], o respeito aos transexuais tem que se firmar como um direito claro e inequívoco das escolhas de autodeterminação, consagrando em todas as esferas os princípios da personalidade e da dignidade da pessoa humana.

Agradecemos o apoio de todos nessa jornada que culmina num livro essencial, editado com muito carinho pelo Rodrigo Haidar e com belo projeto gráfico da Luciana Huber.

Sebá, você tem um olhar diferenciado que diz muito. Siga o coração. Te amamos.

*Anna Maria, Maria Eduarda e Hugo*

1 Dom de Iludir, Caetano Veloso

Este livro foi composto em Baskerville
e Kodchasan e impresso pela gráfica
Meta Brasil em papel Pólen Natural para a
Amanuense Livros no outono de 2023.